萩原由加里
Hagihara Yukari

政岡憲三とその時代

「日本アニメーションの父」の戦前と戦後

青弓社

JN175980

政岡憲三とその時代――「日本アニメーションの父」の戦前と戦後　目次

第3章　トーキーは漫画映画を変える…86

第4章　二つの『くもとちゅうりっぷ』…113

装画——政岡憲三『人魚姫の冠』絵コンテ
装丁——神田昇和

［凡例］

本書で取り上げるアニメーション作品は、原則として封切（公開）年を表記しています。

また、現在の「監督」に相当するスタッフのことをかつては「演出」と呼んでいましたが、本書では監督と統一して表記しています。

はじめに

近年、アニメーションは海外にも誇れる新しい形の日本文化として脚光を浴びている。日本に留学してくる学生の多くが、アニメーションをきっかけに日本文化に興味をもっている。大学でも、制作者の養成という実技面だけでなく、アニメーションを理論面から研究対象とする動きが増えてきている。まだ発展途中だが、アニメーション論、ないしアニメーション学という分野も生まれつつある。

これだけ注目されている日本のアニメーションだが、その歴史は意外と知られていない。

図1　政岡憲三
（出典：大塚康生監修、松野本和弘編、なみきたかし編集監修『日本漫画映画の全貌』「日本漫画映画の全貌展」実行委員会、2004年、18ページ）

日本でアニメーションはいつから始まったかと尋ねられると、多くの人々は手塚治虫のテレビアニメ『鉄腕アトム』（フジテレビ系、一九六三―六六年）と答えるだろう。しかし、実際にはそれよりも半世紀前の一九一七年から日本でもアニメーションは作られていた。ただし、現在のようなテレビ向けではなく、映画向けだった。

本書で取り上げる政岡憲三とは、手塚治虫の登場以前、具体的には一九三〇年代から四〇年代にかけての日本アニメーション界で活躍した人物である（図1）。

その名を知っているのは、アニメーションや映画の歴史に興味をもつ人々に限られているだろうが、政岡憲三は今日、「日本アニメーションの父」と称されている。父とまで呼ばれるには、それ相応の理由があるはずである。この政岡憲三とは一体どのような人物なのだろうか。

政岡憲三を知る人々は彼のことを「道楽者」と評した。大阪の裕福な商家に生まれ、財産をつぎこんでアニメーションを作っていた。さらには美青年であり、自らが監督を務めた実写映画の主演女優とのロマンスも噂されたほどである。多彩な才能の人物で、アニメーションだけにとどまらず、少年時代は画家を目指して絵の勉強をしていたが、実写映画の監督や役者まで務めた経歴の持ち主である。能楽をたしなむ一方、当時流行していたタップダンスに夢中になるモダンボーイでもあった。

では、政岡憲三という人物は日本のアニメーション界に対してどのような貢献をしたのだろうか。

まず、政岡が日本で初めてアニメーションを作ったのかというと、これは違う。政岡がアニメーション制作を始めるのは一九三〇年からだが、国産初のアニメーションは一七年に作られている。下川凹天、幸内純一、北山清太郎がそれぞれ手がけた作品が一七年に一斉に公開され、これが日本アニメーションのスタートだとされていて、この三人は「日本アニメーションの創始者」とされている。

それならば、作品が海外で評価されることで国際的な名声を得たのか。近年、日本のアニメーションは海外からも注目されているが、残念ながら政岡が現役で活躍していた時代、彼の作品が海外で公開されることはなかった。日本のアニメーションが海外で評価されるようになったのは、一九五〇年代、大藤信郎がカンヌ映画祭で受賞して以降のことである。

それでは現代の日本アニメーションの隆盛に直接的に貢献したのか。週に一回、三十分の番組を定期的にテレビ放送するという、私たちにとってはなじみ深いアニメーションの放送形態、すなわちテレビアニメを考案し、かつ定着させることに貢献したのは手塚治虫である。手塚は、テレビアニメという放送形態に合わせて、限られた日程で作品を完成させるためのリミテッドアニメーションという制作スタイルを導入したことでも知られている。まさにアニメーションの大量生産を可能にするスタイルの登場である。手塚だけでなく、ほかの制作者たちもその制作スタイルをまねすることで、一九六三年を転機に、日本のアニメーションの舞台は映画からテレビへと一気にシフトし、作品も多様化していく。手塚こそが現在の日本アニメーションが繁栄するきっかけを直接的に作った人物といっていい。一方、政岡は、手塚がテレビアニメを始めるより十年ほど前にアニメーション業界の第一線から身を引いてしまっている。

このように政岡とは、日本人初のアニメーション制作者、あるいは海外で初めて評価された人物というわけでもなく、テレビアニメが登場する前の時代に活躍した人物であり、今日では知名度も限られている。そのような人物がなぜ、あまたの制作者たちを差し置いて「日本アニメーションの父」という称号を与えられているのだろうか。

これまでのアニメーション史研究では、政岡の功績として大きく二点が挙げられてきた。

一点目の技術面での活躍とは、海外の最先端の技術をいち早く取り入れたことである。かつて映画にはサイレントとトーキーという区別があった。これは音声の有無である。サイレント、すなわち無声映画には音がついておらず、楽団による伴奏や活動弁士による解説がつけられた。それに対して、一九二〇年代から、トーキングピクチャー（talking picture）、略してトーキーという、音のついた映画が登場した。アメリカでは、ウォルト・ディズニーによってミッキーマウスを主人公にしたトーキーアニメーションが作られ、世界的な人気を誇っていた。アニメーションのキャラクターが人間の役者顔負けに台詞《せりふ》をしゃべり、音楽に合わせて軽快に動くことがミッキーマウスというキャラクターの人気の秘密だった。政岡は、日本アニメーション界で初めて、本格的なトーキーアニメーションを手がけた人物であった。

加えて、セル画という手法をいち早く取り入れたのも政岡である。セル画を導入する以前は、紙に描いた絵を切り抜いて動かしていた。手間がかかることに加えて、登場人物の動き、さらに細かい描写に制約があった。セル画という素材に絵を描くことで、コストはかかっても、より自由な表現が可能になったのである。『日本アニメーション映画史』でも「政岡が動画界に残したもの」として「セルロイド使用の功績者は政岡憲三[1]」と挙げている。セル画を用いたアニメーションの手法は、映画時代だけでなく、その後のテレビアニメの時代にも用いられ、デジタル化される一九九〇年代まで使用され続けた。

このように、トーキー化やセル画といった新しい技術を、ほかに先駆けて導入し、かつ活用していったのである。ちなみに、アニメーションという言葉の日本語訳として「動画」という言葉を提唱したのも政岡である。残念ながら動画という翻訳語は主流とならなかったが、現在ではネット上で配信される映像全般という意味での動画という言葉のほうがなじみ深いだろう。このような日本アニメーション界における技術面での先駆者という位置づけができる。政岡憲三とは、最先端の技術を用いて常に新しい映像表現を試みていた挑戦者なのだ。

さて、政岡の功績の二点目は、一九四三年という戦時下に『くもとちゅうりっぷ』（配給：松竹）という作品を作ったことである。花畑を舞台に、テントウムシの少女をクモの男が付け狙うが、少女は花々に匿われる。そしてクモの男は嵐に巻き込まれて命を落とすというストーリーだ。オペレッタ形式の作品で、この作品のために曲が作られ、フルオーケストラによる演奏が導入され、当時のアニメーションとしては桁はずれなまでに、音楽性を重視した作りになっている。公開された当時から、映像としての視覚的な表現だけでなく、音楽としての素晴らしさという面でも高く評価されていた。しかし、戦後になると、新たな意味が付加されることになった。それは、戦時下に企画・制作されたにもかかわらず、プロパガンダ的な要素をもたない、詩情あふれる内容だったことである。

『くもとちゅうりっぷ』と同じ一九四三年に公開された二つのアニメーション映画『桃太郎の海鷲』（監督：瀬尾光世、製作：芸術映画社）と『マレー沖海戦』（監督：大藤信郎、製作：横浜シネマ商会）は、いずれも海軍省の支援によって制作されたプロパガンダ映画である。この二作が日本海軍の勝利を華々しく描いていることと比べると、『くもとちゅうりっぷ』は対照的で、戦争とは無縁の内容だった。近年、『くもとちゅうりっぷ』が本当にプロパガンダ的な要素を含んでいなかったのか疑問を呈する説も出されているが、少なくとも戦中、そして戦後間もない時代には、政岡はプロパガンダに直接関わることがなかったアニメーション制作者として認識されていたことが重要である。詩情あふれる、すなわち平和な作品を戦時下に作っていた政岡は、戦後の新しい社会にふさわしい、日本アニメーション界のリーダーとして白羽の矢が立ったのである。このように戦後の日本における政治・社会体制の転換に伴う価値観の変化は、政岡に対する戦後の評価に大いに影響している。加えて政岡の弟子たちは、東映動画（現在の東映アニメーション）が創立された当初に活躍する。東映動画はのちに宮崎駿や高畑勲らを輩出するが、その宮崎らの先輩にあたるスタッフたちは、かつて政岡に師事していた。つまり現在の日本アニメーション界を担う人々は、政岡の孫弟子やひ孫弟子たちなのである。

政岡はアニメーションの技術の向上に貢献し、戦後は新しいアニメーションのスタートに尽力した。これらの功績によって、「日本アニメーションの父」とたたえられることになったのである。しかし、本当に政岡の功績はこれだけだったのか。もう一つ、大きな功績があったのではないだろうか。

政岡は一九五〇年にアニメーション制作の第一線から退き、児童向け雑誌や絵本に挿絵を描く仕事に転身している。したがって、これまでの研究では、五〇年までのアニメーション制作者としての活躍しか取り上げてこなかった。しかし、本人の手記や周囲の証言を追っていくと、晩年までアニメーションと関わり続けてきた事実が明らかになってきた。

特に、手塚によって始められたテレビアニメとは無縁の人と思われがちだが、実はテレビアニメを間接的に支えていた。手塚によってテレビアニメが登場した一九六〇年代以降、政岡は各アニメスタジオに請われて新人アニメーターの教育を担当することで、テレビアニメ制作を支える裏方として尽力している。戦前・戦中以来の政岡のノウハウは、若手アニメーターへの指導を通じて、戦後のテレビアニメに受け継がれていったのである。しかも、この新人養成のノウハウは、戦時下、あるプロパガンダ・アニメーションの制作に協力するため考案されたものであった。つまり、戦中のプロパガンダ・アニメーションとは無縁であり、戦後のテレビアニメ登場時にはアニメーション制作の舞台から姿を消していたという、従来の政岡に対する評価は根底から覆されるのである。

さらに、政岡の弟子たちは、東映動画をはじめとして、戦後の日本アニメーションを担う人材として活躍している。本書では政岡個人の働きだけでなく、その技術や作風が後進たちによって受け継がれていった点も強調したい。

政岡憲三とは、一九一七年にスタートした日本アニメーションが、戦前、海外からの作品の人気に押されながらも何とか存続し、戦後になってテレビアニメが登場することで一気に発展していくまでの時代を生きた人である。

本書は、政岡憲三という一人のアニメーション監督の生涯に焦点を当てているが、これは単なる評伝という範疇にとどまるものではない。また、日本アニメーションの起源の一つを明らかにするという目的をもっているが、日本アニメーションの独自性を強調して、今日の繁栄の理由を求めるという類いのものでもない。政岡の足跡を追うことで、手塚治虫以前／以降という枠組みで語られ、かつ映画とテレビという二つのメディアに分けられて、両者があたかも断絶しているかのように語られてきた日本アニメーションの歴史観の再構築を試みるものである。

注

（1）山口且訓／渡辺泰著、プラネット編『日本アニメーション映画史』有文社、一九七八年、三一ページ

第1章　美術とアニメーション

芸術とアニメーションといえば、「芸術性が高い」とされる実験的な作品をイメージすることが多い。そして近年では、日本のアニメーションが海外の映画祭で受賞したり、あるいは文化庁メディア芸術祭にアニメーション部門があるように、アニメーションも芸術の一分野としてみなされるようになっている[1]。また、テレビ放送やネット配信され、スポンサー収入やソフト販売を前提とした商業アニメであっても、新しい芸術の一ジャンルとして扱われるようになりつつある。一方で、個人作家が制作し、映像表現、または高いメッセージ性をもつ、アートアニメーションというジャンルも存在していて、これは前衛芸術の延長線上で扱われているといってもいい。

しかし本書では、現在のような形で芸術作品として評価されるアニメーションとは違う視点から、アニメーションと芸術、とりわけ絵画を中心とした美術分野の関係について考えてみたい。

アニメーションは一コマ撮りと呼ばれる手法を用いている。つまり撮影の段階で、映画の技術を用いているのである。パラパラ漫画の類いとアニメーションとの違いは、この一コマ撮りが挙げられる。

かつてアニメーションは漫画映画と呼ばれていた。本書では政岡憲三が活躍した時代の雰囲気を少しでも再現するために、現在のことを語る際はアニメーション、当時のことを語る際は漫画映画と呼ぶ。

政岡が漫画映画の制作を始めたのは、三十歳を過ぎてからである。どうして政岡のような人物が登場したのか。それは、アニメーションという限られた分野との直接的な関わりだけでは明らかにすることができない。むしろ、政岡が漫画映画以外の分野で活躍していた時代にこそ、その作品を理解するヒントが隠されている。

ある一人の人物が生まれ育った環境を知ることも重要である。本人の経歴だけではなく、生まれ育った地域の特色、身近にいた人々、どのような教育を受けたのか、それらを丹念に調べ上げてこそ発見できることもある。従来のアニメーション史研究の欠点は、純粋にアニメーションだけに特化した研究だったために、アニメーション以外の分野との関係性を十分に分析しきれなかった点にある。映画や漫画といった、明確な接点をもつ分野だけしか対象としてこなかった。

しかし、制作者たちは映画や漫画だけを参考にして漫画映画を作っていたわけではない。そもそも、アニメーションという表現手段自体、二十世紀の初頭に誕生したものである。新しい分野が生み出される際、当たり前だが「経験者」というものは存在しない。誰もが他分野での経験を生かし、しかしそのままでは新分野にそぐわない部分も出てくるので、試行錯誤を経ながら、新しいその何かを作っていくものである。とりわけ、彼らの経歴を見ると、画家を目指して専門的な美術教育を受けていた者が少なくない。そして、美術教育を受けたことが、多少なりともその作品に関係しているのではないだろうか。そこで本章では「美術」との関わりに注目したい。

1　画家と漫画映画

日本でのアニメーションと美術の接点は、国産アニメーション、すなわち漫画映画が登場する前から見いだすことができる。

一九一六年、文展審査員や帝室技芸員を務め、当時の画壇で重鎮として知られていた寺崎廣業（一八六六—一九一九）は、映画雑誌に「凸坊新画帖とキネマカラー」と題した記事を寄せている。(2) この時期、まだ「アニメーション」という言葉どころか、漫画映画という言葉もなかった。そのため、凸坊《でこぼう》新画帖という訳語が使われていた。

この記事は六つの部分に分かれているが、二番目が「凸坊新画帖と日本画家」という項目になっていて、アニメーションと日本画を関連づけて語っている。

> 凸坊新画帖と日本画家
>
> 今日までに見た活動写真で、興味本位のものを別として、美術を語る私の頭に残つたのは、凸坊新画帖とキネマカラーであります、凸坊新画帖は新しいものではなく、私が始めて見たのでも、最う五十六年の昔になります、今日のと昔のとを較べてみると、昔のは、滑稽味に富んで居て、一般にはわかりよかつたようであるが、絵としては、今日の方が遥かに優つて居ります段々《ママ》上手になるやうです、凸坊新画帖は、人も知る、人物でも花鳥でも風景でも印象風の絵がすべてセン〔線：引用者注〕で出来て居ります、このセンの面白さが実に何とも言へないもので、センでゆく日本画家の為めには、此上なき参考品であります。人は単に凸坊の活動写真として見物して終うやうですが、あのセンの妙味は、とても真似られません、日本に画家の数は少なくない、皆な、大家先生を気取つて、高く構へて居るが、さて、一凸坊新画帖の描ける人が幾人あるでせうか、実に嘆賞に値すると思ひます、若し、凸坊新画帖を以て、小供の笑ひ草のやうに考へる人があつたら、その人は、まるで活動写真を見る目がないのであります。
>
> 〔原文のルビは本書では省略している：引用者注〕

日本で漫画映画が作られるようになるのは、この記事の翌年なので、寺崎が見たのは海外製のアニメーションだ。(3)

図2　ジェームズ・スチュアート・ブラックトン『愉快な百面相』（1906年）
（出典：アメリカ議会図書館ウェブサイト「アメリカの記憶」）

漫画とは、画家が余技として描くという要素をもっていた。それは、アニメーションでも同様の傾向があったのではないだろうか。ただし、アニメーションの場合、用いる素材にもよるが、カメラをはじめとする機材、さらに映像に関する知識と技術も必要である。漫画と比べると、やや敷居が高いものだったかもしれない。

画家にとって、凸坊新画帖、すなわちアニメーションの登場人物の線は注目すべきだと主張している。では、凸坊新画帖の制作者は何を参考にして線を描いていたのか。それは、美術だったのではないだろうか。

漫画映画の言葉のなかに「漫画」という単語が含まれていることもあって、日本のアニメーションは漫画との関係が重視されてきた[4]。アニメーションと漫画を結び付けるのは、日本に限ったことではなく、海外でも同様である。そもそも、アニメーションはその誕生の瞬間から漫画と関わりをもっていた。例えば、いちばんわかりやすいのは漫画家がアニメーションを作るという事例である。

世界で最初にアニメーションを作った人物をめぐっては諸説あるが、有力な人物は二人に絞り込むことができる。

一人目は、「ニューヨーク・イブニング・ワールド」紙の契約記者だったジェームズ・スチュアート・ブラックトンである。ブラックトンが一九〇六年に制作した『愉快な百面相（Humorous Phases of Funny Faces）』が、世界初のアニメーションとされている[5]（図2）。黒板にチョークを用いて線を書き足していくという形で絵が描かれ、人々が姿を現し、逆に黒板消しで消されてしまうことで姿を消していく。描かれた顔は百面相のように変化していく。ブラックトンは新聞記者時代に有名人の似顔絵を描いていて、人間の顔を誇張すること、表情を描き分けることなどには長けていて、その技術がアニメーション作品にも生かされている。

二人目は、フランスのエミール・コールである。エミール・コールは一九〇八年に『ファンタスマゴリー（Fantasmagorie）』を制作している（図3）。エミール・コールは風刺画家として活動していたが、映画に興味をもつうちに、ブラックトンの作品を見て、アニメーションを作り始めたとされている。いたずら好きの少年が繰り広げる遊びが題材だが、人や物が次々と形を変えて、別のものへと変化していく過程が印象的な作品である。単純に絵が動くという段階から、次々と形状を変えていく変形（メタモルフォーゼ）へと、アニメーションの表現が広がっている。現実世界ではありえないような光景でも、絵であれば描き出すことができるというアニメーションの特性がすでに表れている。

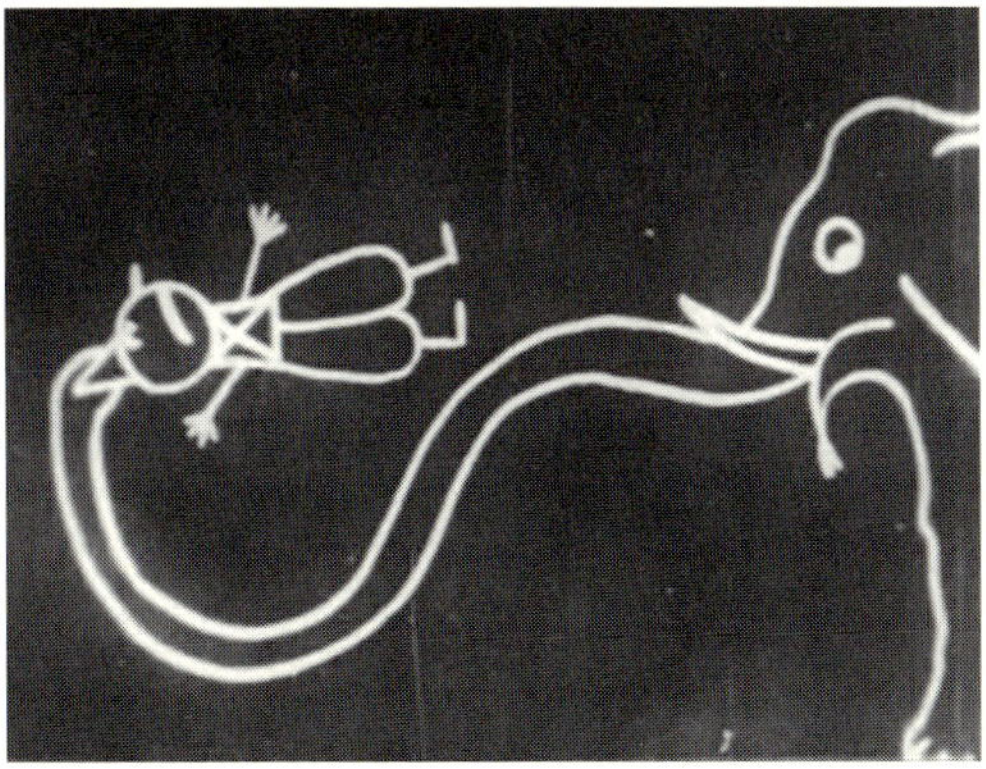

図3　エミール・コール『ファンタスマゴリー』（1908年）（出典：『世界アニメーション映画史』第1巻、日本コロムビア、2007年）

ブラックトンとエミール・コール、どちらが世界で最初にアニメーションを作った人物なのかは断定できず、本書ではその判断を避けたい。むしろ強調したいのは、この二人はどちらも、現在の漫画史研究では、しばしば「漫画家」に分類されていることである。このようにアニメーションは、その誕生の瞬間から漫画と深い関わりをもっていたのである。また、漫画を原作としたアニメーション作品も初期から作られていたことから、どうしても漫画とアニメーションの関連性ばかりがクローズアップされがちだ。

では、日本の場合はどうだったか。

日本での国産アニメーションの歴史は一九一七年から始まる。一月に下川凹天（図4）が『芋川椋三玄関番之巻』（製作：天然色活動写真）、五月には北山清太郎（図5）が『猿蟹合戦』（製作：日活向島）、そして六月に幸内純一（図6）が『塙凹内名刀之巻』（製作：小林商会）を公開する。この三人は日本アニメーションの創始者とされている。

その誕生当初から、漫画家が漫画映画を手がけることは珍しくなかった。黎明期の制作者である下川凹天や幸内純一が漫画家だったことに加えて、戦前から人気漫画を原作とする漫画映画が作られていた。さらに戦後になると手塚治虫が登場し、自らの作品をアニメーション化している。漫画家が漫画映画制作者を兼ねていたことも、逆に漫画映画制作者から漫画家に転身するパターンもあったことから、確かに漫画と漫画映画の関係は深い。(6)

図4　下川凹天
（出典：山口且訓／渡辺泰著、プラネット編『日本アニメーション映画史』有文社、1978年、口絵）

図5　北山清太郎
（出典：津堅信之『日本初のアニメーション作家 北山清太郎』〔ビジュアル文化シリーズ〕、臨川書店、2007年、53ページ）

だが、漫画映画が誕生したばかりの時代と現代では、社会での漫画の位置づけが異なっていることを忘れてはならない。明治から昭和のはじめにかけての時代、漫画は美術と密接な関わりをもっていた。漫画と美術の関係については、漫画研究の分野ですでに指摘されている。(7) それによれば、明治期には、画家が漫画も描き、絵画の展覧会に漫画も展示されることが珍しくなかった。現在では、美術館で漫画やアニメーションの展覧会をすることも少なくないが、それはオタクカルチャーが注目されるようになって以降のことである。また、画家から漫画家に転身する者も珍しくなく、日本漫画史の研究では、東京美術学校出身の漫画家についても言及されている。(8)

それは漫画映画でも同様だった。昭和のはじめ頃、漫画映画の世界に身を投じた若者の多くは、西洋にならって次々と設立されていった美術学校や画塾で日本画や洋画をはじめとする絵画を学んだ経験をもっている。

図6　幸内純一
（出典：前掲『日本アニメーション映画史』口絵）

従来、美術と関係をもっていたことが知られていた漫画映画制作者といえば、北山清太郎が挙げられる。北山は、一九一七年に日本初の国産漫画映画を作った三人の創始者の一人である。

北山に関しては、アニメーションよりも先に、美術の分野で研究が始められている。(9) というのも、北山は明治の末から大正のはじめにかけて活躍した洋画家だが、美術書の出版、さらに若手画家の支援という形で、明治から大正期の日本での洋画普及に貢献した人物として位置づけられているからである。(10) 北山のような美術界とも密接な関係をもっていた人物が、国産漫画映画の誕生に関わっていたことは、日本のアニメーションの始まりとその後の発展を考えるうえで注目に値する。

北山が、当初は凸坊新画帖と呼ばれていた海外からの輸入アニメーションと出合ったのは、経済的な行き詰まりが原因で出版や展覧会をはじめとする美術関係の事業から手を引いた直後のことだった。暇つぶしに入った

図7　山本早苗
（出典：山本早苗『漫画映画と共に——故山本早苗氏自筆自伝より』宮本一子、1982年、口絵）

映画館で、海外のアニメーション映画が上映されていた。画家だった北山としては、絵が動くことに興味をもち、自ら日活へ漫画映画制作の企画を持ちかけている。

北山は漫画映画の制作にあたって、多くのスタッフを雇い、分業制で作業を進めたことで知られているが、そこで働いていたのが画家を志す若者たちだった。

戦後、東映動画（現在の東映アニメーション）の設立に関わった山本早苗（図7）は、もともとは北山門下の一人だ。[11] 山本も美術と少なからぬ縁があった。山本は若い頃から画家に憧れ、家業を手伝うかたわらでみづゑや巽画会といった絵画団体の支部に出入りしていた。[12] たまたま、北山が巽画会からの依頼で、山本が所属していた支部に出向いて洋画に関する指導を担当した縁から、二人は知り合うことになる。山本の回顧録では、北山から映画に誘われて、一緒に海外アニメーションの上映を見にいったとされている。[13] 経済的な事情から、画家としての勉強が思うように進まなかったことに悩む山本に対して、北山は漫画映画制作の手伝いをしてみないかと声をかけたのである。北山は絵画の世界で知り合った画家の卵たちを、漫画映画制作のスタッフとした。大人数で作業を分担することで、大量生産とまではいかないものの、ほかの制作者たちよりも短期間で作品を完成することを可能にしたのである。

漫画映画を手伝うという仕事は、山本にとっては、絵を描きたいという自らの夢と、収入を得るという必要性の両者を満たせるものだった。画家を志すも経済的な理由から困難な状況にあったり、あるいは絵画に飽き足らず、さらなる表現の可能性を求めた若者たちが、北山に誘われる形で漫画映画の世界に入っていったのである。

政岡に限らず、大正から昭和にかけて、漫画映画制作に携わっていた人物を見ていくと、美術学校、あるいは絵画を教える研究所に通っていた経歴をもつ者が少なくない。彼らの多くは、最初から漫画映画制作を志していたわけではなく、もともとは画家を目指していた。それぞれの事情によって、絵画を諦め、目標を漫画映画へと転換したのである。

このように画家志望の若者がアニメーションの世界に転身するというのは、日本だけではなく、海外でも見られる事例である。

2　動きを描く

アニメーションという言葉は、animate という動詞がもとになっているが、animate とは命を吹き込むというニュアンスをもっている。本物そっくりに描かれた絵が命を宿して動きだすという伝承の類いは世界各地に伝わっている。アニメーションとはまさに、絵を動かすことによって、命を吹き込むという作業なのである。そこには、自分が描いた絵が動きだしたらという画家の願望を見て取れないだろうか。絵があたかも生命を吹き込まれたようにして動きだすという表現を可能としたものこそ、アニメーションである。

なぜ、美術学校出身という政岡の経歴に注目するのか。それはまず、絵を描くというデッサンをはじめとする技術が、そのままアニメーションの作画作業につながるからである。しかし、絵画と違ってアニメーションは「動き」が重要である。何枚もの絵を連ねた一連の動きにしたとき、それがどう見えるかが重要である。

それでも、絵画を学ぶということは、アニメーションにとって有益である。漫画映画、さらには海外のアニメーション制作者たちは、美術を学ぶことの意義をどう考えているのだろうか。アメリカ、そして日本の制作者たちが美術の基礎とアニメーションの関係をどう考えているのかを、その発言から探っていきたい。

アメリカの初期のアニメーション制作者であるウィンザー・マッケイ[14]は次のような言葉を残している。

もしもう一度はじめからやり直せるなら、私はまず最初に、ドローイングの技術を徹底的に勉強するだろう。パースペクティブを学び、それから人物画に進む。裸体も着衣も両方描いて、適切な背景をつけることを練習するよ。[15]

マッケイは漫画家の出身であるため画家としての訓練は十分に受けておらず、ドローイング、パースペクティブといった絵画の基礎を学ぶことの必要性を痛切に感じていたようである。

一九五〇年代、ディズニーの主力アニメーターとして活躍したミルト・カール[16]は次のように語っている。

すぐれたドローイング画家でなければ、最高のアニメーターにはなれないと思う。アニメーターは、全体を捉えようとしなければならない。つまり、人体のことを知っていなければ駄目なんだ。人体に関する知識が十分にあれば、特定の個人に集中し、その人物が持つ違いに集中できるようになる。（略）アニメーターに求められるのは、何かを描写して、そこにちょっとした工夫を加えることができるような能力だとか、対象を的確に戯画化し誇張して、ほかとの違いを強調する能力あるいは知識だ。（略）アニメーターとしての腕を磨くためには、人物画の素養が必要なんだ。アニメーターは全員がこの素養を持っているべきなのに、そうでないとは残念だ！[17]

アニメーションの登場人物は身体の一部を誇張し、動作でも現実世界にはありえないような動きをするなど、デフォルメされた描写が多い。しかし、デフォルメをするには人体の構造について知っていること、そして人物の外見だけでなく、ときには内面も含めた特徴を把握することが求められる。ミルト・カールは、それは人物画の素養にほかならないとしている。デフォルメとは、現実世界の法則を無視することではなく、現実を把握したうえで、意図的にそれを改変していく作業なのである。

ドローイングや人物画の必要性を主張しているのは、アメリカのアニメーション制作者だけではない。日本の制作者のなかにも、同様の発言を見いだすことができる。

戦前から戦時中にかけて活躍した漫画映画制作者・瀬尾光世は、映画雑誌が企画した座談会の席で、漫画映画について提言している。そのなかで、海外と比べて、日本の漫画映画の問題点を提示している。「いままでの日本の漫画映画では、絵が何か下品な感じがしたのですが…」という質問に対して、瀬尾は「それは日本の漫画の絵の悪さですね。正規のデッサンが基本的に出来てゐない。それが非常に問題になるのです[18]」と発言している。デッサンの欠如が日本の漫画映画の絵が下品に感じられること、ひいては日本の漫画映画の質が低いと評価されてしまう原因だと指摘しているのである。

瀬尾もまた、青年時代に画家を志して、東京にある絵画の研究所に通っていた経歴の持ち主である。アルバイトのつもりで始めた漫画映画の制作に夢中になり、画家としての勉強は一年ほどの短期間で終わってしまった。だが、多少なりとも絵画に関する専門的な指導を受けた瀬尾としては、漫画映画の制作者にとってデッサンがどれだけ有効であるかを自覚していたのだろう。

では、政岡はどう感じていたのか。この座談会には、政岡も同席している。政岡は「フランスとかアメリカは、ほんたうの絵描きから出てゐるのぢやないかと思ひます」と述べたうえで、日本の漫画映画がかかえる問題は、制作者たちが基礎的な絵の修業をしていなかったことが原因にあり、これからは日本の漫画映画でも本格的に絵を学んだ人材が入ってくるだろうと語っている[19]。

政岡がいうフランスやアメリカの「本当の絵描きから出て」が具体的にどのような内容なのかは、アメリカのディズニーを例にとると理解しやすい。

一九三〇年代、ウォルト・ディズニーはスタジオのスタッフたちを、シュナード美術学院に通わせている。この美術学院は、たまたまディズニーのスタジオの近所にあったため、一部のスタッフが個人的に通い、デッサンなどを習っていた。やがて会社が業務の一環としてスタッフに講座を受けさせるようになり、同校から講師を招いて、スタジオ内で写生を指導するための講座も開かれるようになる。[20]スタッフの養成と技術の向上には、美術学校から講師を招いてデッサンをはじめとする美術の基礎を習わせることが有益だとみなされていた。ちなみに、シュナード美術学院はのちにディズニーの支援を受けて、カルフォルニア芸術大学となり、同校にはアニメーションの専門学科も設立されることになる。

政岡をはじめとする、戦前に活躍した日本の漫画映画制作者たちは、ディズニーによるアニメーションの本を参考に制作法を研究したと語っている。日本の映画雑誌では、写真を交えてディズニーのスタジオの様子が紹介されている。ディズニーのスタッフがシュナード美術学院に通っていたという事実まで知っていたかは定かではないが、日本の漫画映画制作者たちの一部は、制作の過程でデッサンをはじめとする基礎が重要だと確かに感じていたのである。

一九九〇年代にCGが導入されるまで、アニメーション制作の主流は、最初は切り紙、次にセル画を用いたものだった。これらの技法では、登場人物をはじめとする、画面のなかで動かしたいと思う対象はすべて、絵として描かなければならない。[21]だが、単純に絵が描ければいいわけではない。絵画は静止画だが、アニメーションでは動きが重要になってくる。一枚一枚の絵がどれほど優れていても、それが連続して映写されたときにどう見えるかが問題なのである。

デッサンによって単に絵が上手に描けるようになることだけが重要なのではない。戦後間もなく、美術雑誌に寄せた「動く絵」という記事のなかで政岡は次のように述べている。

変化し、運動する物の形を見る事、それは青年時代のスケッチが大いに役立ちました。然し、これは一瞬間の形で単独の一枚の絵にすぎません。漫画映画に必要なのは連続的運動を描く数十枚、数百枚の絵なのでありました。どんな簡単なスケッチをするにしても、その対象（モデル）を見た時から筆を動かすまでの間は記憶してなければなりません。[22]

まずは対象を観察すること、そして一連の動きの一つ一つがどうなっているのかを把握し、それを何枚もの絵に分割して描いていかなければならない。一瞬の動きを記憶し、絵に描くこと。それこそがアニメーションにとって大切なことなのである。

同様の意見を『バッグス・バニー』（配給：ワーナー・ブラザーズ、一九四〇年―）をはじめとするアニメーション作品を手がけたアニメーターのリチャード・ウィリアムズが自らの著書のなかで述べている。

アニメーターにとってドローイングは、第二の天性と言えるくらいでなければならない。そうなれば、アニメーションの実際の動きとタイミングの方に集中して、ひとつのパフォーマンスに生命を吹き込むことができるようになる。[23]

動きを捉えることだけがアニメーションに必要とされる技術のすべてではないが、日頃からのデッサンで訓練を積んでおくことは有効である。多くの制作者たちがデッサンや写生と呼ばれる、画家に通じるような絵画の能力がアニメーションの作品としての質を大きく左右するものだと感じていたのは、彼らの発言から明らかである。とりわけ、アニメーションが美術学校や大学で独自の学科として設立されるまでは、絵画をはじめとする美術系の分野で指導されてきた。

それでは、漫画映画の世界に入る前、政岡はどのような美術教育を受けていたのだろうか。

3 美工・絵専での教育

政岡憲三の足跡を紹介する際、多くの場合、初めて実写映画の監督を務めた一九二七年以降、あるいは漫画映画の演出（監督に相当）をした三〇年から話を始めることが多い。(24)

政岡は、画家の卵であり、「本当の画家」の一歩手前まで迫った経歴の持ち主である。政岡が手がけた作品、さらに漫画映画そのものに対する理念のなかには、画家を志した少年期から青年時代の経験が反映されている。この政岡の若かりし日々を知ることが、政岡の漫画映画を理解するための鍵になってくる。

美工への転入――絵画の世界へ

政岡の経歴が紹介されるとき、しばしば「美校」という言葉が出てくる。これは美術学校の略だが、むしろ正確には「美工《びこう》」と書く。京都市立美術工芸学校(25)のことである。その名のとおり、美術工芸の指導を専門とした美術学校だった。政岡の漫画映画を形成する要素の一つが、京都市立美術工芸学校（以下、美工と略記）と京都市立絵画専門学校(26)（以下、絵専《かいせん》と略記）の出身というその経歴にある。美工と絵専は姉妹校にあたり、美工の卒業生は無試験で絵専へと進学することができた。政岡は美工と絵専で日本画を学ぶ学科に在籍していて、絵画に関して、実技と理論の両面から専門的な教育を受けている。このことが、単に漫画映画を制作するときだけでなく、後進の養成でも生かされている。

美工や絵専出身の漫画映画制作者は、現在わかっているだけでも、木村角山、片岡芳太郎、熊川正雄が挙げられ、彼らもまた優れた漫画映画作品を残している。(27)また、美工と絵専は京都画壇と呼ばれる、京都を中心に活躍した日本画家たち、さらに漆工や染色といった京都の伝統産業を生かした工芸品まで、優れた芸術家を輩出した。

それまで職人の仕事とされていた京都の伝統産業を、芸術家の仕事へと昇格させたのである。

美工と絵専の卒業生には、絵画だけでなく、映画や舞台など幅広い分野で活躍している人物が多い。そこには、政岡が在学していた当時の美工と絵専の状況も大きく関係している。本節では、美術を理論と実技の両面から体系的に学ぶという美工と絵専の美術教育、さらには当時の学生たちの活動が、のちの政岡に与えた影響について考察していく。

まず、美工、そして絵専がどのような学校だったのかを見ていく必要があるだろう。美工の前身にあたる京都府画学校は、一八八〇年に開校した公立の美術学校である。東京遷都後、衰退する一方だった京都を産業で盛り返すため、地場産業と結び付いた美術界を活気づけるべく、地元の職商人《しょくあきんど》が資金を出し合って設立した。そのため、同校では美術家を養成することが急務とされていた。開校当初は東宗、西宗、南宗、北宗の四科に分かれていて、各流派の画家たちが教員として任命され、絵画について四学科を要する総合的美術教育機関として発足した[28]。その後、名称も京都府画学校から京都市立美術工芸学校に改まり、学科の再編もおこなわれ、政岡が入学した大正期には、絵画科、図案科、漆工科、彫刻科の四科が設置されていた[29]。

一方の絵専は、美工の卒業生がさらに修練を積むための姉妹校として設立された学校であり、美工の卒業生は無試験で絵専に進学することができた。絵専の設置目的として「日本絵画ヲ攻究セントスル者又ハ中等学校図画教員タラント欲スル者ニ高等ノ技術及学理ヲ教授スルヲ以テ目的トス[30]」と述べている。画家だけでなく、学校の美術教員の養成も含めていた。同校では、技術だけではなく、学問上の原理や理論も指導することを前提としていた[31]。専門学校という名称ではあるが、現代の専門学校とは制度的にもまったく異なるものである。

では、政岡はどのようないきさつで美工に入学することになったのか。後述するが、美工への入学は、芸術に興味があった父・嘉三郎の意向もあった。しかし政岡本人も幼い頃から絵画には関心をもっていたようである。「絵や彫刻が動き出したと云う伝説に深い興味を引かれたのは八、九歳頃でしたでしょうか」として、幼い頃から絵に興味を持ち始めていたことがうかがえる[32]。

これまで、さまざまなアニメーション研究で、政岡が美工に入学（実際には転入）したのは一九一三年とされてきた。[33] 政岡本人は入学の経緯について、祖父・徳兵衛が死去したからと語っている。最初から美工に入学するのではなく、淡路島にあった旧制洲本中学校に進学したのは徳兵衛が絵の道に進むことには反対だったことをうかがわせる。

だが、政岡は洲本中学を一学期で中退すると、二学期から美工に入学したと語っている。従来の説では、この転入は一九一三年ということになる。

しかし、一九一三年四月に刊行された美工の生徒名簿には、美工の本科・絵画科第一学年として政岡憲三の名がある。[34] さらに、徳兵衛が死去したのは一四年であるため、祖父の死後に入学したという発言とは矛盾してくる。

これらの年代に関する矛盾は、従来のアニメーション研究が政岡本人へのインタビューだけに頼っていたことに起因している。インタビュー当時、政岡は八十歳近くになっていた。意図的な詐称ではなく、単純な記憶違いが原因だと推察される。しかし、中学校を退学して途中で美工に転入したという事実までもが政岡の記憶違いだったとは考えにくい。インタビューは万能ではなく、勘違いやときには恣意的な改竄《かいざん》が含まれる危険性もある。どうしても「本人の言葉」が重視されすぎる傾向があるが、文献資料やほかのインタビューと比較することで、年代だけでなく、内容を精査する検証作業も必要である。

さて、政岡の転入年をめぐる矛盾は、当時の学校制度が現在と大きく異なることも関係しているだろう。美工は予科と本科と呼ばれる二つの課程に分かれていた。[35] 本科の入学資格は、予科を修了した者か、中学二年を修了した満十四歳以上の者とされている。[36]

このことから、美工の本科に入学する前、つまり一九一一年か一二年に、中学校を中退して、美工の予科に編入したと推察すべきだろう。つまり、いままで美工に入学したと考えられてきた一三年とは、美工の予科を修了し、本科へと入学した年だったのである。

実技における写生の重要性

では、美工・絵専での具体的な指導内容はどのようなものだったのか。政岡は美工に入学したときの驚きを振り返って、次のように語っている。


あらゆる自然は動いている。木の葉も、水も、雲も、山の岩でさえも太陽の光を浴びて刻々に変つて行く。それなのに、そこいらにある、どの絵も動かない。死んだように黙りこくつている、これはキット拙いのに違いない、と眼で見得る物の形や色をそのままに再現するものが絵だと簡単に信じこんでいた心に、そう思つたのでした。

『ようし活きた絵を描いてやろう』

そう思つた私が美校へ這入つたトタンに、色々な絵にブッかつて戸迷いを始めました。

南画、北画、土佐絵、浮世絵、立体派、未来派、構成派、等、皆、不可解の一語でつきるのでした。

そしてその頃、ドガの踊子の印刷物を見たのでした、此は即座に理解出来ました。

『ウムこれだ、動いているものを描かなくちや』

それから私は動いているもののスケッチを始めました。映画、演劇、舞踊、能、等、手当り次第に、十五、六歳から廿六七歳頃まで夢中に、十年ほど描きつづけました。そのうちに、いろいろの絵もわかる様になりましたが、動きの魅力は何時の間にか動くものを描く事をやめられない様にしてしまいました。(37)


北画や土佐絵といった日本の伝統的な絵画に加え、立体派や未来派のような西欧の芸術運動を知ったときの驚きが語られている。古今東西の美術作品、さらに絵画以外の芸術にもふれたこと。それは単に作品そのものを見ることに限らず、芸術理論を学ぶことも含まれていた。

そして何より重要なのは、先にも挙げたドローイングやデッサンにも通じる「写生」を学んだことである。美工と絵専では日本画を学んでいたが、政岡が在籍していた大正期は、西洋の芸術作品も参考にしながら、新しい日本画を作ろうとする機運が高まっていた時期だった。さらに作品の描き方だけでなく、教育方法も、旧来の方法から転換しつつあった。

日本画家・上村松園の息子である上村松篁は、政岡と同じ大正期に美工・絵専に在学していた学生の一人である(38)。上村は当時の学内の指導を次のように振り返っている。

大正初年当時、日本画においても「伝統打破」「個性尊重」の声が高くなって居り、美工の教育でも「写生」の尊重と、写生を基調とする制作の教育に重点が置かれていた。「運筆」という科目の、筆運びの練磨もあったが、写生制作に直接の関りがないもので生徒も気乗りせず、以前ほどはやらなくなった(39)。

それまで日本画を学ぶとしたら、師匠のもとに弟子入りし、長い下積み生活が求められた。さらに、手本とされた作品を模写することから始まった。しかし、西洋的な学校制度にならい、各学年で学ぶべき内容がカリキュラムとして定められ、先生と生徒という立場で指導がされていく。また、手本をまねるだけの運筆ではなく、生徒たちは自分で対象を観察して描く写生を重視するようになった。

美工の卒業生を対象におこなわれた調査から、当時の美工での実技実習の内容を知ることができる(40)。政岡が美工に在学していた大正期の実習内容を見ると、運筆もおこなわれていたが、上村が言うように写生が盛んにおこなわれるようになっている。

写生の題材に選ばれているのは花鳥と動物が多い傾向がある。屋外に写生に出かけることもあれば、教室内で業者が生徒の人数分に合わせて届けにきた花や鳥を描くこともあった(41)。実技授業の様子を写した写真のなかには、籠のなかに入れられた二羽の鳥が見られる(42)。それまでおこなわれてきたような手本となる絵を写すという練習で

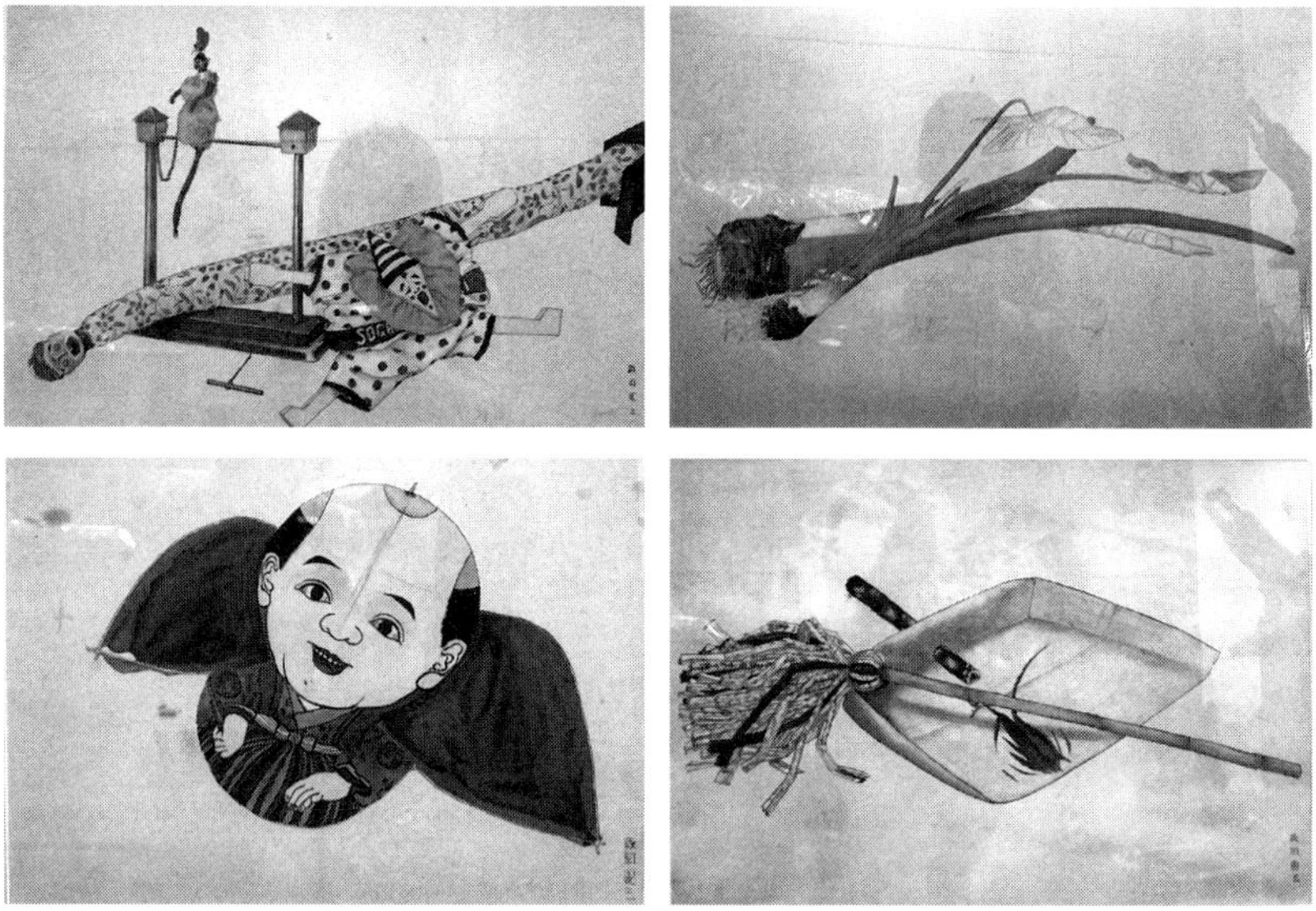

図8　政岡憲三の学生時代のスケッチ。制作年代は不明（政岡土地所蔵、筆者撮影）

はなく、実際に自らの目で見て写生することが奨励されていたのである。

制作年代は不明だが、政岡家には若かりし日の政岡が描いた作品が四点残されている[43]（図８）。実は、これとよく似た作品を政岡の同級生も描いている。政岡の美工時代の同期生に、稲垣仲静（本名・広太郎）という画家がいるのである[44]。稲垣の作品である「サトイモ」と「叩きと塵取り」（図９）は、美工予科の二年生だった一九一三年頃の作品とされている。政岡と稲垣は、同じモデルをもとに、それぞれ違った角度から写生した可能性が高い。同じ教室で、同じ素材を観察しながら、十代の政岡と稲垣はキャンバスを並べて絵の勉強に専念したのである。稲垣は、個性的な女性を描く日本画家として将来を嘱望されながらも、若くして亡くなっている。洋画家として活躍した大橋孝吉も同級生である。教室のなかには、才能あふれる画家の卵たちが文字どおり机を並べていたのである。

この写生とは、先にアニメーション制作者たちが重要視していたデッサンと同じ作業である。政岡はデッサン、すなわち写生を学生時代に徹底的に叩き込まれたのである。この頃に身につけた技術が、のちに漫画映画制作に

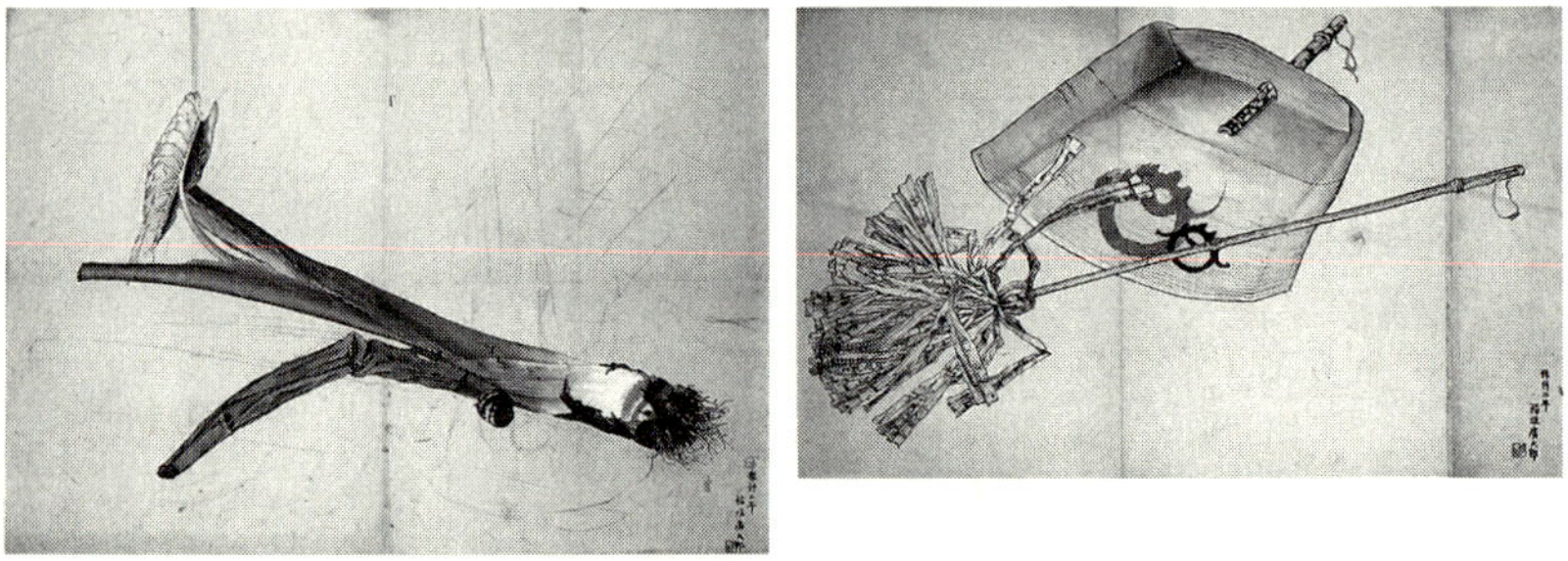

図9　稲垣仲静「サトイモ」「叩きと塵取り」（1913年頃）
（出典：『稲垣仲静・稔次郎兄弟展――夭折の日本画家、型絵染の人間国宝』京都国立近代美術館、2010年、20ページ）

とっても重要な財産になっていく。

政岡が学生時代に描いた作品は現在でも何点か確認されていて、美工の卒業制作として描かれたのが「浪」である[45]（図10）。「京都日出新聞」に掲載された、美工・絵専の展覧会を紹介した記事のなかで、「浪」は「女はよいが肝心の波が華香張りでやりそこなつてある[46]」と評されている。華香とは、美工・絵専の教員でもあった日本画家・都路華香のことである。華香は特に「波」を画題として、多様な表現を試みたことでも知られている[47]。政岡の卒業制作は、女性の姿は評価されているものの、背景に描かれた海の波の描写は、華香の作風をまねしたものであると指摘されている。しかし、絵画科四回生の作品のなかで、新聞に取り上げられたのは政岡のほかに、稲垣広太郎（仲静）と井上慎太郎の三人だけである。このとき、絵画科四年生に所属していた生徒は十五人いたが、そのうちの三人だけが紹介されているところから判断すると、政岡の作品は多少なりとも記者の目を引くものがあったようである。

美工の卒業生は絵専へ無試験で進学できることになっていた。だが、政岡はほかの進路を選ぶ。美工の卒業生消息欄に「政岡君は東京に赴き洋画研究」とあるように、一九一七年三月に美工を卒業すると、上京する。葵橋洋画研究所で洋画を学ぶためだった。

政岡が上京した一九一七年とは、三人の日本アニメーションの創始者たちによる初の国産漫画映画が公開された年だった。しかし、この件に関する政岡の言及は残されていない。

美工や絵専での指導は、あくまで日本画が中心だった。[48]政岡としては本格的に洋画を学ぶことで、新しい道を探そうと考えていたと推察される。また、葵橋洋画研究所は、現在の東京芸術大学の前身にあたる東京美術学校の卒業生が、さらなる修練を積めるようにと、洋画を理論と実技の両面から指導するために設立されたものだった。しかし、政岡が入学した頃になると、卒業生のためではなく、東京美術学校入学の予備校的な場になっていた。政岡としては、単に洋画を学ぶためだけではなく、東京美術学校への進学も視野に入れていたのかもしれない。

この当時、葵橋洋画研究所は黒田清輝が実技指導、久米桂一郎が講義を担当していた。[49]ただし、政岡の証言によれば指導にあたるはずの教員が研究所にこなかったため、ここでは十分な勉強ができないと判断したのか、淡路島の実家に戻り、一九一八年四月に絵専の本科に入学している。

図10　政岡憲三「波」
（出典：「美」1917年5月号、芸艸堂、口絵）

絵専では美工以上に実習に力を入れた指導がおこなわれる。制作でも写生が重視され、個性の表現が求められていた。[50]絵専の卒業制作として描いた「けいとう」の写真が残されている[51]（図11）。政岡は一九二二年三月に絵専本科を卒業するが、そのまま研究科へと進み、絵画の修練を続けたのである。

では、在学中の成績、あるいは絵画に対する評

図11　政岡憲三「けいとう」
（出典：「美」1922年9月号、芸艸堂、口絵）

価はどのようなものだったのか。一九一七年三月に美工の生徒に対する表彰があり、優等・一等・二等・褒状が与えられたが、政岡の名はそのいずれにも見当たらない。また同時期におこなわれた美工と絵専の生徒による作品展で、「猿」と題された政岡の粗画は銅牌に終わっている(52)。学生の作品でも、特に優れたものは毎年数点が学校によって買い上げになっていて、その対象者を見ると、多くが画家としてその名を残した人物ばかりである(53)。だが、美工・絵専時代を通じて、政岡の作品は選から漏れている。在学中の記録を見ても、何らかの特筆すべき賞を受けたという記述は残されていない。画家としての将来を嘱望される、という域には達していなかったようである。

知識と教養

政岡が美工・絵専で学んだのは実技だけではない。国語や英語といった学科もあったが、それ以上に、設立の目的にもあった「学理」も重要な教育の柱だった。一般的な学問、さらには美術に関する教養の面からの指導も受けているのである。ここでは、どのように知識を磨いていったのかを紹介していきたい。

美工・絵専のカリキュラムを見ると、美工・絵専では、実技を指導する「実習」と、学問的な科目の大きく二つに分けることができる(54)。美工のカリキュラムの特徴は、学問面での指導にも多くの時間が割かれていることである。

一・二学年では、週四十二時間のうち、実習は十八時間で全体の四割程度である。残りは、時間の多い順に並べていくと、国語、英語、数学、歴史・地理、物理・化学、体操、修身になっている。三・四学年になると、実習が二十五時間で全体の六割近くを占め、一般教養的な授業は減る。かわって新たに加わるのが、三学年では、幾何画、芸術応用博物学、芸術応用解剖、四学年では投影画透視画、絵画史といった制作に即した知識の習得を目的とした学科である。

一方の絵専では、週四十二時間のうち実習が三十六時間と全時間の八割以上を占めていて、一般教養的な授業はほとんどない。かわりに、美学および画論、風俗史と有職故実《ゆうそくこじつ》、絵画史、東洋文学の教授がおこなわれるようになる。(55) 美学を知ることは、画家としての方向性を示してくれる。さらに風俗史などは、歴史的な題材を描く際には欠かせない知識を提供してくれる。

また、政岡が在学していた大正期、美工と絵専では、東京や京都の帝国大学出身の学者たちが美学や美術史について解説をおこない、理論面からの指導にも力が入れられていた。(56) 日々の講義だけでなく、学外からの研究者を招いての講演会も積極的におこなわれた。第7章で紹介する政岡の著作『漫画映画入門』には、漫画映画を心理学の側面から語った記述があるが、これは当時の絵専校長だった松本亦太郎の影響と考えられる。

図書館には古今東西の美術作品に関する書籍が集められ、さまざまな西欧の芸術を目にする機会に恵まれた。学生たちによる自主的な勉強会も盛んに開かれた。ただ単に絵画を描くためだけの技術を教えるにとどまらず、学生たちには幅広い知識を身につけられる機会が設けられていた。

校友会誌の「美」には、教員たちが美学や美術史など多方面から記事を寄せているが、芸術に限定せず、西欧の思想や文学までも取り上げられていて、学生たちの知識を広めることに貢献した。この雑誌には興味深いことに、映画を取り上げた記事もある。一九一二年八月の「美」に掲載された、中川重麗の「線の雨と点の雨」(57) である。

中川はこの文章のなかで、団扇の一面に縦棒、もう一面に横棒を引き、その団扇の柄を両手で挟んで回転させると縦と横の棒が交差して十字に見える、と説明する。ソーマトロープと呼ばれる玩具だが、これはまさしくアニメーションの基本原理でもある。そして、絵と映画の違いについて雨を例に挙げて、人間の目には雨が線のように見えるので、雨を絵に描くときも線として描くのだと説明する。しかし、雨をカメラで連続撮影した場合、雨は線ではなく点々の形で写っていて、人間の目に見えているものとは異なる形になっている。写真に写っているとおりに雨を点々で描いたとしても、その絵は雨を描いているようには見えないのである。アニメーションは、すべてのシーンが絵によって成り立っている。描いた絵を撮影してから連続映写するという映画の技術を利用しているものの、画面を構成するのは絵なのである。

しかし中川は「普通に見られないやうな姿勢を画くのは、徒らに異様を感じさす許りで、画としての価値は認められない」と述べる。現実そのままである必要もないが、かといって極端に現実から離れてしまってもいけないとしている。そのうえで「普通に観念に入り易い姿勢」のほうが見る人に対して「記憶に愬へて宛がらの幻想を惹き起す」ほうがよいとしているのである。

この記事からちょうど三十年後、漫画映画の関係者による座談会の席で、政岡は次のように語っている。

> 実写で撮るのは便利ですが、それをこなす画家の技量が重要になります。「くもとチューリップ」に雨がぽつぽつ八手に落ちるところがありましたが、あれなんか考へるに、それを受け持つた画家が一週間もかかつて書きに行つたのです。それを実写でやれば簡単ですが……
>
> （略）
>
> 想像でなく写生なんです。動きそのものを見る。雨の降つてゐる時に、一生懸命に動画家が見て研究したのです。[58]

政岡が言う「実写で撮る」とはライブアクションのことで、実写によって撮影した映像の動きをトレースしてアニメーションの絵にする手法である。だが、政岡は実写を用いるのではなく、あくまで対象を観察して描くべきだと主張している。また、想像ではなく写生を重んじるべきだともしている。

政岡が制作した漫画映画『くもとちゅうりっぷ』では、クライマックスに大嵐の様子が描かれるが、このシーンの作成にあたって、担当したアニメーターは雨の降るさまをひたすら観察したうえで描いている。しかし、その一方で雨は線で描かれている。実写で撮影した雨のシーンをそのままトレースして漫画映画にしても、それは決して美しいシーンとはなりえないのである。

中川の「線の雨と点の雨」が学内誌「美」に掲載されたのは一九一二年八月である。実写の映像と絵画の違いを述べたこの記事は、漫画映画における絵の描写を考える際に重要な示唆を与える内容である。すでに述べたように、政岡は一一年か一二年に美工・予科に転入していて、中川の文章が掲載された「美」を手にしていた可能性も考えられる。また、仮に本人は読んでいなかったとしても、このような記事が読まれていた学内で青春時代を送ったということによって、切磋琢磨されていったことも見逃せない。美工・絵専でさまざまな技術と知識を身につけたことは、その後の政岡の漫画映画制作にとって大きなヒントやアイデアの源になったと考えられる。

これまで政岡憲三という人物は、天才肌というイメージで語られ、ほかの制作者と比べても異色の人物という扱いを受けてきた。多くの先行研究では、それを政岡が裕福な家に生まれたという出自に理由を求めてきた。しかし、むしろ美術に関する専門的な教育を受けていて、本格的な美術の技術と理論を漫画映画のなかに導入しようとしたことが一端にあったのではないだろうか。

また、美工・絵専という、西洋的な教育機関の制度を取り入れた学校教育を受けたことは、政岡自身がのちに若手を指導する際に生かされていく。本書の第7章で取り上げるが、戦中から戦後にかけて政岡は『漫画映画入門』と『政岡憲三動画講義録』と題されたテキストを片手に、若いアニメーターたちを養成していく。先生と生徒という関係で、わかりやすく丁寧に、カリキュラムにのっとって一通りの技術と知識を伝授する。それは政岡自身がかつて体験した美術学校での経験を、漫画映画の世界に応用していったのである。

4 演劇への目覚め

美工・絵専で十年以上にもわたって日本画を中心とする絵画について専門教育を受けてきた政岡が、どうして漫画映画の世界に入ったのか。実はその転身には、演劇、そして劇映画に関わっていた過渡期が存在する。

美工・絵専時代の政岡を見ていくと、絵画の道では挫折とまではいかないものの、どこか伸び悩んでいた様子がうかがえる。むしろ、絵画以外、ほかの分野へと関心が移りつつあった。それは演劇だった。政岡は「動いているもの」をスケッチする際、その題材として演劇や舞踊、能なども描いている。[59] それがいつしか、絵画の対象としてではなく、自ら演じる側に身を投じていくようになる。

政岡は学生時代に「素人芝居《しろうと》」をやっていたと語り、学生時代のものと伝えられる写真のなかには政岡が役者を務める様子を写したものがある（図12）。

絵専では一九二九年に絵専劇研究会（通称アトリエ座）が結成される。その設立については「美術学校としての性質上、学生生徒が演劇に興味を持つものも多いのは当然と云えよう[60]」という指摘がなされている。政岡が演劇を始めたのも、決して特別なことではない。学生たちに見られる傾向の一つだったのである。

アトリエ座の前身については、学校行事などに余興としておこなっていたものが、大正中期頃に学生演劇として形を整えるようになっていったと伝えられている。

学生演劇が形成されていったとされる時期と、ちょうど、政岡が美工・絵専に在学していた時期とが一致することから、政岡が参加していた学生演劇とは、この絵専劇研究会の、前身にあたるものだったのではないかと考えられる。

政岡も在学していた大正期、学生演劇で中心的な役割を果たした生徒のなかには、のちに商業演劇や映画の分野で活躍した、甲斐荘楠音、高谷伸、吉川観方、林梯三、吉田義夫らがいた。[61]さらに、上村松園の息子で、日本画家として活躍する上村松篁も所属していた。さまざまな分野で活躍する人材が、学生演劇に加わっていたのである。

美工・絵専に関する資料のなかには、一九二四年頃のものとされる「演劇クラブ」の写真が掲載されている。この演劇クラブとは、学生演劇のことだろう。政岡はのちに映画業界に入り、俳優となった時期もある。

図12　学生演劇
（出典：「Film1/24」第23・24合併号、アニドウ、1978年、21ページ）

絵を描くだけでは飽き足りず、演劇を通して、政岡の興味は映画へと広がっていったのである。

注

(1) 二〇一四年現在、文化庁メディア芸術祭は、アート、エンターテインメント、アニメーション、マンガの四部門となっている。

(2) 「活動之世界」一九一六年一月号、活動之世界社、一〇〇—一〇三ページ。寺崎廣業の記事が掲載されたのは一九一六年である。日本で初となる国産の漫画映画が公開されたのは一七年なので、この記事で寺崎が言及しているのは海外で制作されたアニメーション作品である。

(3) 渡辺泰「日本で世界初のアニメーションが公開された可能性についての考察」「アニメーション研究」第三巻第一号、日本アニメーション学会、二〇〇一年

(4) 本書で取り上げる漫画とは、「特に社会批評・諷刺を主眼とした戯画。ポンチ画」と「絵を重ね、多くはせりふをそえて表現した物語。コミック」の二つのタイプが該当する(新村出編『広辞苑 第五版』岩波書店、一九九八年)。

(5) *The Guinness Book of Movie Facts & Feasts*, Guinness Pub, 1991.

(6) 漫画とアニメーションの関係については、秋田孝宏『「コマ」から「フィルム」へ——マンガとマンガ映画』(NTT出版、二〇〇五年)のように、漫画とアニメの表現を比較した研究もある。

(7) 宮本大人「「漫画」概念の重層化過程——近世から近代における」「美術史」第五十二巻第二号、美術史学会、二〇〇三年、三一九—三三四ページ

(8) 清水勲『年表 日本漫画史』(ビジュアル文化シリーズ)、臨川書店、二〇〇七年、一二六—一二七ページ

(9) 美術界でも長らく北山清太郎の名は忘れ去られていたが、島田康寛の「『現代の洋画』の周辺——日本洋画協会と北山清太郎」(『変容する美意識——日本洋画の展開』京都新聞社、一九九四年、八九—一〇七ページ)によって、その功績への見直しが始まった。さらに、漫画映画制作者としての北山清太郎に重点を置いた評伝としては、津堅信之『日本初のアニメーション作家 北山清太郎』(〔ビジュアル文化シリーズ〕、臨川書店、二〇〇七年)が挙げられる。

(10) 北山清太郎と美術との関わりは、日本水彩画会の大阪支部に入ったことから始まる。一九一一年に上京し、水彩画研究所に通いながら、「みづゑ」(春鳥会)の編集を手伝い、「洋画材料供給会」を設立している。翌年には日本洋画協会を設立し、西欧を中心とした芸術作品全般の紹介や国内での展覧会情報、画家のアトリエ訪問などの記事を掲載した「現代の洋画」を発行している。画家を志す青年を支援するための奨学金制度を設立し、若手の芸術家を「現代の洋画」の編集スタッフとして雇う形で生活費を支給するなどの活動もおこなっていた。また、画家を中心に幅広い交流があり、岸田劉生、斉藤与里、木村荘八、武者小路実篤など多岐にわたる。さらに、北山が主催する展覧会には多くの文化人が訪れていて、夏目漱石の文章のなかにも北山の名を見つけることができる。北山自身も洋画を中心に絵画を描いていたが、美術史では雑誌の発行や若い芸術家の支援といった形で美術界に貢献した点が評価されている。

(11) 旧姓は戸田だが、養子に入ったことで山本姓になる。なお、早苗とは画号であり、本名は善次郎である。

(12) 山本早苗『漫画映画と共に――故山本早苗氏自筆自伝より』宮本一子、一九八二年、四三―七七ページ

(13) 同書

(14) ウィンザー・マッケイ(一八七一―一九三四)は「ニューヨーク・ヘラルド」紙で連載された漫画『夢の国のリトル・ニモ(Little Nemo in Slumberland)』(小野耕世訳、PARCO出版局、一九七六年)の作者としても知られる。アメリカのアニメーション制作者の草分け的存在でもある。

(15) リチャード・ウィリアムズ『アニメーターズ サバイバルキット』郷司陽子訳、グラフィック社、二〇〇四年、二四ページ

(16)「ナイン・オールド・メン」と呼ばれた、ディズニーのスーパーバイジング・アニメーターの一人。一九四〇年、ディズニーのなかにアニメーション部の管理を補佐する幹部会が設立され、アニメーターたちの代表が、スタッフの人事や仕事の割り振り、訓練について会社に助言をおこなうようになった。やがて、制作体制や作品の内容に対しても強い発言権をもつようになり、五〇年には幹部会のメンバーがミルト・カールを含めた九人のメンバーに固定化した(フランク・トーマス/オーリー・ジョンストン『生命を吹き込む魔法――Disney Animation The Illusion of Life』高畑勲/大塚康生/邦子・大久保・トーマス訳、徳間書店、二〇〇二年、参照)。

(17) 前掲『アニメーターズ サバイバルキット』二四ページ

(18)「座談会 日本漫画映画の興隆」「映画評論」一九四三年五月号、映画日本社、一二―一九ページ

(19)同記事一二―一九ページ

(20)このとき、ディズニーに招かれた講師がドナルド・グレアムである。グレアムはスタンフォード大学で工学を学ぶうちに美術に関心を抱くようになり、シュナード美術学院に通い、その後、同校で教鞭をとるようになる。一九三二年にディズニーにデッサンの講師として雇われ、九年間にわたって、線画と構図、アクション分析の授業を担当した。

(21)コンピューター技術の発達によって、モーションキャプチャーなどの技術を用いて、生身の人間の役者に登場人物と同じ動作、演技をしてもらい、その役者の姿を登場人物に置き換えて作品を作る手法をとっている。

(22)政岡憲三「動く絵」「スケッチ」第二十五号、宝雲舎、一九四九年、五九―六二ページ

(23)前掲『アニメーターズ サバイバルキット』二三ページ

(24)「Film1/24」(アニドウ)の「特集政岡憲三」に掲載された「政岡憲三制作年表」は、タイトルに制作という文字があるように、実写映画の制作を始めた一九二七年から年表を始めている。

(25)現在は京都市立銅駝美術工芸高等学校となっている。

(26)現在は京都市立芸術大学となっている。

(27)木村角山については第2章で、熊川正雄については第7章で改めてふれる。片岡芳太郎の経歴はあいまいな点が多く、生没年も不明である。片岡は一九一九年に美工・絵画科に入学、二二年三月卒業。同年四月に絵専本科入学、二六年三月に絵専を卒業している。美工絵専の在学記録から推察するに、〇四年頃の生まれと推測される。政岡憲三や木村とは学年がだいぶ離れていて、かつ両者の間に面識があったことを思わせる記録や発言はないことから、在学中の交流はなかったものと推察される。片岡の漫画映画での代表作は三五年の『證城寺の狸囃子塙団右衛門』である。戦後はもっぱら漫画家として、貸本漫画を中心に執筆している(渡辺泰「片岡芳太郎とアニメーション」「季刊CINÉMATHÈQUE」夏号、シネマテック編集部、二〇〇六年、参照)。

(28)四学科は、東宗は大和絵諸派と円山四条派、西宗は洋画、南画は文人画、北画は狩野派雪舟派である。開校当初の修業年限は三年とされ、京都御苑内の旧御殿が校舎になった(京都市立芸術大学編『百年史京都市立芸術大学』京都市立芸術大学、一九八一年、二一―一六ページ)。

(29) 一九〇七年、京都御苑内から左京区吉田に移転し、新校舎を建設している。
(30)「明治四十二年三月五日付　京都市立絵画専門学校設立認可申請」、前掲『百年史京都市立芸術大学』所収、一九五ページ
(31) 開校当初、絵専は左京区吉田にある美工の校舎の一角を間借りして授業がおこなわれていた。政岡憲三の在学当時の絵専就業年数は、本科三年、研究科二年である。
(32) 前掲「動く絵」五九―六二ページ
(33) 前掲『日本アニメーション映画史』六二ページ
(34)「絵美倶楽部」第一巻第一号、京都市立絵画専門学校・京都市立美術工芸学校校友会編集・発行、一九一三年、七ページ
(35) 政岡憲三が在学していた大正期、美工の就学年数は予科二年・本科四年となっていた。
(36) 予科の入学規定は満十二歳以上で尋常小学校卒業生とされている。本科は満十四歳以上であり、かつ、予科の修了者、高等小学校を卒業した者、中学校二学年修了者、もしくは入学試験で予科修了に相当する学科試験に合格した者とされている。なお、予科・本科ともに満二十歳を超えている者は入学を許可されないとされている（前掲『百年史京都市立芸術大学』一九八―二〇二ページ）。
(37) 前掲「動く絵」五九―六二ページ
(38) 上村松篁は一九二一年三月に美工絵画科を卒業していて、美工では政岡より四学年下に在籍していた。
(39) 前掲『百年史京都市立芸術大学』二四〇ページ
(40) 同書二三九―二四三ページ
(41) 一九一八年の予科の実習（同書二四〇ページ）。
(42) 一九〇九年の美工絵画科での実技授業の写真（同書一〇ページ）。
(43) 政岡憲三が美工を卒業してから三年後のことだが、一九一九年におこなわれていた美工・予科一年生の実習では、写生の題材として「伏見人形、凧、子どもの下駄、ネギ、菊」を描いたという記録が残されている。写生で凧をはじめとする子どもの玩具や野菜の類いを題材とするのは、本科では確認できず、予科の実習でだけ見られる傾向にある。

政岡の作品も、玩具、凧、野菜などを題材に描いているという共通点がある。稲垣仲静の写生画との共通点を考えても、政岡家に残されていたこの四点の作品は、政岡が予科に在学していたときに描いた可能性が高い。

(44) 京都国立近代美術館／笠岡市竹喬美術館／練馬区立美術館編『稲垣仲静・稔次郎兄弟展——夭折の日本画家、型絵染の人間国宝』京都国立近代美術館、二〇一〇年

(45)「美」一九一七年五月号、芸艸堂

(46)「京都日出新聞」一九一七年三月二十七日付

(47) 上薗四郎「華香絵画の多様性とその魅力——『波』の表現を中心として」、京都国立近代美術館／笠間市竹喬美術館編『都路華香展』所収、京都国立近代美術館／笠岡市竹喬美術館、二〇〇六年、一八五—一九三ページ

(48) 洋画に関しては、学生たちによる自主勉強会、教員による学内誌での紹介などはおこなわれていたが、実習で指導することはなかった。洋画の専攻が開設されるのは戦後のことである。

(49) 実技の指導内容は、黒田清輝や久米桂一郎のフランス留学での経験を反映して、木炭画、油彩画、水彩画による石膏写生、人物画を基礎としていた（植野健造『日本近代洋画の成立 白馬会』中央公論美術出版、二〇〇五年、三二一—三三ページ）。

(50) 前掲『百年史京都市立芸術大学』二四三—二四五ページ

(51)「美」一九二二年九月号、芸艸堂

(52)「二葉」第二十六号、芸艸堂、一九一七年

(53)「京都市立美術工芸学校——芸術大学、学校買上げ作品一覧」、前掲『百年史京都市立芸術大学』所収、六〇八—六二〇ページ

(54) 美工・絵専のカリキュラムは何度も変更されていて、学科名や授業時間もそのつど変わっている。ここでは、政岡憲三の在学期間に相当するものを対象としている。美工に関しては「明治四十五年五月二十五日付 京都市美術工芸学校規則」（前掲『百年史京都市立芸術大学』所収、一九八—二〇三ページ）、絵専については「大正六年二月二十七日付 絵画専門学校規則中改正」（前掲『百年史京都市立芸術大学』所収、二〇五ページ）をもとに考察を進める。

(55) 具体的な内容は「和漢文学並韻文、美文、詩歌作法」と説明されている（「大正六年二月二十七日付 絵画専門学校

規則中改正」、前掲『百年史京都市立芸術大学』所収、二〇五ページ）。
(56) 大正期の美工・絵専における理論面での教育については神林恒道編『京の美学者たち』（晃洋書房、二〇〇六年）に収録されている、田中圭子「松本亦太郎と京都画壇」（八二―一〇三ページ）、田野葉月「中井宗太郎と国画創作協会」（一〇三―一一九ページ）の二論文を参照。
(57) 四明老人「線の雨と点の雨」「美」一九一二年八月号、芸艸堂。四明老人こと中川重麗については、篠木涼「中川重麗と映画論」（「民族芸術」第二十五号、民族芸術学会、二〇〇五年、一九三―一九九ページ）、同「不離不即の美学――中川重麗論」（前掲『京の美学者たち』所収、五九―八一ページ）を参照。
(58) 前掲「座談会　日本漫画映画の興隆」一一二―一一九ページ
(59) 前掲「動く絵」五九―六二ページ
(60) 前掲『百年史京都市立芸術大学』三〇一ページ
(61) 同書三〇一―三〇二ページ

第2章　映画のなかの漫画映画

政岡憲三が漫画映画を作り始めたのは、三十歳を過ぎた一九三〇年である。最初から漫画映画の世界を志していたわけではなく、紆余曲折を経た結果としてたどり着いている。政岡は晩年のインタビューで、漫画映画を作り始めた理由について「当時〔一九三〇年：引用者注〕僕としては絵と写真と映画キャメラと映画監督・鼓・太鼓・役者の特技がありましたが、その中で金になるのはこれだと思ってとりついたのが漫画映画[1]」だったと語っている。この発言は彼の人生の遍歴をストレートに表している。「絵」についてはすでに第1章でふれたので、次は「映画キャメラと映画監督」に話を移す。

政岡が画家を目指して美工・絵専に入学したこと、そしてこれだけ多彩な特技をもつことができたのは、実はその生い立ちが関係している。さらに、政岡憲三という個人の事情だけではなく、当時の大阪という街の繁栄にふれることなくしては語ることができない。ここでは、そもそも画家を志すきっかけはどこにあったのか、そしてさまざまな経歴を経て漫画映画にたどり着くまでの過程を取り上げる。

1　大大阪の時代

政岡は「日本アニメーションの父」とまで称賛される半面、どこかほかの制作者と比べて超然とした存在だという印象をもたれていたようである。アニメーション研究家・小松沢甫は、政岡作品に見られる特徴を次のように評している。

政岡憲三アニメの大きな特徴は、時代・社会情勢への無関心であろう。映画には、その封切時点では気づかなくとも、後年再見すると製作時の社会を敏感に反映しているのに驚く、といったことがよくある。ところが政岡アニメは、現在の私たちが見ても、ほとんど時代を感じさせない。よく言えば常に新鮮な芸術至上主義、悪く言えば超然派。(2)

あらゆる創作作品には、意識的にであれ無意識にであれ、時代背景というものが反映されている。小松沢がいう時代を感じさせないという政岡アニメの特徴は、特に『くもとちゅうりっぷ』や『桜』（製作：日本漫画映画社、一九四六年完成）のような戦中の、そして戦後間もない時代の作品に顕著である。戦時中に制作・公開されたオペレッタ風の詩情あふれる音楽、そして嵐の場面での自然描写が秀逸な『くもとちゅうりっぷ』も、敗戦直後に制作されながらも、戦災の被害をみじんも感じさせない春の京都を描いた『桜』も、当時の日本社会を巻き込んだ戦争という大事件を無視したかのような作品と解釈することもできる。

加えて、裕福な家に生まれ育ったということは本人も公言していた。政岡のことを「先祖の財産をアニメのためにきれいさっぱり蕩尽《とうじん》して亡くなった(3)」と語ったのは、政岡と交流があった制作者・うしおそうじ（うしおそうじは筆名で本名は鷺巣富雄《さぎすとみお》）である。政岡の活動を支えた一つの柱は、実家の政岡家である。映画の制作にあたっては実家からの経済的な援助を受けて始めていて、政岡が最先端の技術を取り入れて漫画映画の制作をすることができたのは、実家の財力という背景があったことも否定しきれない。ただし、政岡が財産を使い果たしたというのは鷺巣の勘違いである。

東映動画に所属した藪下泰司（本名・泰次）は、日本動画時代に政岡とともに仕事をした経験もあることから、もう少し詳しく政岡の人となりを語っている。

資産家のぼんぼんだった政岡は、絵を学び、音楽をたしなみ、映画の俳優もやれば、キャメラもまわし、楽団までつくってみたりとまことに結構な道楽者だったようだがその道楽が彼のアニメ作品を大きくささえてもいるのである。
（略）当時のアニメ界にとっては、彼〔政岡憲三：引用者注〕がアニメの作家として異色だったからである。ただの変りだねということではない。突然に異彩を放った作家だからである。昭和初期に始まった日本のアニメがわずか十年そこその間に多くの作家が次々に輩出し、互に作品を競った舞台はすべて東京を中心とした関東でのことである。こうした中でひとり政岡だけが東京の土壌と無縁の京都から、全く独自の見解と感覚の作家として現れたからである。彼のアニメは彼自身の中から芽生えたものであり、作品の基盤をなす彼の感性もこうした「独自の出発」によって形成されたと思うのである。（略）そして彼の作品のすべてを通じて、そこにはアニメであっても映画であるという映画作法のたしかさがある。当時のアニメ作家で映画のプロ級の感覚を持っていた作家は殆んどいなかったのである。作画の基本といい、動きの原理といい、演技といい、新人に対する彼の指導ぶりを見ると、分析的で、科学的な彼のアニメ技術の広さと深さがわかるのである。(4)

ともに仕事をしてきた人々でさえ、政岡作品に見られる特色を「道楽」に起因するものと結論づけている。藪下は、政岡の独自性が京都という土地を活動拠点にしていた「独自の出発によって形成」されたと分析している。これは確かに政岡の人格形成の一部を言い当てているが、具体的に京都に居を構えていたことがどう作用したのかにまでは踏み込んでいない。

しかし、政岡憲三という人物を考えるときには、明治から昭和にかけての京阪神間にどのような文化が醸成されていたかを考えておく必要があるだろう。

現在では政治や経済だけでなく、文化でも東京一極集中が進んでいるが、かつては大阪を中心とする京阪神間が東京と並んで、経済・文化的な繁栄を誇った時代があった。特に一九三〇年代の大阪は経済・文化的にも東京を上回る勢いだった。政岡は美工・絵専に進学し、以後、十代半ばから四十代半ばまでの三十年近い年月を、京都で過ごしたが、政岡の出身地は大阪であり、また親族の多くは阪神間に在住していたこともあって、京都と阪神間を頻繁に往復していた。本章で強調したいのが、政岡が過ごした二〇年代から三〇年代にかけての京阪神間の時代性である。政岡の人生を構成する美術と映画という要素がどこからやってきたのか。それは彼が育った時代の文化が色濃く影響しているのである。

当時の大阪は「大大阪」と呼ばれ、一九二三年の関東大震災で壊滅的被害を受けた東京にかわって繁栄していた。また、神戸は関東大震災で壊滅した横浜にかわり、海外の商社や銀行の代理店、支社が数多く進出し、港湾の輸出入額は日本一を誇っていた。さらに京都も、明治時代から時代劇を中心とした映画撮影が盛んだったが、関東大震災で甚大な被害を受けた映画会社が京都市内に撮影所を移転させたことで、映画産業が一層盛んになる。このことが、政岡が絵画の世界から映画に転じる要因になっていく。

そしてこの時期の文化面で特筆すべきなのが、「阪神間モダニズム」である。大阪と神戸間、約三十キロ弱の地域は、海と山が近くて景観にも恵まれ、温暖で住みやすかった。大都市に挟まれていることから鉄道網も整備され、一九一〇年代初頭から宅地開発が急速に進んだ。人口も増加し、大阪や神戸の会社に勤めるサラリーマン層は、この地域に住居を求めて、典型的な都市型の中産階級を形成するにいたった。また、繊維業を営む多くの大阪の富裕層は、環境がいいこの地域に大阪の本宅とは別に、邸宅を構えるようになった。このようにして、大阪・神戸にまたがる阪神間には、文化のパトロン的存在である富裕層と、それを享受し受け止める層の厚い中産階級が集まっていて、世界的にもまれな文化圏を形成する素地ができあがったのである。[5]

港町・神戸には、十九世紀中頃から末期にかけて外国人居留地が存在し、欧米人も多く暮らしていた。さらに、ロシア革命を逃れた多くのロシア人も阪神間に居を構えた。欧米人が持ち込んだ食文化をはじめとする生活スタイルは、多くの日本人に影響を与えた。また、絵画、演劇、音楽、写真などの前衛的芸術運動も盛んで、阪神間でも特に富裕層が多く集まっていた芦屋・夙川近辺には「文化村」というものも存在し、のちに阪神間モダニズムと呼ばれる文化圏を形成していた。加えて、谷崎潤一郎をはじめとする東京の文化人が、関東大震災から避難してきて移り住んだこともこれに拍車をかけていく。

この阪神間で少年時代を過ごし、のちに漫画映画の制作者になった人物は、政岡のほかにもいる。それが手塚治虫である。

手塚治虫こと本名・手塚治は、一九二八年、大阪府豊中市に生まれた。大手企業に勤める父をもち、裕福な家庭に育った。三三年、手塚一家は兵庫県宝塚市に転居する。

手塚の漫画作品のなかには、阪神間モダニズムに生まれ育ったことが反映されていると指摘[6]されている。手塚作品には、漫画・アニメを問わず、生命倫理を含む哲学的なテーマ、古典的名著、宝塚歌劇など、多彩な文化的背景が見られる。それらは、手塚治虫が幼少から青年時代を過ごした宝塚の阪神間モダニズムと呼ばれる文化的運動に起因するところが大きい。手塚治虫のアニメーション作品そのものに阪神間モダニズムが反映されているわけではないが、幼少の頃から、アニメーションをはじめとする映画に慣れ親しんできたことが、漫画家になった手塚が漫画映画の制作に踏み出すきっかけになっている。

手塚一家が住んだ宝塚は、大阪の郊外都市(ベッドタウン)の一つだが、阪急電鉄の創業者・小林一三によって開発された計画都市で、かつ田園都市だった。さらに、宝塚歌劇場、温泉、遊園地、動物園などの娯楽施設が一九二〇年代から三〇年代にかけて続々と建設されている。これは、鉄道経営と宅地開発、娯楽施設の建設という新しい経営のありかたが宝塚で試されたのであ(7)る。このような文化的環境が手塚を育んだのであり、その背景を知らずして手塚を理解するのは困難だろう。

手塚の母・文子は大の宝塚少女歌劇団（現・宝塚歌劇）ファンだったため、子どもの頃から宝塚の舞台に慣れ親しんで育った。しかも、近所に当時の宝塚の大スター・天津乙女と雲野かよ子の姉妹が住んでいた縁から、家族ぐるみで交流があった。『リボンの騎士』（講談社）をはじめとする手塚の漫画作品のなかにも、宝塚の舞台劇をほうふつとさせる描写があることが指摘されてい(8)る。だが、少年時代に阪神モダニズムを享受した手塚だが、その文化的な豊かさも、太平洋戦争によって失われてしまった。政岡と手塚は、ちょうど三十歳の年の差がある。政岡が青年時代に阪神間モダニズムを享受したのに対して、手塚は少年期にしか体験することができなかったという違いがある。

さて、政岡が生まれた政岡家は、大阪の裕福な商家だった。もともと政岡家は四国の住人だったが、幕末に大阪へ出てくると、海運業で財をなした。そして政岡の祖父・徳兵衛の代には海運に加えて、大阪の湾岸地域の土地を工場用地として買い占め、鉄道に出資し、不動産を事業の中心としながら、さまざまな分野に投資して莫大な資産を形成していった。明治以降の急速な近代化と、それにいち早く目をつけた先行投資が、政岡家に巨額の財をもたらしたのである。

その政岡家の長男である政岡が、家業を継がず、美術、映画を経て、漫画映画の世界に進んだのは父・嘉三郎の存在が大きい。嘉三郎は道楽好きで、とりわけ絵には大変興味をもっていたが、家業を継ぐために画家の道は断念している。しかし、絵の道を諦めきれなかったのか、早々に家業を娘婿に譲ると、隠居生活に入る。大阪画壇の上田南嶺と渡邊祥益に学び、さらに京都画壇で活躍した鈴木松年のもとにも弟子入りしている。現在でも、政岡家と関係深い大阪市内の寺社に、嘉三郎の作品が残されてい(9)る（図13）。

図13　政岡嘉三郎の作品（増福寺〔大阪市〕所蔵）（筆者撮影）

政岡の姉・嘉代子の婿が家業を継いだため、政岡は長男として生まれながら、自由気ままの身になった。当時の大阪の商家では、男子がいてもあえて優秀な娘婿を迎えて跡取りにして家を繁栄させるという習わしがあり、長男がいても家を娘婿に継がせることは決して珍しいことではない。谷崎潤一郎の『細雪』にも、大阪の商家に生まれて、阪神間に暮らしている四姉妹が描かれているが、このような女系家族は大阪の商家ではよくあることだった。

　さて、若くして隠居の身になった嘉三郎は、淡路島の由良の近くに新しい邸宅を築く。海を臨む広大な邸宅には能舞台も作られ、師匠を呼び寄せては家族全員で能を習い、悠々自適の生活だった。また、屋敷の近くにあった由良要塞の司令官とも交流があり、たびたび宴席が設けられた。嘉三郎は地元から請われて町長に就任し、由良地区の地域振興にも尽力していて、地元の名士としても活躍した。

　政岡も、小学生までは淡路島の屋敷で過ごし、京都の美術学校に進学したあとも頻繁に帰省していたようである。風光明媚な淡路島での生活は、代表作『くもとちゅうりっぷ』に創作上のヒントを与えることにもつながっていくが、こちらは第4章で改めて取り上げたい。

2　劇映画の世界へ

政岡は絵画から漫画映画へいきなり転身したのではなく、その間をつなぐものとして劇映画に関わっていた時期があった。一九二四年三月に絵専の研究科を卒業してから三〇年に漫画映画制作を始めるまでの数年間、劇映画の監督や俳優をしている。ここでは、絵専を卒業したあとの政岡の活動について、劇映画を中心に考察していく。漫画映画の「映画」に関する技術は、この時代に培われていった。

では、いつ頃から政岡は劇映画に興味をもつようになったのか。第1章で紹介した、学生演劇時代と伝えられている写真を見ると、演技をカメラで撮影している様子も写っていて、学生演劇を通して映画制作に興味を持ち始めた可能性が高い。

そして、一九二五年公開の衣笠貞之助監督『日輪』[10]で、プロとして映画の仕事に携わることになる。邪馬台国の卑弥呼を主人公とした、古代を舞台にする歴史ものの劇映画だった。政岡が担当したのは、衣装デザインやオープンセットを含めた時代考証全般で、現代でいう美術監督的なポジションだった。『日輪』の撮影から五十年後の一九七五年の夏、七十八歳になっていた政岡に音楽評論家の秋山邦晴がインタビューをしている。漫画映画がインタビュー対象だが、冒頭では劇映画時代のことにもふれていて、政岡は『日輪』について次のように語っている。

> 大正十四年にマキノ映画に入社して〈日輪〉（衣笠貞之助監督、市川猿之助主演）の美術監督みたいなことをやりました。タイトルには名前はでていませんでしたが、猿之助の首飾りや奈良の公園のなかにセットをつくったりしたんです。

横光利一原作のこの作品は、卑弥呼のことなんですね。その時分はまったく資料がなくってね。時代考証なんていっても、困りましたよ。セットをやったのはこれ一本だけです[11]。

図14　政岡憲三『海の宮殿』（1927年）撮影風景
（出典：前掲「Film1/24」第23・24合併号、7ページ）

ここで、美工・絵専で受けた教育が生きてくる。日本画で人物を描く際、装束のデザインや紋様はもちろん、特に女性であれば髪の結い方、人物の周りに配する調度類、さらには人物のしぐさにいたるまで、各時代の風俗を徹底的に調査し、厳密な考証に基づいて描くことが要求されていた[12]。第1章でも紹介したように、日本画を描く参考にするために、絵専では風俗史の授業があったほか、学生の間でも自主的な勉強会がおこなわれていて、時代や身分に応じた髪形や装束に関する基礎的な知識は身についていた。そもそも、美工・絵専の卒業生が劇映画で時代考証を担当するというのは、政岡に限ったことではない。戦後になってからの例だが、甲斐荘楠音《かいのしょうただおと》は『雨月物語』（配給：大映、一九五三年）をはじめとする溝口健二監督作品で考証や演技指導を手がけている。政岡が苦労をしながらも時代考証全般を担当することができたのは、当時の美工・絵専での教育のおかげだった。

だが、政岡の映画デビュー作は不遇に終わった。右翼団体から不敬罪で告訴されてしまったのである。セットの屋根が伊勢神宮をまねていたこと、さらに卑弥呼とは天照大神だとした設定が、天皇について扱っていて不敬だという理由[13]だった。上映は中断され、問題とされたシーンをカットし、さらにタイトルも『女性の輝き』と変えて公開せざるをえない状況に追い込まれてしまったのである。こうして、政岡の美術監督としての仕事は失敗に終わった。

しかし、政岡はなおも映画の世界にこだわり続ける。次は美術監督ではなく、俳優も視野に入れている。美工・絵専時代、学生たちが撮っていた映画で政岡は役者として演じることもあった。素人芸ながら、俳優の経験があるという自負もあったのかもしれない。

だが、俳優になることには父が難色を示した。かわりに、政岡家から資金を出してもらい、監督として制作したのが児童向けの劇映画『海の宮殿』（『貝の宮殿』。配給：マキノ映画、一九二七年）である。海の王女が漁師の青年と恋に落ちるが、王女の宝を横取りしようとした悪人の妨害にあい、王女は海へと戻っていくというストーリーで、人魚姫を想起させる内容である。[14]フィルムが残っておらず、撮影風景を写したスチール写真が数枚、残っている程度である（図14）。

この作品の制作にあたっては、ドイツ人から中古の映写機を買い取り、美工の卒業生・木村角山[15]が撮影を担当している。木村と政岡は美工では所属する学科こそ違ったものの、学年は一つしか違わない。在学中、二人が学生演劇などを通じて知り合っていた可能性は否定しきれない。

さて、この『海の宮殿』はのちに編集され『海姫物語』とタイトルが変えられるが、当時この編集版を見た映画監督の竹内俊一は「監督を成し、撮影も成した政岡君が美校出の人である事は後日に知ったが、如何にも其の一つ一つの画面が立派な洋画式要素を持ったポーズに置かれて居ることだ。そして私は今初めてその美しい絵画的な画面が如何にも映画の全篇的効果に迄成立し得るのに驚いた[16]」と評している。この「洋画式要素」や「絵画的画面」とはどのようなものだったのだろうか。

例えば、ヒロインである海の王女が登場するシーンを撮影した写真の構図（図15）から、サンドロ・ボッティチェリの『ヴィーナスの誕生』をイメージしていたことがうかがえるように、この作品は洋画の構図を要素として取り込みながら制作されている。

図15　政岡憲三『海の宮殿』のワンシーン
（出典：前掲「Film1/24」第23・24合併号、20ページ）

図16　政岡憲三『力と女の世の中』（松竹、1933年）
（出典：前掲『日本漫画映画の全貌』24ページ）

このような傾向は劇映画に限定されていたわけではなく、一九三三年に制作した漫画映画『力と女の世の中』（配給：松竹）では、ミロのヴィーナスとそっくりなポーズをした人物が登場する[17]（図16）。美工と絵専は日本画に関する授業が中心だったが、政岡が在学していた大正期、西欧の美術作品について学ぼうという動きが教員や学生のなかで起こりつつあった。さらに一時は葵橋洋画研究所に通って洋画を学ぼうとした政岡なら、西欧の有名な絵画や彫刻作品を目にする機会もあったはずである。ただし、絵画や彫刻ではなく映画という表現手段をとったのだ。

しかし、『海の宮殿』は興行的にはまったく振るわなかった。作品時間があまりにも長すぎて、物語が冗長[18]になってしまったのが原因だった。劇映画の監督としては失敗だった。

『海の宮殿』の興行の失敗に加え、追い打ちをかけるように、実家の事情で資金援助が打ち切られる事態[19]も発生する。この出来事は、政岡の監督としての映画制作が政岡家の資本なくしては成り立たなかったことを示している。のちに漫画映画を制作するようになった際、豊富な資金を頼りに最新の技術をいち早く導入し、政岡が漫画映画の世界の近代化に貢献したと評価されることにもつながった。かわりに、実家の経営状況が悪化すると融資も止まり、たちまち制作も行き詰まってしまうのである。

美術監督、さらには監督でも思うような成果を上げられなかった。ついに、父に反対されていた役者になることを決意する。

マキノプロダクションに客員として入社すると、一九二七年公開の『人質』[20]で「瀬川瑠璃之助」という芸名で「近侍結城主水」役を演じている。『人質』の宣伝ポスターには「新人・瀬川瑠璃之助・室町三千代入社第一回主演映画」（図17）というキャッチコピーが掲げられている。

このポスターを見ると、撮影として木村の名も載っている。また、『海の宮殿』で主演女優を務めた眞之璃紗も、芸名を改めて室町三千代と名乗って出演している。『海の宮殿』の関係者が三人そろって、この『人質』の制作に加わっているのである。三人は示し合わせて、マキノプロダクションに入ったものと考えられる。

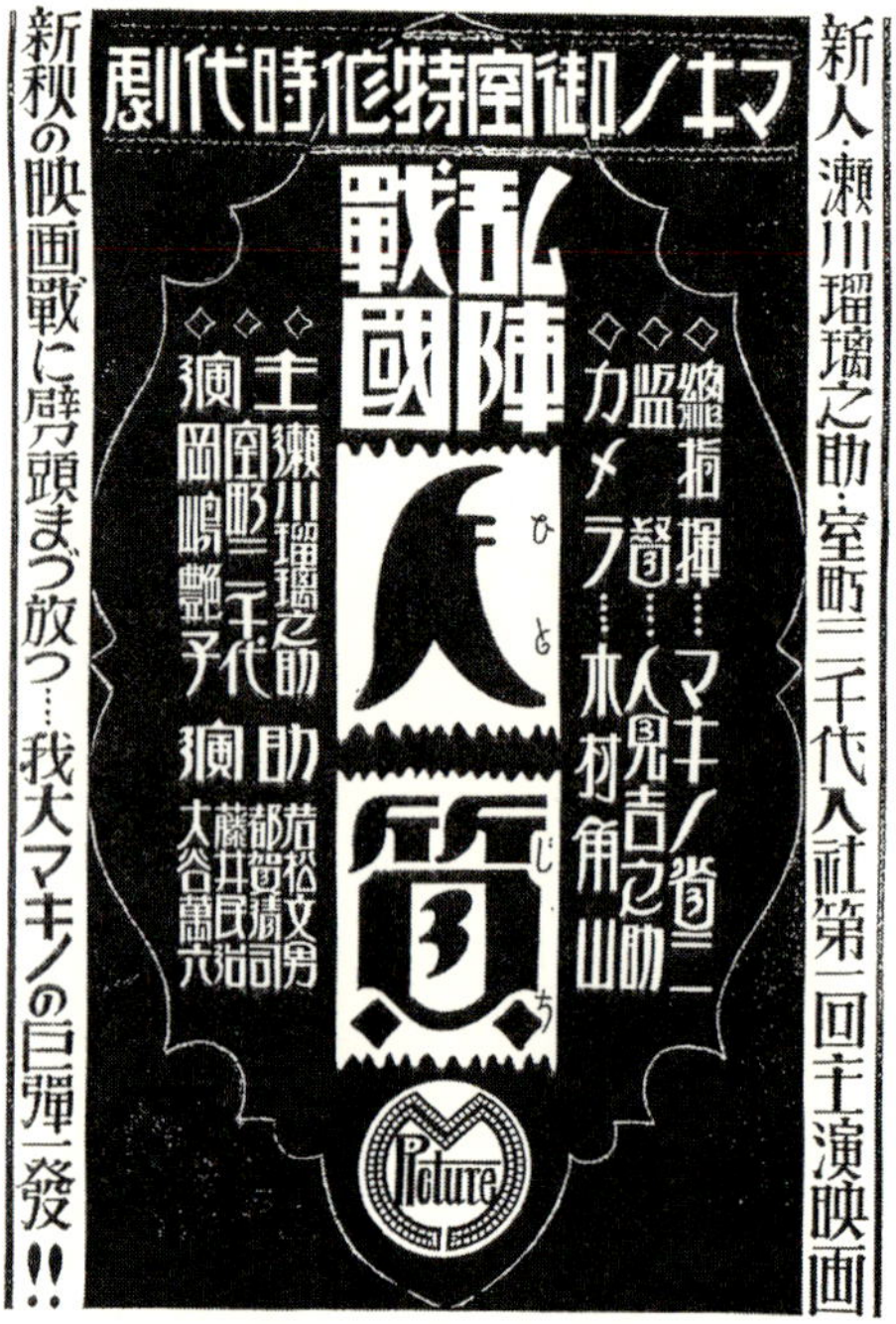

図17 『人質』（1927年）ポスター
（出典：秋野嘉朗「政岡憲三・考Ⅰ」「ANIMAIL 歴史部会版」第1号、日本アニメーション協会歴史部会、1997年、1ページ）

映画俳優としての政岡はどのような評価を受けていたのだろうか。一九二七年にはマキノ正博監督の『妖婦』（配給：マキノプロダクション）で番頭・新吉の役を演じたが、「政岡呑平改め瀬川瑠璃之助氏の新吉はやっぱり未だ素人」[21]と評されている。学生演劇で役者の経験があるとはいえ、政岡の演技は素人の域を出ることはできなかったようだ。一九二八年には城戸品郎監督『裏切る跫音』（配給：マキノプロダクション）にも出演しているが、役名さえ不明だというところを見ると、徐々に脇役へと追いやられていったようである。

やがて、マキノプロダクション社内での紛争もあって、一九二八年五月、役者としても思うような成果を出せないまま、政岡は室町とともにマキノプロダクションを退社する。

政岡は美術監督、監督、役者と劇映画の世界で職を転々としては挫折していたが、それでもなお映画の世界を諦めきれなかった。今度は、カメラマンとして活動することを考えたようである。一九二九年に日活太秦撮影所に入社し、教育映画部の技術主任になる。そして『栄光の南紀州』（監督・製作会社不明、一九二九年）や『京大馬術部』（監督・製作会社不明、一九二九年）などの文化映画の制作に携わっている。室町も政岡とともに日活太秦撮影所に入って、吉野朝子と芸名を変えて女優として活躍している。

しかし日活教育映画部でもあまり仕事がなく、一年もしないうちに所属部署が解散することになったため、またしても新しい道を探さざるをえなくなる。そこで政岡が目をつけたのが漫画映画だった。

漫画映画界への転身

政岡が初めて漫画映画を見たのがいつかは定かではない。ただ、一八九八年生まれの政岡が物心ついた頃には、凸坊新画帖と呼ばれていたアニメーションが大阪や神戸の映画館でも上映されていた。加えて、父・嘉三郎は映画にも少なからず興味をもっていたようで、見るだけでは飽き足らず、興行も手がけていたと伝えられる。政岡は父の興行に同行していたため、実際にフィルムを手に取って観察する機会に恵まれ、漫画映画の原理を知る手助けになったと語っている(22)。美術の世界に入るきっかけを作ったのも父・嘉三郎だったが、映画の世界にふれる機会を与えたのもまた嘉三郎だった。政岡にとって、父の存在は大きなものであった。

ところで、政岡が実写映画の次に漫画映画を選んだ理由はどこにあったのか。政岡は漫画映画制作を始めて間もない一九三三年に、かつて監督として制作した『海の宮殿』のことを振り返り、「七年以前に、童話映画〝海の宮殿〟をつくつて事業上の大失敗をやつてしまひました私が、トーキー漫画の製作にむかひましたのは〝海の宮殿〟製作当時から持つてゐました製作上の理想に、ある程度まで近づき得る希望を持ち得るからであります(23)」と語っている。実写映画では不可能な表現も漫画映画なら可能だと考えていたのである(24)。

では、政岡が抱いていた「製作上の理想」とは何だったのだろうか。映画雑誌に掲載された「人の眼をごまかす仕事」という記事のなかで、政岡は漫画映画を含めた特殊撮影の目的は映画を美しくするためだと語っている(25)。また、自ら立ち上げた漫画映画制作スタジオの名称を政岡映画美術研究所と命名して「美術」の文字を入れるなど、政岡が漫画映画の世界に入ってからも美術に対する関心を持ち続けていたことがうかがえる。漫画映画のなかに、美を追求する可能性を見いだしたのである。

一九三〇年八月、政岡は京都の北野天満宮の近くの紙屋川町にあった自宅をスタジオにして、漫画映画の第一作『難船ス物語第一篇・猿ヶ島(26)』の制作を開始する。マキノプロダクションに残っていた木村も、撮影スタッフとして加わっている。

嵐で難破した船から、赤ん坊だけが無人島に流れ着く。人間を知らない猿たちは、赤ん坊を自分たちの祖先と考えて育て始める。赤ん坊はわんぱくな少年へと成長するが、しっぽがないことでいじめられる。猿たちの怒りを買って追われた少年は海に飛び込み、ヤシの木を筏がわりに沖へと漕ぎ出していく。その先には一隻の帆船が見える。猿に育てられた少年というターザン(27)をほうふつとさせるストーリーになっている。この設定は、ターザンに着想を得たものである。

ターザンの最初の映画化は一九一八年の"Tarzan of the Apes"(エルモ・リンカーン主演)であり、以後、さまざまな監督・俳優によって映画化されている。このように、同時代の実写映画という流行もふまえた内容だった。

最初は政岡も、漫画映画というものをどのように制作すればいいのか十分に理解していたわけではなかった。そこで漫画映画制作の経験があった柾木統三という人物を助手として雇い、作り方を教わりながら制作していた。切り紙アニメーションという手法で作られたこの作品は、なめらかな動きで、デビュー作としては成功だった。

しかし、漫画映画の制作を始めるまでの、劇映画の世界での経験は決して無駄ではなかった。いくら上手に絵を描くことができても、映画の特性を知っていなければ漫画映画を作ることはできない。当時の漫画映画の制作者が苦戦した作業が、撮影である。

日本初の国産漫画映画制作者である北山清太郎は、制作を開始した当時を振り返って「作画原稿もなってゐなかったが、写真的な技術にも大失敗を喫した(28)」と語っている。ここでいう写真的技術とは、映画撮影の技術のことである。政岡の場合は、学生演劇や劇映画を通して、撮影に関する技術を備えていた。加えて木村のように、劇映画での撮影を通して機材の取り扱いに精通した人材にも恵まれていた。絵画と実写映画という、それまで政岡が模索してきた世界の両方を生かすことができるのが漫画映画だったのである。

日本画を学んだことで絵の技術、そして映画業界に身を置いたことで映画制作にまつわる技術を身につけたことは、のちの政岡の漫画映画制作を支える大きな基盤になっていくのである。

3　京都と漫画映画

J・O・スタジオの設立

政岡憲三という人物を語る際、裕福な商家に生まれたという出自よりも、京都という土地の特殊性に結び付けて解釈されてきたが、それよりも、戦前の京阪神間、とりわけ阪神間モダニズムとの関わりを重視すべきだということはすでに述べた。絵画、そして劇映画での模索を経て漫画映画にたどり着いた政岡だが、なぜ京都を活動の場として選んだのかという疑問が出てくる。

その疑問を解くヒントが、漫画家の木村一郎の「あの頃、アニメは京都が中心で、政岡先生たちも京都にいらした」(29)という言葉である。木村の言葉は、かつて自分が師事していた政岡のことをやや美化している感もあるが、「アニメは京都が中心」という言葉に注目したい。

近年でこそ通信技術と運送手段の発達によって、地方でもアニメーション制作が盛んになりつつあるが、戦中から戦後にかけては東京に一極集中する傾向があった。

政岡が京都にスタジオを構えた理由は、美工・絵専を経て、実写映画時代から京都に在住していたという単純なものではない。一九三〇年代当時の京都は、漫画映画を制作するのに適した環境がそろっていたのである。それを証明するかのように、政岡以外にも、京都に拠点を置くスタジオが設立されている。木村が「アニメは京都が中心」と振り返るのは、政岡がいたからだけではなく、ごく短期間とはいえ、京都が東京に並ぶ漫画映画の一大拠点になった時期があったからである。それは三〇年代の数年足らずの間である。

一九三〇年代、京都を拠点として制作していたのが、現在の東宝の前身にあたるＪ・Ｏ・トーキー・スタジオ（以下、Ｊ・Ｏ・スタジオと略記）である（図18）。Ｊ・Ｏ・スタジオには、漫画映画を制作するトーキー漫画部が

図18　J・O・トーキー・スタジオ
（出典：「キネマ旬報」1936年4月1日号、キネマ旬報社、237ページ）

設置されていた。

戦前までの漫画映画業界は家内手工業的な少人数での制作が主流であり、J・O・スタジオのように集団制作体制をとっていたスタジオ(30)は限られていた。なおかつ大手映画会社の一部門として設立されたのは日本で初めて(31)のことだった。そして、このJ・O・スタジオは政岡とも関わりをもっている。

そこで本節では、政岡が京都を漫画映画制作の拠点として選んだ理由を、J・O・スタジオ・トーキー漫画部の活動を中心に据え、かつ当時の漫画映画業界に訪れた技術革新にも目を向けながら考察したい。

牧野省三が設立したスタジオ以来、京都には数多くの撮影所が建設され、時代劇を中心とする大量の映画が撮影されてきた。さらに、関東大震災で東京の撮影所が大きな被害を受けたことによって、撮影所は京都に避難してくる。一九二〇年代、京都の映画制作はますます盛んになった。

だが一九三〇年代に入ると東京の復興も進み、各映画会社は東京近郊に次々と撮影所を建設するようになる。当時の映画雑誌では三二年の映画界の状況を振り返って、「漸く『日本の柊林』は、京都から東京へその本拠が移動しつゝある情勢である(32)」と述べている。さらに、東京は現代劇、京都は時代劇という傾向が強まりつつあった。しかし、なおも京都では日活太秦、松竹、千恵蔵映画、新興キネマ、嵐寛壽郎プロダクション、入江プロダクション、宝塚キネマと数多くの撮影所が映画を撮影していて、映画の一大拠点であることに変わりはなかった。

さて、政岡が漫画映画を始めた一九三〇年代のはじめ、日本映画界に大きな変化がもたらされる。それはトーキーの導入であった。サイレント（無声映画）に対して、トーキーとは音声が付いた映画のことを指す。一九三四年（昭和九年）版の『国際映画年鑑』が「わが国のトーキーは最近一年間に於いて長足の進歩を遂げた。技術的にも芸術的にも、自信をもって、各社の製作態度に真剣味を加えて来たことは注目に値する」[33]という一文で始まっているように、日本映画でも本格的にトーキー化が進んでいく。

トーキー化に触発され、新しく映画業界に参入してきたのが大澤商会である。大澤商会は、京都・三条に本店を置く商社で、海外貿易と販売をおこなっていて、扱う品もスチールカメラや時計、自動車、雑貨など多岐にわたった。大澤商会社長・大澤徳太郎の息子である大澤善夫はプリンストン大学卒業という経歴をもつ人物で、留学中に見たアメリカのトーキー映画に刺激を受け、これからは日本にもトーキーの時代がくると予測していた。大澤商会はまず、映画機械・材料の輸入販売を手がけることから映画業界への参入を始めている[34]。いち早くトーキー関連の機材を取り扱うことで、トーキー化の主導権を握ろうと考えたのだろう。また、京都に本店を置く大澤商会としては、市内に数多くある撮影所に売り込むことを期待していたと想像できる。

まず、一九二八年にアメリカのベル・ハウエル社と日本総代理店契約を締結し、映画機材の取り扱いを開始する。次に、トーキー機器の販売に乗り出すため、三一年秋に写真部門の主任だった熊澤甚之助をベル・ハウエルの本社に派遣し、同社にてトーキー機材の取り扱いについて指導を受けさせている。翌年、熊澤はトーキー映画制作に必要な機材一式を携えて帰国する[35]。

当初は、これらの機器を日本の撮影所に売り込むことが目的だった。しかし、一式で五十万円もするトーキー設備の導入を躊躇する撮影所が多く、思うように売り上げを伸ばすことはできなかったのである[36]。そこで大澤は大胆な方針転換をおこなう。大澤商会が輸入した機材を使って、トーキー映画の撮影・録音を請け負う新会社J・O・スタジオを設立する[37]。トーキー映画の制作を支援することで、他社のトーキー化も促し、大澤商会の扱うトーキー機材の販路を拡大させるというねらいも考えられる。

京都・太秦の地にJ・O・スタジオが完成したのは一九三三年はじめのことだった。大澤商会の経営のもとに、日活の元常務取締役だった池永浩久を営業顧問として、さらにはドイツのアグファ社のディアー博士が常任技術顧問として迎えられた[38]。

設立時、同社の「主要なる営業課目[39]」として、以下の四つが挙げられている。

一、各プロダクション及び一般各方面よりのトーキー撮影引受。
一、既成無声映画に対する音画吹込み。
一、諸会社、団体の依頼による宣伝トーキー、記録トーキーの製作請負。
一、発声及無声映画の自動式現像焼付の引受。

新スタジオの営業方針は録音技術を提供すること、いわば貸しスタジオ業であって、自社での映画制作は予定していなかった。

J・O・スタジオは貸しスタジオ業としてスタートしたが、大澤商会は自社によるトーキーの劇映画制作に興味をもっていなかったわけではない。一九三三年五月にJ・O・スタジオは開所するが、それにあわせて姉妹会社として太秦発声映画という会社を設立している。J・O・スタジオが各映画会社のトーキー撮影と現像の引き受けを目的としていたのに対して、太秦発声映画は自社でトーキー映画を制作し、配給することを目的としていた。

J・O・スタジオと太秦発声映画の開設は、「我国トーキー界に一大ショックを与へるもの[40]」「J・O・トーキーの彗星的出現[41]」とまで評された。また東京ではほぼ同時期に、やはりトーキー映画の制作に重点を置いたP・C・Lという会社[42]が設立されている。東京のP・C・Lと並び、京都にもJ・O・スタジオというトーキー映画の新たな拠点ができたのである。

り、次々とトーキーに対応した撮影機を購入していく。[43]こうして、Ｊ・Ｏ・スタジオに触発されて、京都で制作される映画のトーキー化は進んでいったのである。

童映社

Ｊ・Ｏ・スタジオは、トーキー化された漫画映画、すなわちトーキー漫画映画の制作にも関わることになる。同社のトーキー漫画部の母体になったのが、童映社と呼ばれるアマチュアの団体である。童映社のメンバーの一部は、トーキー漫画部のスタッフとして同部の設立に関わることになる。トーキー漫画部の活動を見る前に、まずその前身となった童映社のメンバーと活動について見ていきたい。

童映社とは、同志社大学の在学生・卒業生を中心とする京都のアマチュア映画青年たちが集まって一九二九年四月に結成された団体である。活動目的は「子供たちにとにかく面白くて有益な映画を見せること[44]」であり、映画のなかでもとりわけ漫画映画制作に力を入れていく。

リーダーは中野孝夫で、結成当時は同志社大学に在学する学生であり、大学では映画関係の団体に所属していた。そして中野とともに活動の中心人物になったのが、田中喜次である。田中はかつて帝国キネマの技術部に所属していたが、体調を崩して退職し、京都にある自宅で療養中だった。

中野と田中は、京都で開かれていたアマチュアの小型映画上映会を通じて知り合っている。二人は自分たちでアマチュア映画を撮影しようという話になり、京都に住む互いの友人たちに次々と声をかけていった。

集まったメンバーは、いずれも京都に住む若者たちだった。まず、中野と同じ同志社大学の学生で映画研究会に所属していた田中清利、童話の研究をしていた浅井牧夫と村上栄一、田中喜次の友人で市内で商売をしていた柴田五十五郎らが参加した。さらに一九二九年末には、同志社大学の学生で中野の後輩にあたる田村潔も加わる。田村は大学の映画研究会で理論研究をするかたわら、映画会社で助手のアルバイトもしていた。さらに田村に誘

図19　『煙突屋ペロー』（童映社、1929―30年）
（出典：伊藤正昭企画・構成『影絵アニメ 煙突屋ペロー』理論社、1988年、22ページ）

われて、明治大学を中退して京都の自宅に戻っていた舟木俊一も加わっている。

　最終的には全部で十人ほどのメンバーが集まったが、いずれも二十歳前後の若者だった。一部のメンバーを除けば、映画はおろか漫画映画に関してもまったくの素人だったが、見よう見まねで漫画映画を作り始める。

　一九二九年四月に童映社が結成されると、一作目の影絵映画『アリババ物語』（製作：童映社）の制作を開始し、六月に完成させている。さらに夏には二作目の影絵映画『一寸法師』（製作：童映社）を制作している。

　制作は当初、田中喜次の自宅の一室でおこなわれた。メンバーのなかには仕事に就いている者もいるため、作業は仕事を終えた夜になってから始まることもあった。一九三〇年になって、ようやくスタジオと現像所を備えた事務所ができている。

　そして童映社の代表作とされる『煙突屋ペロー』（製作：童映社、演出：田中喜次）（図19）が制作される。一九二九年の秋に前篇が完成し、記録が残る最初の上映会は十一月十七日だった。ストーリーは次のとおりである。トム・タム国に住む煙突屋のペローは、タカに追われていたハトを助けたところ、お礼に兵隊を生み出す卵をもらう。そして、トム・タム国は敵に攻め込まれて危機に陥るが、卵から出てきた兵隊によって勝利する。ペローは褒美を与えられ、母親が住む田舎《いなか》に帰ることにするが、汽車のなかから戦争によって荒れ果てた様子を目の当たりにして衝撃を受ける。兵隊を生む卵を破壊したペローは、田舎で農民として生きていく道を選ぶ。

『煙突屋ペロー』は、プロキノ（プロレタリア映画同盟）京都支部員だった松崎啓次と童映社のメンバーが知り合いだった縁で、プロキノが主催する映画会でたびたび上映されることになる。[45]

だが、アマチュアとしての童映社の活動には限界があった。特に、中心メンバーが学生だったことから、彼らの卒業・就職によって制作に支障をきたすようになってくる。

まず、童映社の設立者で、リーダー格でもあった中野は、一九三一年に同志社大学を卒業すると、神戸新聞社の嘱託になり、記録映画制作のために満州に渡っていく。さらに、ほかのメンバーも漫画映画制作以外に活動の中心を移すようになっていき、童映社は三二年のはじめに解散になったのである。

さて、一九三一年に満州に渡った中野だが、三カ月ほどで帰国する。その後、映画記者をしていたが、漫画映画制作に対する夢をなおも捨てきれなかった。それはほかの旧童映社のメンバーも同様だった。しかし、アマチュアとしての活動には限界を感じていたのか、プロとして制作する道を検討するようになる。そこで彼らが注目したのが、京都に建設されたばかりのJ・O・スタジオだった。

一九三三年、J・O・スタジオはトーキー漫画部を設置するが、それには旧童映社のメンバーが深く関わっていた。同社が漫画映画制作に乗り出した理由は、トーキー漫画映画に対する需要の高まりだけではなく、J・O・スタジオの経営状況も少なからず関係していた。同社は貸しスタジオとしてスタートしたものの、スタジオの使用状況に空きが多かった。そこで、スタジオを利用し、トーキー漫画映画を制作することになった。[46]こうして旧童映社のメンバーだった中野、田中喜次、舟木、田村らが再集結して、J・O・スタジオ・トーキー漫画部が新設された。

童映社時代の作品は影絵アニメーションだったが、トーキー漫画部では切り紙アニメーションへと制作手法が変化している。影絵アニメーションは絵を描く必要はなく、動かしたい登場人物や物のシルエットだけを切り抜き、その影を撮影すればいい。だが、切り紙アニメーションでは、まず動かす対象の絵を紙に描き、その絵を切り抜いて背景になる絵の上に置いていかなければならず、作業量は格段に増える。より本格的な漫画映画が制作されるようになったのである。

トーキー漫画部の第一作は『猿君のカメラマン』[47]である。一九三三年一月から四月にかけて制作したが、試作品だったために一般公開はしなかった。

そして、二作目が『特急艦隊』[48]である。この作品は「オモチャ箱シリーズ」と題されたシリーズものの第一話として、一九三三年五月から八月にかけて制作された。一作品あたり三、四カ月というのが平均的な制作ペースとして固定していたようである。『特急艦隊』では、ピアノやハーモニカ、合唱、擬音が音楽や効果音として用いられるとともに、先に台詞や音楽などを録音して、その音に合わせて映像を作っていく、プレスコアリングという手法を導入した。さらに「オモチャ箱シリーズ」の第二話として『黒猫万歳』（製作：J・O・トーキー漫画部、一九三四年）を制作する。

そして一九三四年には「オモチャ箱シリーズ」の第三話『絵本一九三六年』（製作：J・O・トーキー漫画部）を制作するとともに、新しく団子之助という少年を主人公にした時代劇風の「花より団子シリーズ」が始まり、第一話に『ポンポコ武勇伝』（製作：J・O・トーキー漫画部、一九三五年）、第二話には『飛入り忠臣蔵』（製作：J・O・トーキー漫画部、一九三五年）を制作する。

その後は「花より団子シリーズ」の第三話にあたる『弱虫珍選組』（監督：市川崑、製作：J・O・トーキー漫画部）、さらに第四話『め組の喧嘩』（監督：中野孝夫、製作：J・O・トーキー漫画部、一九三五年）に加えて、『新説カチカチ山』（監督：市川崑、製作：J・O・トーキー漫画部、一九三五年）、『絵本モモタロー』（監督：市川崑、製作：J・O・トーキー漫画部、一九三五年）を制作する。このなかでも『め組の喧嘩』は、カラーの試作品[49]として作られている。次々と新シリーズを立ち上げ、さらにはカラー作品を試みるなど、設立当初はトーキー漫画部は意欲的に作品を制作していく。J・O・スタジオの作品は、ミッキーマウスやフィリックスをはじめとする海外アニメーションの人気キャラクターを模倣しながらも、ストーリーは日本の昔話を翻案したものが中心で、勧善懲悪で終わるという一定のパターンが見られる。

Ｊ・Ｏ・スタジオの作品は、教育関係者の間でも好評だったらしく、各地の学校での上映会のプログラムによれば「オモチャ箱シリーズ」をはじめとする作品が上映されている。また、教育関係者によるスタジオの視察・映写会[50]も実施されている。

トーキー漫画映画の人気の高まりと、さらには学校での上映が奨励されるというお墨付きの作品になったことによって、トーキー漫画部の活動も当初は順調に進んでいったのである。

加えて、Ｊ・Ｏ・スタジオは自社内にトーキー漫画部を擁するだけではなく、京都で活動するほかの漫画映画制作者たちとも関わりをもっていた。まず、一九三四年八月から、京都・下鴨にスタジオを構えていた政岡と提携を結んでいる。政岡は松竹と提携して、三二年に日本で初めてのトーキー漫画映画『力と女の世の中』を制作しているが、松竹との提携はその後解消されている。政岡作品の録音を、同じ京都の地にスタジオを構えるＪ・Ｏ・スタジオが引き受けることになったのである。

だが両者の関係は、トーキー漫画映画制作だけにとどまらなかった。一九三四年にＪ・Ｏ・スタジオが制作した『空襲対防空』（監督：田中喜次、一九三五年）は、ミニチュアセットを用いた特殊撮影の技法によって撮影された作品である。この作品で、政岡はミニチュアセット作成などを手がけている。さらに三五年の『かぐや姫』（監督：田中喜次）でも、政岡はパペットアニメーションのシーンを担当している。ただし、これら二作品はトーキー漫画部の制作ではなく、Ｊ・Ｏ・スタジオの自社作品だった。

さらに一九三四年になると、日活京都撮影所も漫画部を設立して漫画映画制作に乗り出す[51]。日活の漫画部設立に関しては、日活とＪ・Ｏ・スタジオが何らかの提携を結んでいたようである。なぜならば、漫画部の中核をなすメンバーは、Ｊ・Ｏ・スタジオ・トーキー漫画部のスタッフでもある、舟木や田中喜次らだったからだ。彼らがＪ・Ｏ・スタジオと兼務しながら日活で漫画映画制作に従事していたとする説もあれば、一時的にＪ・Ｏ・スタジオを退社して日活に移籍していたとする説もあるが、真相は明らかではない[52]。ただ、Ｊ・Ｏ・スタジオと日

図20　市川崑（儀一）
（出典：市川崑／森遊机『市川崑の映画たち』ワイズ出版、1994年、15ページ）

活、両社で旧童映社のスタッフが関わった作品の制作時期が重複していること、さらにはJ・O・スタジオは日活にスタジオを貸すなどの業務提携をしていたことから、J・O・スタジオのスタッフが日活に出向いて技術協力をおこなっていた可能性が考えられる。

日活の漫画部は、一九三四年八月前半頃にトーキー漫画映画第一作の『島の娘』（詳細は不明）を完成させると、時代劇発声漫画映画『忍術火の玉小僧・江戸の巻』（監督：田中与志）、日本海海戦を記念した『忍術火の玉小僧・海賊退治の巻』（監督：田中与志）を制作している。[53] 時代劇風でありながら、『キングコング』（監督：メリアン・C・クーパー／アーネスト・B・シェードザック、配給：RKO、一九三三年）をはじめとする海外の人気映画のパロディーをちりばめた内容である。

一九三五年の時点では、日活京都撮影所内の漫画部は十人のスタッフをかかえ、田中喜次と舟木が同部の代表者になっている。[54] また、スタッフのなかには、戦後に手塚と共作で漫画『新宝島』（育英出版、一九四七年）を執筆したことで知られる酒井七馬[55]もいた。このように、旧童映社以来のJ・O・スタジオのメンバーを中心に、酒井のような漫画映画や漫画に興味をもつ若者を集めて制作にあたっていた。

一九三〇年代半ばの京都では、J・O・スタジオ・トーキー漫画部、政岡映画美術研究所、そして日活の三カ所がトーキー漫画映画を制作していた。こうして、木村一郎が「アニメは京都が中心」と語っていたように、京都もまた、東京に負けずとも劣らない漫画映画制作の拠点になったのである。

市川崑の漫画映画

J・O・スタジオ・トーキー漫画部出身の映画人として、市川崑の名を挙げることができる（図20）。トーキー漫画部の活動の後半は、市川が中心になって制作を進めていく。そこで市川の活動を通して、これほどまでに盛り上がっていた京都での漫画映画制作がどうして衰退してしまったのか、その理由を明らかにしてみたい。

一九三三年、市川は知人のつてを頼り、設立間もないJ・O・スタジオのトーキー漫画部に入る。のちに、漫画家の清水崑[56]にならって市川崑と名乗るようになるが、この頃はまだ本名の儀一を名乗っていた。

市川は漫画映画を志すきっかけに関して次のように語っている。

大藤信郎さんという人の、あの千代紙のアニメには惹かれました。僕がJ.O.スタジオに入るちょっと前で、ミッキー・マウスより先に見たように思います。それからディズニーの『シリー・シンフォニー』。その頃僕は画家になろうと思っていましたが、映画と絵が一体になった、こんな素晴らしい芸術があったことを知って心が動きました。漫画映画が自分の一生の仕事だと。それでJ.O.の漫画部に入りました。作品といっても七、八分の短編（『新説カチカチ山』）でした。[57]

市川は幼い頃から絵に興味をもっていて、旧制中学在学中には画塾に通っている。[58] 画塾といっても高名な画家の指導を受けたわけでもなく、たいした訓練を重ねたわけではなかったと本人は語っているが、多少なりとも専門的に絵の描き方を学んでいたことは確かである。市川が採用された一九三三年といえば、トーキー漫画部の設立間もない時期で、トーキー漫画映画の将来が期待されていた頃だから、新規採用者も加えて制作規模を拡大する計画だったと考えられる。

だが、一見、順調に制作を進めているかのように見えたが、トーキー漫画部は設立から二年とたたずして規模を縮小せざるをえない状況に追い込まれていく。

設立当初の営業方針にあったように、J・O・スタジオはトーキー漫画部など一部の例外を除いて、自社では劇映画の制作を手がけない方針だった。しかし、一九三四年十二月にＪ・Ｏ・スタジオが大澤商会から独立すると、自社でも本格的に劇映画の制作に乗り出す[59]ことになったのである。

また、単にＪ・Ｏ・スタジオの営業方針の転換だけではなく、トーキー漫画映画を取り巻く状況の変化も影響していた。トーキー漫画映画の制作には膨大な費用がかかる。トーキー漫画部の制作ペースを見ると、十分程度の作品一つを作るのに、五、六人のスタッフが働いても三カ月かかっている。[60]また、販売されるトーキー漫画フィルムの値段も、実写の作品と比べると割高だった。[61]日本のものと比べると値段が安い海外のトーキーアニメーションとも競争しなければならない。[62]トーキー漫画映画の制作は、思ったほど利益を生まないとみなされても仕方なかったのである。

Ｊ・Ｏ・スタジオが新しく劇映画の制作を始めたこともあり、徐々にトーキー漫画部の人員はそちらの部署へと異動させられていく。この傾向はすでに一九三四年の時点から始まっていて、中野と田中が漫画部に加えてトーキー音響監督を兼務するようになり、漫画部の責任者は舟木とする人事がおこなわれた。[63]それは、トーキー漫画部の活動が縮小する傾向にあったことも意味していた。また、政岡が制作に協力した『かぐや姫』は、トーキー漫画部ではなくＪ・Ｏ・スタジオの自社制作だったが、田中喜次が監督を務めていて、トーキー漫画部のスタッフはほかの部署の仕事も手がけるようになっていったことを示唆している。会社としては、採算がいまいちの漫画映画より、劇映画を優先させる方針へと変わっていたのだろう。

一九三六年になると、トーキー漫画部の縮小は決定的になる。中野・田中らは企画部の所属になっていて、完全にトーキー漫画部から離れている。かわりに漫画部の代表は「市川義一《ママ》[64]」となる。トーキー漫画部設立以来のスタッフだった中野と田中が抜けて、途中から加わった市川が責任者になったのである。当時の市川はまだ二十一歳足らずで、漫画映画を作り始めるようになって三年とたっていない若手だった。そんな市川がトーキー漫画部の代表者になったのである。

旧童映社以来のベテランスタッフが次々と抜けていくなか、市川は漫画映画制作に励んでいく。トーキー漫画部の最後の二作品になった『新説カチカチ山』と『絵本モモタロー』は、ほとんど一人で作業したと語っている。スタッフは、彩色などの単純作業を手伝う女性がいた程度で、絵を描く作画作業や撮影はすべて市川が単独でおこなっている。トーキー漫画部の最後の一年間ほどは、市川がほとんど一人でその制作を担うことになった。

そして一九三六年、トーキー漫画部は完全に閉鎖される。スタッフはＪ・Ｏ・スタジオ内のほかの部署に異動するか、あるいは退職していった。市川はトーキー漫画部の最後を次のように振り返っている。

> Ｊ．Ｏ．は日本で初めての貸スタジオをやっていました。ステージの足りない日活が早速借りて映画を製作していました。そのうちに山中貞雄監督が来て名作『街の入墨者』（一九三五年）や『河内山宗俊』（一九三六年）を作り始めた。僕はこっそりセットの隅から見学している内に、あーあ、劇映画をやりたい、と段々思うようになったのです。もともと小さい頃から活動映画狂いでしたから。ちょうどその頃、漫画部が解散することになったので、あっさりと製作部の方に転籍したのです。[65]

こうして市川は劇映画制作の道を選び、Ｊ・Ｏ・スタジオの助監督部に転籍する。かねてから、Ｊ・Ｏ・スタジオ内でおこなわれている劇映画の撮影風景を見て、そちらに転向したいと思っていた市川としては、漫画映画制作への未練はなかったようである。以後の活躍は「市川崑」として知られているとおりである。

トーキー漫画部の閉鎖は、京都での漫画映画制作が縮小しつつあったことを象徴している。トーキー漫画映画が登場した当初は、その珍しさからもてはやされ、映画会社としても制作に乗り気だったのかもしれない。だが、市川もトーキー漫画部閉鎖の理由はコストの高さが原因だったと語っているように[66]、採算が見込めない分野は早々と切り捨てられてしまったのである。

漫画映画制作を取り巻く厳しさは、Ｊ・Ｏ・スタジオだけではなく、ほかの漫画映画制作者たちも同様だった。政岡の政岡映画美術研究所は、多額の負債をかかえて一九三五年七月に倒産している。室戸台風で、政岡の父・

嘉三郎の所有する船が沈没して一時的に経営が苦しくなり、政岡への経済的支援が滞ったことが原因だった。以後、政岡はJ・O・スタジオをはじめとする映画会社の支援を受けながら、細々と漫画映画制作を続けていく[67]。また、日活の漫画部も三五年六月に「製作部の都合[68]」によって解散している。こうして京都での漫画映画制作は、トーキー漫画映画の制作コストの高さから急激に縮小していったのである。

一九三六年六月、J・O・スタジオは、東京に拠点を置くP・C・L、東京宝塚劇場と提携し、東宝映画配給を設立する。さらに翌年、三社は合併して東宝映画となる。東宝の本社は東京に置かれ、旧J・O・スタジオは東宝の京都撮影所になった。

新しくできた東宝にも漫画映画制作を担当する部署として線画部が設置された。だが、そのスタッフは旧J・O・スタジオ・トーキー漫画部のメンバーではなく、旧P・C・Lのメンバーだった[69]。線画部はそのまま東京にある旧P・C・L研究所で活動をすることになって、東宝京都撮影所で漫画映画制作がおこなわれることはなかった。

旧童映社のメンバーたちは、すでにほかの部署に移っていたこともあったが、J・O・スタジオ・トーキー漫画部の閉鎖後は、漫画映画の世界から離れることになる。童映社のリーダー格だった中野は大阪市役所に就職し、市制普及のための映画作りに従事することになる。また舟木は、映画機材の販売や出張上映業を始めている。ただ、同じくリーダー格だった田中喜次は、一時は漫画映画を離れて記録映画の仕事などをしていたが、戦後になって漫画映画制作の現場に復帰している。ただ、田中喜次が漫画映画の制作に従事したのは、京都ではなく東京にある会社だった[70]。こうして、京都での漫画映画制作は、政岡をはじめとする一部の制作者を除いて、下火になってしまったのである。

一九三〇年代、京都が漫画映画制作の拠点になったのは、もとから実写映画の制作が盛んだったことに起因する。さらに、三〇年代はじめに訪れた日本映画の大きな変化、すなわちトーキー化の波によって、トーキー漫画映画が一躍世間の注目を浴びたことで、J・O・スタジオを中心に、京都での漫画映画制作が盛んになった。京都での漫画映画制作はトーキー化と密接な関係をもっていたのである。
政岡の作品の独自性を、京都という地域性にだけ求めるのには無理がある。このような背景があったからこそ、政岡は京都を拠点に漫画映画の制作を続けていったのである。

注

（1）「特集政岡憲三」「FILM1/24」第二十三・二十四合併号、アニドウ、一九七八年、一三ページ
（2）小松沢甫「四本のトラちゃん――私説東映動画発達史」、同誌二四―二六ページ
（3）うしおそうじ『手塚治虫とボク』草思社、二〇〇七年、二二六ページ
（4）藪下泰次「えがたい作家・政岡憲三」、前掲「FILM1/24」第二十三・二十四合併号、二七ページ
（5）「阪神間モダニズム」展実行委員会編『阪神間モダニズム――六甲山麓に花開いた文化、明治末期――昭和十五年の軌跡』淡交社、一九九七年
（6）中野晴行『手塚治虫のタカラヅカ』筑摩書房、一九九四年、竹村民郎「「阪神間モダニズム」における大衆文化の位相 宝塚少女歌劇と手塚治虫の漫画に関連して」、竹村民郎／鈴木貞美編『関西モダニズム再考』所収、思文閣出版、二〇〇八年
（7）手塚治虫の『アドルフに告ぐ』（文藝春秋、一九八五年）には、戦前・戦中期の阪神間を舞台にした個所が多く見られる。
（8）前掲『手塚治虫のタカラヅカ』
（9）政岡嘉三郎の作品は、その功績をまとめた藤井秀五郎『政岡松濤翁』（美術日報社、一九三三年）に図版が収録されている。また増福寺（大阪市天王寺区）は政岡家が檀家総代も務めた寺だが、嘉三郎が手がけた襖絵、天井画、板絵が数多く残されている。加えて、住吉神社（大阪市西区）には三十六歌仙絵馬が奉納されているが、この絵馬は嘉三郎の遺作になったもので、制作途中に死去したため、最後の仕上げは政岡憲三がおこなっている。
（10）『日輪』原作：横光利一、監督：衣笠貞之助、指揮：マキノ省三、一九二五年十一月公開

(11) 秋山邦晴「アニメーション映画の系譜一 政岡憲三」「日本映画音楽史を形作る人々 四十」「キネマ旬報」一九七五年十月下旬号、キネマ旬報社、一三六―一四一ページ

(12) 校友会誌「美」には、教員の江間務が図入りで髪形や装束について解説している。加えて、教員が授業で教えるだけではなく、学生たちの自主的な勉強会もおこなわれていた。

(13) 京都新聞社編『京都の映画八十年の歩み』京都新聞社、一九八〇年、七六―八〇ページ

(14) 晩年の政岡憲三が絵コンテを制作して構想していたアニメーション作品の企画もまた、人魚姫の物語だった。詳しくは「あとがき」を参照。

(15) 木村角山は通称で本名は秀一、京都・西陣の蒔絵師の家に生まれる。一九一八年三月に美工の漆工科を卒業している。政岡憲三の一学年後輩ということを考えると、一八九九年前後の生まれと推察される。熊川正雄は、木村の父も漆工関係の仕事に従事していたと発言している(秋野嘉朗「熊川正雄氏聞き書き」「ANIMAIL 歴史部会版」第二号、日本アニメーション協会歴史部会、二〇〇〇年、一六四―一六五ページ)。

(16) 竹内俊一「児童映画《海姫物語》を讃す」「映画往来」一九二八年九月号、キネマ旬報社

(17) 美工・絵専は一九二六年に今熊野に新校舎を完成させるが、この校舎の一階中央ホールにはミロのヴィーナス像が置かれていて、階段を下りてくるとその後ろ姿を見ることができた。政岡憲三は二五年三月に絵専の研究科を修了しているため、新校舎に設置されたヴィーナス像を見たことがあったかは不明だが、政岡の在学中から教材としてヴィーナス像を同校が保有していた可能性は考えられる。

(18) 竹内俊一が見たのは短縮版で、この冗長さが改善されたあとのものと考えられる。

(19) 当時、政岡憲三には妻子もいたが、『海の宮殿』の主演女優・眞之璃紗(本名・関戸かなめ)との関係が問題になっている。しかし、戦後の政岡は、実家から資金提供を打ち切られた理由は、女性関係が理由ではないと主張している。

(20)『人質』監督・脚色・原作:人見吉之助、総指揮:マキノ省三、撮影:木村角山、配給:マキノプロダクション、一九二七年九月公開

(21)「キネマ旬報」一九二七年十一月十一日号、キネマ旬報社、五四―五五ページ

(22)「政岡先生にインタビュー」、前掲「FILM1/24」第二十三・二十四合併号、二一―二三ページ
(23)「トーキー漫画の製作について」「活映」一九三三年八月号、大阪毎日新聞社、三三―三六ページ
(24)政岡が漫画映画を始めた理由は、経済的なものよりも自らの才能を生かすためだったということは、アニメーション史研究家の秋野嘉朗も指摘している（前掲「政岡憲三・考Ⅰ」二〇―二一ページ）。
(25)政岡憲三「人の眼をごまかす仕事」「映画教育」一九三四年三月号、大阪毎日新聞社、四八―五三ページ
(26)『難船ス物語第一篇・猿ヶ島』原作・脚色：清水秀雄、監督：政岡憲三、製作：日活太秦漫画映画部、一九三〇年八月完成、翌年公開
(27)エドガー・ライス・バローズが執筆した、映画の原作でもある「ターザン」シリーズの一作目『類猿人ターザン』は一九一二年十月から「オール・ストーリィ」誌に掲載されている。
(28)北山清太郎「線映画の作り方」、全日本活映教育研究会編『映画教育の基礎知識』所収、大阪毎日新聞社内全日本活映教育研究会、一九三〇年、三二二ページ
(29)中野晴行『インタビュー集 少年漫画黄金伝説』私家版、二〇〇二年、三五ページ。木村一郎は漫画家・島田啓三のもとに弟子入りして漫画家を志していたが、途中から漫画映画に興味を持ち始める。一九四四年頃に松竹の動画研究所に入り、政岡憲三のもとで漫画映画の制作にあたっている。五〇年代半ばに漫画家に転身し、小学館の児童向け雑誌に漫画を執筆している。六〇年代から、漫画を執筆するかたわら、映像制作の会社を設立し、コマーシャルやテレビアニメーションの制作も手がけている。
(30)Ｊ・Ｏ・スタジオ以外には、北山清太郎の北山映画製作所（一九二一年）、政岡憲三の政岡映画製作所（一九三二年、のちに政岡映画美術研究所と改称）、Ｐ・Ｃ・Ｌ漫画部（一九三三年）、松竹動画研究所（一九四一年）がある（津堅信之『アニメ作家としての手塚治虫――その軌跡と本質』ＮＴＴ出版、二〇〇七年、二三〇―二三三ページ）。
(31)東京に拠点を置くＰ・Ｃ・Ｌも、一九三三年に漫画映画制作を担当する漫画部（資料によっては線画部とも表記）を設立している。
(32)「一九三二年度初春業界第一頁（承前）」「キネマ旬報」一九三三年一月二十一日号、キネマ旬報社、一〇ページ
(33)「国際映画年鑑巻頭言」、市川彩等編『国際映画年鑑 昭和九年版』所収、国際映画通信社、一九三四年、二ページ

(34)キネマ旬報が年に一度掲載していた「映画関係業者総覧」では、制作や配給、機材販売を手がける主要業者が紹介されているが、大澤商会は一九三一年から掲載されている。当初は「機械材料」の業者に区分されていて、業務内容は「ベル・ハウエル製品日本総代理店」(「キネマ旬報」一九三一年四月一日号、キネマ旬報社)、「米国ベル・ハウエル会社日本及満洲総代理店、スタンダードサイズ及十六ミリ映画機一式輸入販売」(「キネマ旬報」一九三二年四月一日号、キネマ旬報社)とある。

(35)大澤商会社史編纂委員会『創業百年史』大澤商会、一九九〇年、二七一―二九八ページ

(36)同書三四ページ

(37)「日本主要映画事業会社興信録」、前掲『国際映画年鑑 昭和九年版』所収、二五五―二五六ページ

(38)ジェンキンス式のトーキーシステムを導入していて、ジェンキンスと大澤、それぞれの頭文字をとってJ・O・トーキー・スタジオと命名された。

(39)「時報欄/J・O・トーキー・スタジオ」、前掲「キネマ旬報」一九三三年一月二十一日号、七ページ

(40)「キネマ旬報」一九三三年四月一日号、キネマ旬報社、一〇ページ

(41)「キネマ旬報」一九三三年六月一日号、キネマ旬報社、七七ページ

(42)P・C・Lは“Photo Chemical Laboratory”の略称。一九二九年にトーキー録音の請け負いを開始し、三二年に貸しスタジオを建設している。当初はJ・O・スタジオ同様、他社のトーキー制作を請け負っていた。三三年から自社での劇映画制作も開始している。

(43)前掲「キネマ旬報」一九三三年六月一日号、七七ページ

(44)「昭和五年の反戦アニメ(二)」「京都新聞」一九八六年八月二日付

(45)一九三〇年六月十三日、報知講堂で開催された「第二回プロレタリア映画の夕」では、映画四本(『こども』『煙突屋ペロー』『隅田川』『メーデー』)と演劇(『プロ床』)が公開された。

(46)渡辺泰「市川崑とJ・Oアニメ」「二〇〇八年七月二十六日 花園大学・京都学公開講演会 配布資料」

(47)『猿君のカメラマン』製作:J・O・トーキー漫画部、作画:中野孝夫/田中喜次/舟木俊一、撮影:平秦陣、一九三三年

(48)『特急艦隊』作画：中野孝夫／田中喜次／舟木俊一／永久博郎、撮影：平秦陣、録音：J・O・トーキー、提供：太秦発声映画、配給：千鳥興業。公開は完成の翌年、一九三四年である。
(49) 当時、日本でもディズニーによるカラーアニメーションが話題になっていたことから、国産のカラー漫画映画作品を試みたものと思われる。大阪の天然色研究家・安藤春蔵が開発した「アンドウカラー」を採用している。
(50) 一九三五年八月、大阪毎日新聞社（大毎）と東京日日新聞社が主催する第七回映画教育夏季講座の一環として、J・O・スタジオのスタジオ見学と、同スタジオで制作された「トーキー漫画三種（『弱虫珍選組』『空襲対防空』『絵本一九三六年』）」の鑑賞会が実施された。参加者の大半は学校教員である（「映画教育」一九三五年九月号、大阪毎日新聞社、八―一三ページ）。
(51) 一九三四年四月二十一日号の「キネマ旬報」（キネマ旬報社、一〇六ページ）では、日活がすでにトーキー漫画映画制作を開始していると伝えていることから、一九三四年のはじめに活動を開始したと思われる。
(52) 中野晴行『謎のマンガ家・酒井七馬伝――「新宝島」伝説の光と影』筑摩書房、二〇〇七年、三七―五一ページ
(53)「キネマ旬報」一九三四年八月二十一日号、キネマ旬報社、一一〇ページ
(54)「日本撮影所録」「キネマ旬報」一九三五年四月一日号、キネマ旬報社、二四七―二五九ページ
(55) 酒井七馬については、前掲『謎のマンガ家・酒井七馬伝』を参照。
(56) 清水崑（一九一二―七四）は長崎県生まれの漫画家。新漫画派集団に参加し、「朝日新聞」に政治漫画を連載していた。
(57) 市川崑インタビュー、岡田秀則聞き手・構成「市川崑監督に聞く「あの頃、映画にならない題材はないと考えていました」」「NFCニューズレター」第五十号、東京国立近代美術館フィルムセンター、二〇〇三年、二―八ページ
(58) 市川崑／森遊机『市川崑の映画たち』ワイズ出版、一九九四年、一三ページ
(59) 同書一八―一九ページ、前掲『謎のマンガ家・酒井七馬伝』五〇ページ
(60) 市川崑／和田夏十『成城町二百七十一番地――ある映画作家のたわごと』白樺書房、一九六一年、八二ページ
(61) 大阪・深田商会の雑誌広告（「映画教育」一九三四年十一月号、大阪毎日新聞社）から、作品の価格を比較することができる。トーキー漫画部が制作した三作品の場合、『特急艦隊』は二百四十フィートで三百三十六円、『黒猫万

歳』は二百八十フィートで三百九十二円、『絵本一九三六年』は三百フィートで四百二十円である。対して実写映画や記録映画は、『瀧の白糸』が四千七十フィートで五百七十円、『吼えろカール』が千九百七十フィートで二百七十六円、『陶磁器の話』が四百三十フィートで六十円である。この広告に限定して計算すると、漫画映画の場合は一フィートあたり約一・四円なのに対して、実写映画系は約〇・一四円である。実写と比べて、漫画映画は十倍の値段になっている。

(62) 欧米のアニメーションは、海外にプリントフィルムを大量に輸出する薄利多売的な方法で利益を確保することができた。しかし、日本の漫画映画が海外に輸出されることはまれで、国内での需要だけで資金を回収しなければならなかった。そのため海外の作品と比べて、一本のフィルムあたりの販売価格が高くならざるをえなかったのである(有馬哲夫『ディズニーとライバルたち――アメリカのカートゥン・メディア史』〔フィルムアート社、二〇〇四年〕を参照)。

(63)「キネマ旬報」一九三四年四月一日号、キネマ旬報社、一九一ページ。また、一九三五年の「日本撮影所録」を見ると、中野孝夫は漫画部に加えて音響部・企画部の主任という肩書が加わっているので、漫画部から離れたわけではなかったようである(前掲「キネマ旬報」一九三五年四月一日号、二四七―二五九ページ)。

(64) 企画部の代表としては、中野孝夫、今井正、中村正、田中喜次の四人が挙げられている(「キネマ旬報」一九三六年四月一日号、キネマ旬報社、二四三―二五七ページ)。

(65) 前掲「市川崑監督に聞く「あの頃、映画にならない題材はないと考えていました」」一一八ページ

(66) 前掲『成城町二百七十一番地』八二ページ

(67) J・O・スタジオはトーキー漫画部を閉鎖したあと、政岡憲三に下請けという形で漫画映画を制作させているが、自社で制作することはなかった。

(68)「キネマ旬報」一九三五年七月一日号、キネマ旬報社、九ページ

(69) 大石郁雄は、松竹蒲田撮影所の字幕書きから独立し、一九三〇年頃に大石光彩映画社を設立。三三年、同社はスタッフごとP・C・Lの傘下に入って吸収され、同社の線画部(漫画部)になった。P・C・L、そして東宝でも、大石が線画部の責任者を務めている。

(70) 戦後は同盟通信社でニュース映画や記録映画の制作に従事し、そこから十字屋文化映画部（統合されて日本映画社）に入っている。最終的には電通映画社の映画部部長になる。

第3章　トーキーは漫画映画を変える

トーキー化は映画にとって革命的な発明だった。それまでの視覚中心から、新しく聴覚が加わることで、表現の幅は格段に広がった。サイレント（無声映画）は、色彩とともに音がないことが不自然だとされた。しかし、トーキー化によってこの音の欠落が解消されることになる。

アニメーションのトーキー化で最も成功したのがミッキーマウスである。人気をそこまで押し上げた原動力は、トーキーという技術を使いこなしていたことにある。トーキー化は、アニメーションの表現範囲を広げただけではなく、アニメーションに対する人々の考え方も変えていった。

一九三三年には、日本の漫画映画としては初のトーキー作品『力と女の世の中』(1)が上映された。制作したのは、政岡憲三である。

本章では、従来から政岡の功績として挙げられてきたトーキー化について、一九二〇年代末から三〇年代半ばにかけての、国内外での映画事情を交えながら紹介していきたい。政岡が京都を活動拠点としたのも、実写を含む映画全般の動向が関わっていたことは第2章でふれたとおりだが、トーキー化の意義を知るには、アニメーションに限らず、映画全般の動きを知っておく必要がある。

トーキー化によって、アニメーションはどのように変わったのか。そして、政岡らは具体的にどのようにして漫画映画をトーキー化していったのかを取り上げてみたい。

1　トーキーとは何か？

劇映画でトーキーが脚光を浴びたのは、アメリカの映画『ジャズ・シンガー（The Jazz Singer)』（監督：アラン・クロスランド、配給：ワーナー・ブラザーズ、一九二七年）の大ヒットがきっかけである。アル・ジョンソン演じる主人公の青年がジャズ・シンガーとして成功を収める姿を描くこの作品では、作中で数々のジャズの名曲が歌われる。『ジャズ・シンガー』は作品の一部分だけ音声が入っているパートトーキーだったが、この作品のヒットはトーキー化の起爆剤になった。

ところで、トーキーにはレコード式とフィルム式という二つの方式があった。レコード式トーキーとは、映像はフィルム、音声はレコードと、別々のメディアに記録する方法である。そして、映写に合わせてレコードを再生することによって、映画館での上映時には画像と音声の両方を鑑賞することができる。特定の映画に合わせて作られた音声をレコードに収録することもあれば、逆に既存のレコード曲に合わせて映像が制作される場合もあった。しかし、レコード式の問題点として、映像と音がずれることなく再生することが難しかった。

わずかでも再生のタイミングがずれれば、スクリーンに映し出された画像の動きと、音声がずれてしまうのである。しかし、レコードという既存のメディアを使うため、作品によっては既存のレコード曲をそのまま使用することができた。

一方のフィルム式とは、映画のフィルムに映像だけでなく音の情報（サウンドトラック）も入れる方法である。音を光の信号に変換することで、フィルムの横に音声の情報も焼き付ける仕組みで、一九一九年にドイツで考案(2)

された。これによって、映像と音声は自動で完全にシンクロさせることができる。ただし、フィルム式に対応した撮影機、さらには映写機が必要とされ、設備の更新を伴うという点が経済的な負担になった。

トーキー化の当初は、レコード式とフィルム式、この二方式が併用されていく。そして制作者にとっては、どちらの方式を用いるかで作品の作り方も変わっていく。

ところで、『ジャズ・シンガー』以前にもトーキーの技術を利用した作品はあった。一九一一年、エジソン・カンパニーはミュージカル映画『マザーグース物語』を作っている。二六年に上映された『ドンファン』（監督：アラン・クロスランド、配給：ワーナーブラザーズ）もレコード式トーキーを導入している。だが『ジャズ・シンガー』は、劇中で役者が歌うときの口と、音声として流れてくる歌声がシンクロしていることから、観客に強いインパクトを残すことになり、大成功を収めたのである。つまり、今日では一般的に「初の作品」と認識されている作品の多くは、実は最初だったわけではなく、成功したことからのちのちまで作品が知られるようになったということなのである。ただし、その『ジャズ・シンガー』でさえも一部の台詞は字幕を用いるなど、まだサイレント時代の名残が見られる。突然、完全なトーキー作品ができあがったのではなく、少しずつ段階を経て、トーキー化は進んでいったのである。

トーキー化には、撮影だけではなく、上映にも新しい設備が必要になるため、経済的な理由から映画界はサイレントかトーキーかで揺れ動いていた。また、レコード式とフィルム式という二つの方式が混在したことで、映画会社も両方の方式で作品を作るなど、混乱した状況だった。このような混沌とした当時の状況を知らずには、漫画映画のトーキー化を理解することは難しい。

まずは漫画映画のトーキー化を語る前に、日本の映画界でトーキー化がどのように進んだのかを把握しておく必要がある。はじめに海外のトーキー劇映画が日本にも輸入され、上映されることになる。しかし、輸入作品の場合、サイレント時代にはあまり支障がなかった、言語の壁という問題が発生した。サイレント時代なら、時折、字幕画面が入ることもあるが、弁士が解説をするのでそれほど問題はなかった。

しかし、トーキー作品では、海外の俳優や女優本人がしゃべる台詞、そして歌声が売りである。トーキー作品の音声が流れても、弁士の解説の邪魔になるからという理由で音量が抑えられてしまい、トーキーの魅力であるオリジナルの音声を観客が耳にすることができないという状況も生じた。これではトーキー化した意味がない。オリジナルの音声を観客が聞きながら、内容を理解できる方法が模索された。

その解決策は字幕の考案であった。パラマウント社が『モロッコ』（監督：ジョセフ・フォン・スタンバーグ、一九三〇年公開、日本公開は一九三一年）でスーパーインポーズ（字幕）を考案し、各国語の字幕を画面の隅に入れて公開したことで大成功を収める。言語の壁という問題は字幕の登場で解決され、海外作品でも役者本人の声を聞きながら鑑賞できるようになったのである。

海外でのトーキー化に比べると、日本の映画界は出遅れている。一九二七年に『黎明』（監督：小山内薫）がトーキーを導入しているが、数年間は模索が続く。そして初めてヒットしたトーキー作品は、松竹が三一年に制作した『マダムと女房』（監督：五所平之助）であり、日本映画のトーキー化はこの作品からスタートしたとされている。このように、アメリカをはじめとする欧米の国々と比べると、日本の映画業界は数年の後れをとっていたのである。それは漫画映画の分野でも同様だった。

2　トーキーアニメーションの登場

世界初の本格的トーキーアニメーションはミッキーマウスのデビュー作『蒸気船ウィリー』（監督：ウォルト・ディズニー、配給：セレブリティ・プロダクション）で、一九二八年十一月にニューヨークで上映された。[3] 本格的という言葉をつけているのは、アニメーションのトーキー化はこの作品が初めてだったわけではないからである。のちにベティ・ブープやポパイといった人気キャラクターを世に送り出すことになるフライシャー兄弟は、一九二四年の段階で『なつかしのケンタッキーの家（Old Kentucky Home）』と『おお、メイベル（Oh Mabel）』[4]の二作で、パートトーキーを試みている。

一方、本格的なトーキーとは、作品の全編にわたってトーキーによるサウンドが用いられているということが条件の一つである。漫画映画に限らず劇映画の分野でも、初期には、作品全編ではなく、一部のシーンにだけトーキーを用いるということが少なくなかったようだ。

『蒸気船ウィリー』では、ミッキーマウスが口笛を吹こうと口を動かすと、口笛のメロディーが流れてくる。また、手回しオルガンに見立てた牛のしっぽを回すと、曲が流れ出す。ミッキーマウスとミニーマウスが、あらゆるものを楽器に見立てて、にぎやかに演奏をしていく。『ジャズ・シンガー』のヒットの要因が、動作と音声のシンクロにあったことは先に述べたとおりである。『蒸気船ウィリー』でも、ただ単にBGMとして、内容の展開とは関係なく音楽が流れているのではなく、登場人物の動きに応じて曲が流れる。そして音楽だけではなく、台詞があることこそが、本格的トーキーの条件として挙げられるべきなのではないだろうか。

『蒸気船ウィリー』で登場人物が台詞をしゃべるシーンは、ごく限られている。その台詞も、単語をいくつかしゃべる程度である。『蒸気船ウィリー』[5]に限らず、初期のミッキーマウスは、文章の形をした台詞をしゃべるのではなく、いくつかの単語を発する程度である。それは、録音と再生技術の問題が関係していた。トーキー作品には、録音はもちろん、再生装置も重要になってくる。当時の機材では、単語を一語一語はっきり聞き取れるような、きれいな音声を録音・再生するのが難しかった。いくつもの単語からなる複雑な台詞を登場人物に言わせても、観客の側が聞き取れるかは疑わしかった。台詞が聞き取れなくて、観客が物語の理解に支障をきたすよりは、歌を歌う、もしくは単純な、そのシチュエーションであればはっきりと聞き取れなくても内容を推察できるような単語（例えば名前や悲鳴）を言わせるだけにとどめざるをえなかったのである。

だが、台詞が少なくても、本来は架空のキャラクターでしかないアニメーションの登場人物が言葉をしゃべることは、驚きをもって受け止められたはずだ。とりわけ、架空の存在でしかないキャラクターたちが、生身の人間と同じように声を発するということは、まるで実在しているかのような現実感を観客に与えることになる。

『蒸気船ウィリー』の大ヒットを皮切りに、ミッキーマウスの続篇が作られていく。だが、ほかの制作者たちも負けじとあとに続く。フライシャー兄弟は、『蒸気船ウィリー』公開の数年前に、パートトーキーだったとはいえトーキーアニメーションを制作していたが、ミッキーマウスに初のトーキーアニメーションという名誉を奪われてしまった。これに対抗しようと、フライシャー兄弟が手がけたのが、ビン坊やベティ・ブープ、ポパイといったキャラクターである。こうして、一九二〇年代末から三〇年代にかけて、アメリカではアニメーションのトーキー化が競うようにしておこなわれたのであった。

アメリカのトーキーアニメーションはさっそく、日本にも上陸する。『蒸気船ウィリー』がアメリカで初上映されたのは一九二八年十一月だが、日本でも翌年には上映が始まっている。まず、一九二九年八月十一日号の「キネマ旬報」にミッキーマウスの広告が掲載される。そして、二九年九月には、新宿の武蔵野館で『発声漫画シネフォンの発声漫画　ミッキー・マウス』[6]さらに『発声漫画　ハイハット・ジャズ・バンド』[7]が上映されていることが確認できる。武蔵野館では翌月も「発声漫画　数種」[8]を上映している。

アメリカでは一九二七年に公開の『ジャズ・シンガー』が、日本で公開されたのは三〇年八月のことである。[9]だが、『蒸気船ウィリー』は、同時期に輸入されただろう『ジャズ・シンガー』よりも早く上映されることになる。

ミッキーマウスは本国アメリカでの人気を反映してか、次々と日本にも輸入され、各地の映画館で上映されるようになる。ほかにもフライシャー兄弟の作品をはじめとして、多くの海外製トーキーアニメーションが日本に入ってきていたが、ミッキーマウスのメディアへの露出が突出している。子どもだけでなく、大人もミッキーマウスを見にいっていたようで、一九三一年二月に、徳川夢声が寄せた日記形式の記事には、一月にミッキーマウスの「化物屋敷」や「愉快な小人」といった「漫画」を見たことが記されている。[10]

一九三一年十一月二十一日号の「キネマ旬報」の「旬報グラフィック——外国映画」には、当時人気の外国映画女優に交じって、ウォルト・ディズニーの写真が載せられている。ウォルト・ディズニーの肩に乗るようにして、ミッキーマウスとミニーマウスの絵が加えられている。写真には「コロンビア発売のミッキー・マウス漫画が続々輸入されました」という説明も添えられている。確かに、この号の巻末に掲載されたコロンビアの広告では「ミッキイ・マウス漫画」が宣伝されている。キャラクターのイラストや作品のワンシーンが登場することはあったが、アニメーションの制作者の写真が映画雑誌に登場すること、しかもそれがグラビアページで、人気の映画俳優や女優と同列で掲載されるというのはきわめて異例なことである。すでにこの時期から、ミッキーマウスとその制作者であるウォルト・ディズニーは、数あるアニメーション作品のなかでも別格扱いだったのである。

ミッキーマウスとウォルト・ディズニーという、別格扱いの作品と制作者が登場したことは、アニメーションというジャンルの地位向上にもつながった。それまで、アニメーションは実写映画の添え物として上映されることが多く、映画業界でも格下の扱いを受けていた。しかし、トーキー化を利用したミッキーマウスの台頭は、アニメーションというジャンルそのものが映画の一ジャンルとして確立されることにもつながっていったのである。

さて、一九二九年には日本に上陸していた海外のトーキーアニメーションだが、その数年後の三四年頃になると、新たな動きが見られる。この時期、すでに日本でも「トーキー漫画」と呼ばれたトーキー化された漫画映画が作られるようになっていた。しかし、海外からのトーキーアニメーションは相変わらず輸入されていて、日本のトーキー漫画映画は人気の面ではやや負けていた。海外と比べると技術面や内容で後れをとっていたからである。

ディズニーはミッキーマウス以外にも、実験的な要素も含む「シリー・シンフォニー」と題したシリーズ作品を発表していて、単なる娯楽にとどまらないレベルの作品を世に送り出していた。音楽と映像とのシンフォニーを目指した「シリー・シンフォニー」は、目が肥えた映画評論家たちをもうならせる出来だった。ミッキーマウスの誕生期から五年後の、一九三四年の「キネマ旬報」誌上でおこなわれた優秀映画の推薦では、外国映画の部門で、十九人中、八人の選者が「シリー・シンフォニー」を挙げている。(11)

そして、興行でも人気ぶりがうかがえる年末が近づくと、正月向けの映画の宣伝が盛んになるが、そのプログラムのなかにトーキーアニメーションが多数含まれていて、プログラムの目玉の一つになっていることに注目すべきだろう。一九三四年の年末の広告を見ると、パラマウント社は、「お正月の呼び物！」「人気の王様」という触れ書きで、ポパイとベティ・ブープをイラスト入りで紹介している。[12] コロンビアも正月興行用コロンビア特作映画の一つとして、スクラッピー・ベビーとクレージー・カットを紹介する。[13] そして、メトロ・ゴールデン・メーヤーは『ハリウッドパーティー』[14]（監督は無記名で、舞踊監督はシーモア・フェリックス、ジョージ・ヘール、デヴィッド・ゴールドが分担）で対抗する。この作品は、さまざまな喜劇や舞踊をセットで上映したものである。人気の俳優・女優らに並んで、ミッキーマウスも「主演」にその名を連ねていて、人気役者と同等の待遇を受けている。人間が紙の上に描き出したアニメーションのキャラクターが、生身の人間と同じ位置にまで上り詰めた瞬間だった。そして、このなかにトーキー漫画映画、つまり日本の作品が入っていないことは重要である。

アメリカと日本では上映に数カ月程度のタイムラグがあったものの、相当数のトーキーアニメーションが日本国内でも上映されていた。当初、トーキーに対応した設備を備えた映画館は限られていたが、一九三〇年代前半にもなると、徐々にトーキーに対応した映画館も増えていった。

しかし、一九三〇年代に入っても、日本で制作された漫画映画は本格的なトーキー化に踏みきっていなかった。それに対して、アメリカを中心とする海外から輸入されたアニメーションはトーキー化されたものばかりだった。日本の観客が、海外のトーキーアニメーションを好んで見るようになったとしても仕方がないことである。だが、日本の制作者たちは、人気が海外作品に集中するのを黙って見ていたわけではない。ミッキーマウスが日本で上映された二九年には、すでに日本でもトーキー漫画映画制作の動きが始まっていたのである。

3 日本における漫画映画のトーキー化

漫画映画のトーキー化は、政岡の『力と女の世の中』が最初ではない。その数年前から、すでにトーキー化された漫画映画を作っていた人物は複数いた。漫画映画のトーキー化とは、政岡一人によって成し遂げられたのではなく、さまざまな制作者と作品によって、いくつかの段階を経て、徐々にトーキー化に対応していったのである。例えば、政岡の前に、レコード式トーキーを用いてトーキー漫画を作った人物として大藤信郎という制作者がいる(図21)。

レコード式トーキーによる作品の多くは、流行歌を題材として作られている。流行歌に合わせて映像を作っているため、曲のなかに歌手による語りの部分がある場合は別として、漫画映画の登場人物たちが台詞をしゃべるシーンはほとんどなかった。また、登場人物の動きに合わせた効果音もない。あくまでも、もとになった曲が第一の作品である。当然、漫画映画の映像は、曲の添え物という位置に甘んじなければならなかった。

レコード式トーキーによる漫画映画で、現時点で確認できる最も古いものは、大藤信郎が一九二九年に制作した『黄金の花』(製作:千代紙映画社)と『黒ニャゴ』(製作:千代紙映画社)である。『黄金の花』はシネカラーで、かつレコード式トーキーだったが、試作段階であり、実際の上映はモノクロでサイレントだった。[15] そのため、先に上映されたのは『黒ニャゴ』(図22)である。

『黒ニャゴ』はレコードの回転数とフィルムの上映速度を調整することで、フィルム式トーキーを上映しているのと同じように、音声と画面がシンクロした状態で上映することができた。[16] 一九三〇年五月一日号の「キネマ旬報」には、『黒ニャゴ』の完成を伝える記事が掲載されている。この記事によれば、帝国教育発声映画協会との提携で作られたとある。[17]

では、映像とレコードの曲はどのような関係にあったのか。登場人物と歌詞の内容の連動について分析[18]してみたい。

『黒ニャゴ』は、ビクター・レコードから販売されていた同名の童謡（時雨音羽詞、佐々紅華曲）に基づいて映像が作成された。映画のもとになった歌詞の内容は、黒猫と虎猫、そして子どもたちが〝黒ニャゴ踊り〟を歌いながら一同で踊るというものである。漫画映画の映像は、歌詞に忠実に作られていて、例えば「私の先祖は　まだ

図21　大藤信郎（右）と政岡憲三
（出典：前掲『日本アニメーション映画史』口絵）

図22　『黒ニャゴ』（千代紙映画社、1929年）
（出典：『日本アートアニメーション映画選集』第1巻、紀伊國屋書店、2004年）

らの虎よ」という部分に合わせて、虎猫が画面に登場する。もともと曲はオペレッタ風になっている部分があって、猫や子どもが会話を交わすくだりがある。漫画映画では、会話の部分では、猫や子どもがしゃべっているかのように、口を動かす描写が盛り込まれる。オペレッタ風の部分があるおかげで、漫画映画の登場人物たちが会話をしているような印象を与える。

しかし、登場人物たちは、あくまでも『黒ニャゴ』という既存の曲の歌詞に合わせて描かれるという範疇にとどまっている。大前提として曲の世界観があり、その内容やリズム・メロディーに漫画映画の映像も大きく左右されている。だが、漫画映画にも音がついたという点では大きな進歩だった。

では、『黒ニャゴ』を手がけた大藤信郎とはどのような人物なのか。大藤は、日本アニメーションの創始者の一人とされる幸内純一のもとに弟子入りし、そこで制作方法を学んだ人物である。入門した時期は不明だが、一九一〇年代末から二〇年代のはじめ頃[19]に漫画映画の制作を始めたとされている。一九二四年には大藤の個人名義による作品が発表されている。レコード式トーキーによる漫画映画に着手した二〇年代末の時点では、漫画映画制作者のなかではベテラン格である。この時期の大藤作品の特徴は、千代紙を素材としていることにある。

『黒ニャゴ』でレコード式によるトーキー化に成功した大藤は、次の段階に進む。既存の曲に制約された漫画映画を作るのではなく、漫画映画を主体とした作品である。それが『お関所』(製作:千代紙映画社、一九三〇年)である。物語の舞台は江戸の箱根の関所、旅芸人が通行手形のかわりに芸を披露し、関所を通過するというストーリーになっている。旅芸人が披露する芸のシーンなどで、音楽が使用されている。『黒ニャゴ』は一曲だけだったが、『お関所』では複数の曲が用いられている。

この作品の制作にあたっては、作中で使用する音楽を新しく演奏し、録音する必要があった。一九三〇年四月二十一日号の「キネマ旬報」では、大藤が制作中の『お関所』の様子を伝えている。

大藤信郎製作中央映画社提供千代紙発声漫画「お関所」は目下イーストフォントーキー撮影所で松竹ガク

ゲキ部松本四良編曲指揮の下に同管弦楽団員四十名の演奏により音響吹き込み中である。このトーキーは従来の国産トーキーの弊を一蹴して至難とされてゐたウェスターンイレクトリック式及びRACフォトフォン式等のスタンダード発声映写機にもかゝる本格式なもので、海外輸出の目的を以て為され、国産発声漫画の国際市場進出の先鞭をつけるものであらう。内容はレビュー形式による日本の新旧流行歌を独特の奇抜なる千代紙場面と共におさめたものだ。[20]

このなかで注目したいのは、松竹が関わっていることである。松本四良の指揮で、松竹管弦楽団のオーケストラ演奏によって音楽が収録されている。四十人規模の演奏というのは漫画映画では類を見ない規模で、これに匹敵する人数による演奏が確認できるのは、戦前ではほかに『くもとちゅうりっぷ』まで待たなければならない。漫画映画の音楽としては異例の規模だったこと、そして何より、既存の曲を用いるのではなく、漫画映画の作品用に新しく音楽を演奏・録音するなど、『お関所』はトーキー漫画映画としての段階を一つ進めた内容だった。

田中純一郎はこの『お関所』を日本初のトーキー漫画映画と論じているが、それまで音楽の添え物的な扱いだった漫画映画が、映像としての地位を取り戻したことを評価して、トーキー漫画映画として最初の作品だと捉えたのかもしれない。

『お関所』の制作当時、松竹は日活と熾烈な首位争いを演じていた。[21] そのため、日活が手がけていない漫画映画の世界、それもトーキー漫画映画に先鞭をつけようとしていた可能性が考えられる。『お関所』は、漫画映画としてはかなり注目されていたらしく、劇映画と並んで作品紹介されている。[22]

より本格的なトーキー作品になると、曲の演奏や録音という作業が加わるので、新しい機材も必要になり、松竹のような映画会社の協力なしには、トーキー漫画映画の制作は困難だったことも示している。トーキー化によって、漫画映画は新しい展開を迎えることになったのである。

大藤のほかに、一九二〇年代末から三〇年代初頭にかけて、レコード式トーキーを制作していたことが確認できる人物としては、幸内、大石郁雄、村田安治、金井木一郎、宮下万蔵、西倉喜代次が挙げられる。このなかに、のちに日本初の本格的なトーキー漫画の作者として知られる政岡は含まれていない。レコード式トーキーによるトーキー漫画映画を手がけていたのは、いずれも二〇年代から活動を始めていた制作者ばかりだった。それに対して、政岡が漫画映画の制作を始めたのは三〇年からである。三〇年といえば、すでに『蒸気船ウィリー』が日本でも公開され、ディズニーだけでなく、アメリカを中心とする海外のトーキーアニメーションが日本に入ってきていた時代だった。政岡にとっての漫画映画とは、最初からトーキー化を前提にしたものだった可能性が高い。

それではなぜ、今日では、本格的トーキー漫画映画を最初に作った人物が大藤ではなく、政岡とされているのか。その疑問について、政岡によるトーキー作品を分析することで答えていきたい。

4 本格的トーキー漫画映画の登場

一九三二年四月、政岡は上京すると、[23]松竹蒲田撮影所の所長だった城戸四郎と面会し、トーキー漫画映画制作の契約を結んでいる。この契約によって、政岡は自身のトーキー漫画映画一作目『力と女の世の中』の制作にとりかかったのである。大藤が用いたのはレコード式トーキーだが、政岡はトーキーのもう一つの形式である、フィルム式トーキーを導入している。

政岡は松竹と提携し、土橋式トーキー（フィルム式）を用いた漫画映画作品を制作する契約を結んでいる。松竹がトーキーの漫画映画に興味をもった理由はどこにあったのだろうか。第2章でもふれたが、一九三〇年代前半、日本の映画界ではトーキー漫画映画に対する期待が高まっていた。トーキー漫画映画は「音と画との組合による偉力を、いち早く而ももっとも効果的にとり入れたもの」[24]と考えられていた。トーキーという新技術を最大限に生かせるメディアという期待からその将来性が属望され、トーキー漫画映画の需要は高まっていったのである。

松竹としては、京都を拠点に独立プロとして活動していた政岡と提携することで、他社に先駆けてフィルム式を用いた、より本格的なトーキー漫画映画の分野に参入しようという意図があったと推測される。『力と女の世の中』の映像は現存していないが、『日本アニメーション史』に粗筋が紹介されている。

彼と彼女は四人の子供の親。妻は身長六尺、体重三十貫というヘビーウェイト級の力持の女。ある夜、妻は夫が会社のタイピストとイチャツイている寝言を聞き烈火の如く怒る。ある日、妻はわざわざ会社に弁当を届けに行くと、つゆ知らぬ夫は重役の目を盗み、廊下でタイピストと仲よく熱い語らい。現場を見つけた妻はヒステリーを起こし荒れ狂う。夫とタイピストはホースの水をぶっかけて対抗。最後は夫の申し出により、妻とタイピストはボクシングで決着をつけることになる。リング上、力ではとても勝ち目のないタイピストはクスグリ作戦に出る。共倒れとなるが、現役（?）の強みで妻の勝となる。恐妻家の主人とヒステリー妻君のナンセンス漫画として成功した。(25)

図23　前掲『力と女の世の中』
（出典：前掲『日本漫画映画の全貌』24ページ）

会社員の男が、若いタイピストの女性と浮

気をするという内容から判断すると、子どもよりも大人の観客を想定した作品だった。作品は現存していないが、当時の映画雑誌にイラストが掲載されているので、作画の断片を見ることはできる（図23）。

『力と女の世の中』は八人のアニメーターが約六カ月の日数をかけて作業をして、一九三二年十月に完成し、三三年四月十五日に浅草帝国座で封切りされる。制作に関わったスタッフを見ると、登場人物の声をあてる俳優・女優や、さらには擬音や音楽指揮を担当した人物もいることから、台詞や効果音、BGMがつけられていたことがわかる。大藤の作品がレコード式だったことに加えて、音楽中心で台詞が不十分だったのに対して、政岡による『力と女の世の中』はフィルム式であり、何よりも台詞が入っていて、内容的に本格的なトーキー作品だった。[26]このトーキー作品としての完成度の高さゆえに、政岡が日本の漫画映画界で初めてトーキー作品を作ったと記録されることになったのである。

5　政岡映画美術研究所

一九三〇年に漫画映画の制作を始めた当初、京都の北野に拠点を構えていた政岡は、トーキー漫画映画の制作を円滑に進めるため、下鴨に新しいスタジオ・政岡映画美術研究所を建設する。[27]当時流行していたインターナショナルスタイルを意識したデザインで、建築としても注目され、一九三四年二月号の「新建築」（新建築社）に写真や図面入りで紹介されている。設計をしたのは、政岡の弟・基次である。基次は、京都帝国大学で建築を学び、建築会社に勤務していた。三〇年代までの政岡の人生を見ていくと、その後ろに政岡家の姿が見て取れる。常に政岡家による直接、間接的な支援を受けることで、政岡の創作活動は成り立っていたのである。

この建築は、従来の政岡に関する言説で、鉄筋コンクリートと説明されることもあった。しかし、「新建築」には木造モルタル造りと明記されている。おそらくは外見を撮影した写真だけから判断して、建築の構造学に詳しくない人物が勘違いしたものと推察される。政岡家をバックとした政岡の資金力、さらにトーキー化、セル画といった最新の技術を導入していることからイメージして、この建築もまた当時としては最新の鉄筋コンクリートの技術をいち早く導入したと誤解したのだろう。

この建築に注目するのは、トーキー化と関わっているからである。「新建築」の記事でも、政岡映画美術研究所の特色の一つがトーキー漫画映画を制作していることだと言及されている。この記事は、トーキー漫画映画の制作に乗り出した時期、スタジオの規模と活動実態を知る手がかりを与えてくれる。記事にはスタジオの外見（図24）や模型の写真に加えて、室内の写真、さらに平面図が添えられている。ここから、スタジオの機材、スタッフの人数、スタジオ内で可能だった作業を推測することができる。

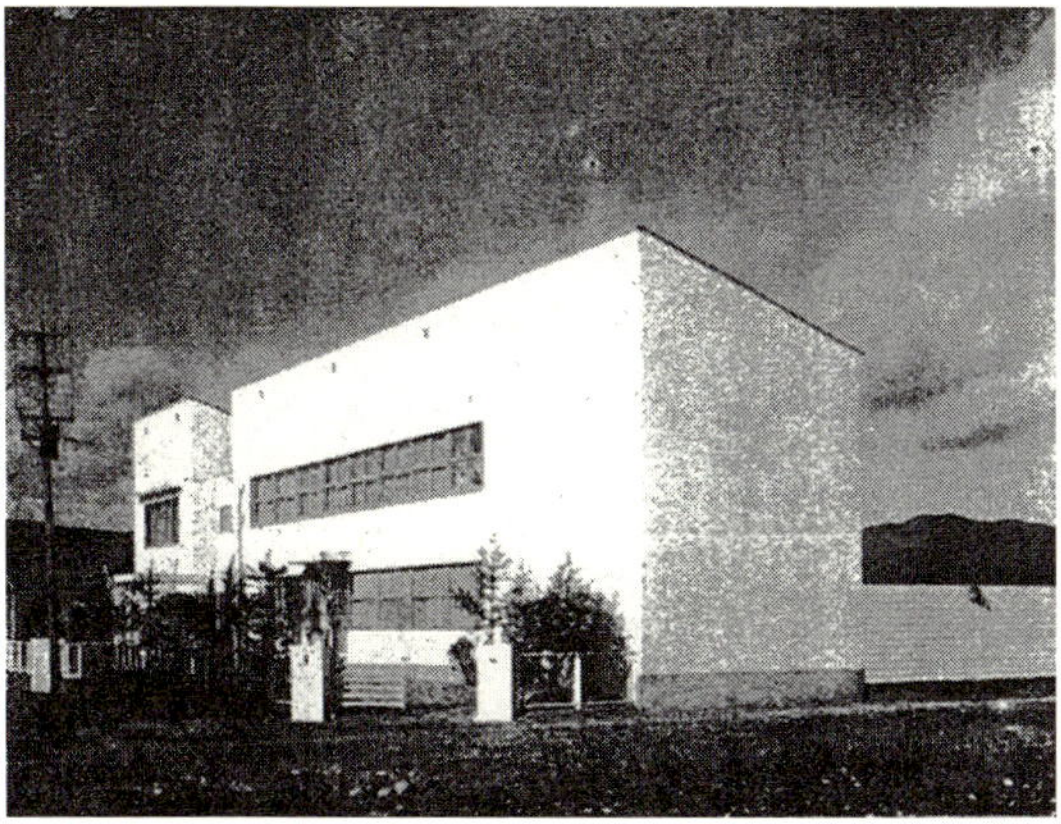
図24　政岡映画美術研究所
（出典：「新建築」1934年2月号、新建築社、28ページ）

画室は、動画や原画と呼ばれる作画作業をするための部屋。平面図には十二個の個人用作業机が想定されている。室内写真でも、ほぼ同等の数の机が確認できる。また工作室、トリック撮影室、暗室、焼き付け室、事務室も備えている（図25）。「新建築」の記事に加えて、映画雑誌に掲載されたスタジオ概要、さらに個人写真を総合的に判断していくと、スタッフは全部で十数人から二十人程度だったと推察できる。

多くても二十人ほどの人数というのは、今日のアニメ業界と比較[28]すると、大規模なスタジオとはいえない。しかし、一九三〇年代当時の漫画映画業界を見ると、数人程度で制作をしている、あるいは家内手工業的に家族単位で作業をすることも珍しくなかった。分業制などを導入し、専用の作業場を構えて、複数人のスタ

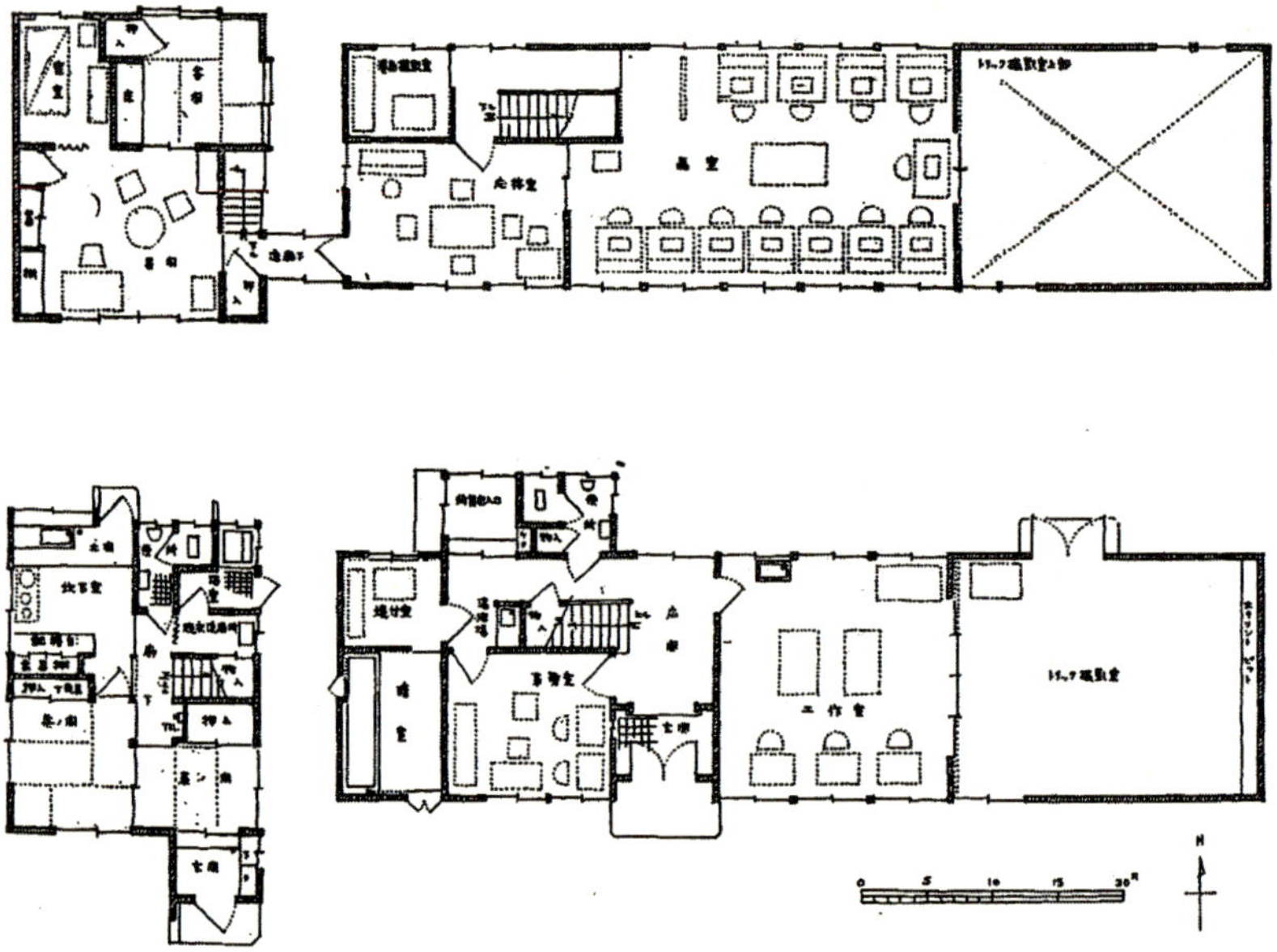

図25　政岡映画美術研究所平面図
（出典：前掲「新建築」1934年2月号、30ページ）

ッフを雇っているということ自体が珍しかった。この時代としては人数、そして施設面で、大規模なスタジオに分類される内容だった。

そして、スタジオ内での音楽の演奏と録音を想定して、録音室を兼用した部屋を用意していた。外部の映画会社の設備を借りて音の収録作業をするのではなく、自社内で録音まで作業をできるようにしていたのである。後述するが、作品によってはスタジオのスタッフたちが自ら楽器を演奏して、作中で使われる曲を録音している。トーキー漫画映画の制作に必要な作業を、スタジオ内で一貫しておこなえるような体制になっていたのである。これは、経済力がないスタジオにはできないことであり、政岡に政岡家の経済的支援があったおかげで可能になった。政岡個人の才能だけでなく、このような背景もあったからこそ、政岡はほかに先駆けて本格的なトーキー漫画映画の制作に乗り出すことができた。新スタジオの設立とも相まって、政岡は一躍、トーキー漫画映画の世界での第一人者になっていったのである。

6　政岡憲三によるトーキー漫画映画

政岡による本格的なトーキー漫画映画『力と女の世の中』に刺激を受けて、日本でも漫画映画のトーキー化が進む。トーキー化された当初は、登場人物が台詞をしゃべり、激突すれば派手な効果音が鳴り響くだけでも、音がついたと観客は喜んだだろう。しかし、その程度ではたちまち飽きられてしまう。何より、アメリカという強力なライバルは、次々と新作を作り出している。トーキーという技術の特性を最大限利用した漫画映画が求められたのである。

政岡のトーキー漫画映画は、音楽を重視し、既存の曲を流用するだけでなく、自分たちで編曲し、ときには演奏も手がけている点に特徴が見られる。同時代の多くの制作者は、既存の曲、それもレコードなどで演奏された曲の一部を抜き出して使うという程度だった。

当初の政岡は、松竹の協力を得てトーキー漫画映画を制作していた。その際は、専門の音楽スタッフがついている。しかし、採算の問題もあり、数年で松竹は政岡との提携を解除してしまう。政岡としては、松竹の協力なしでトーキー漫画映画を続行する道を選ぶことになる。

一九三〇年代後半の政岡作品で、選曲や音楽指揮など音楽面全般を担当しているのは日立二郎という人物で、政岡作品だけで見られる名前である。実は、日立二郎とはペンネームであり、本名は政岡恒雄、政岡の甥である。[29]政岡の言葉によれば「ぐれていたので引き取っていた」[30]ということで、京都に住む政岡の家に居候の身であった。

日立二郎の名が確認できる作品は、『森の野球団』（監督：原田誠一、製作：政岡映画美術研究所、一九三四年）、『ターチャンの海底旅行』（監督：政岡憲三、製作：政岡映画美術研究所、一九三五年）、『茶釜音頭』（監督：政岡憲三、製作：政岡映画美術研究所、一九三五年）、『ニャンの浦島』（監督：政岡憲三、製作：日本動画研究所、一九三九年）、

図26　政岡映画音楽部
（出典：前掲『日本漫画映画の全貌』20ページ）

『新猿蟹合戦』（監督：政岡憲三、製作：日本動画研究所、一九三九年）の五作品で、選曲を含めた音楽面を担当している。また、音楽だけではなく、『森の野球団』と『ターチャンの海底旅行』では原作を、『森の野球団』では脚色も担当している。日立二郎はプロの音楽家ではなく、あくまでも素人だったが、主に音楽を担当するスタッフを置いていたことは注目すべきである。

また、一九三〇年代の政岡作品では、BGMとして劇中で用いる音楽の演奏も自分たちで手がけている。スタジオのスタッフだけではなく、政岡の妻や家の家政婦までも動員して、政岡映画音楽部を結成している。(31) 次の二枚の写真から、音楽部がどのようなものだったのかを分析したい。

一枚目は、音楽部のメンバー全員がそろった集合写真（図26）になっている。前列左端でアコーディオンを持っているのが政岡の後妻・綾子、二列目の左から二人目のサックスを手にしているのが政岡、そして最後列でド

図27　ライブアクションの撮影風景
（出典：前掲「Film1/24」第23・24合併号、9ページ）

ラムを担当しているのが日立二郎こと政岡恒雄である。

もう一枚（図27）は「参考用にライブアクション撮影中」と説明があり、右端でカメラを操作しているのが政岡である。ライブアクションとは、ディズニーが考案した映像制作の技法である。アクターと呼ばれる役者が、キャラクターと同じ演技をする。場合によっては、キャラクターと同じ服装をさせて、外見そのものも似せていく。その様子を実写で撮影して、役者の動きをトレースして絵に描き起こしていく方法である。まるで生身の人間が動いているかのような、リアルな動きをアニメーションのキャラクターにさせることが可能になる。写真を見ると、演技をする二人の少女の伴奏として、音楽部のメンバー数人が演奏をしている。宣伝用のスチール写真という側面も想定されるが、作中の曲に合わせて役者に演技をさせていた可能性も考えられる。つまり、曲とキャラクターの動きが調和することに神経を注いでいたのである。

二枚の写真からは、アコーディオン、ギター、サックス、トロンボーン、トランペット、ドラム、チ

図28　政岡憲三『べんけい対ウシワカ』（日本動画研究所、1939年）
（出典：『日本アートアニメーション映画選集』第2巻、紀伊國屋書店、2004年）

ェロなどさまざまな楽器がそろえられていたことがわかる。これらはいずれも西洋の楽器で、音楽も西洋風なものが中心になった。しかし、和楽の演奏では本職を呼び寄せることもあった。『茶釜音頭』では、選曲は日立二郎、伴奏は政岡映画音楽部だが、囃子として堅田新十郎・堅田喜三四郎が名を連ねている。[32]

政岡が音楽に興味をもち、それも自ら演奏するということはいつから始まったのか。政岡は幼い頃から和楽、特に能楽に慣れ親しんで育った。能楽好きで、ついには家に能楽堂まで築いてしまった父・嘉三郎の影響で、淡路島の別邸に師匠を呼び寄せて、家族全員で能楽を習っている。政岡は特に太鼓が得意で、本人の言葉によれば「奥伝にまで達していた」[33]と伝えられる。能楽と西洋風な音楽とでは、演奏法などは異なるかもしれない。だが、自ら演奏するということへの抵抗感はなかったはずである。

さて、素人の演奏とはいえ、音楽部を作るには楽器の調達に始まって、録音設備も備えたスタジオの確保など、それなりの資金がなければできない。そんな政岡のトーキー漫画を経済的な面から支えたのが、実家である政岡家だった。父・嘉三郎は、映画興行を手がけたこともある人物である。[34]美工・絵専へと進み、さらには映画の世界に入った息子に、自分が果たしえなかった夢を託していたのではないだろうか。政岡に対して、嘉三郎は資金を惜しみなく提供してきた。

政岡は実家からの援助を頼りに、トーキー技術やセル画の導入、さらには最新の機材を備えたスタジオの建設などに多額の資金をつぎこんでいく。

しかし、実家の経済状況が一時的に悪化し、新たな資金援助を受けられなくなったことから、一九三五年に政岡映画美術研究所は倒産し、下鴨にあった自慢のスタジオも、建設から数年で手放さざるをえない状況に追い込まれる。[35]

政岡映画美術研究所が倒産してからの数年間は、他社の下請けの仕事をしながら苦労するが、一九三九年に日本動画研究所というスタジオを再建する。その再建直後に制作したのがトーキー漫画映画『べんけい対ウシワカ』（製作：日本動画研究所、一九三九年）である。

牛若丸（ウシワカ）が鞍馬山で天狗と出会って修練を積み、やがて五条大橋で弁慶と対決し、主従関係を結ぶまでを描いた作品である（図28）。ここでも政岡家の協力が見られる。政岡の末弟・安忠が、劇中でウシワカが吹く横笛の演奏を担当している。安忠が笛をたしなんでいたのは、やはり能楽好きな家庭環境によるものである。声優も、弁慶は政岡本人が、牛若丸は妻・綾子が担当している。『べんけい対ウシワカ』は、経済的に苦しい制作状況だったため、身内で声優や音楽を担当せざるをえないという側面もあったが、このような経営状況でもトーキー漫画映画を作ろうとする政岡の執念を感じさせる作品である。政岡にとっても思い出深い作品だったのか、自らの墓碑に『べんけい対ウシワカ』のワンシーンを刻ませたほどである（後出図61を参照）。

かつての政岡は、実写映画の監督や役者として挫折するたびに、早々に諦めてほかの分野に転身してきた。だが、漫画映画だけは倒産や下請けといった苦労をしながらも続けている。政岡にとって、漫画映画こそが自分の進むべき道という覚悟が固まっていったのである。

7 政岡によるトーキー化の意義

国産のトーキー漫画映画が求められた要因はいくつか考えられる。

一つは言語の問題である。トーキーでは台詞が入るが、海外で制作された作品の場合、吹き替えや字幕がなければ理解できない。さらに、国産化を求めた当時の風潮があったのではないだろうか。当時の映画雑誌を見ると、トーキーの録音機・映写機の国産化を求める声が高まっていた。しかし、機材だけにとどまらない、作品そのものの国産化という要望も潜在的にあった。国産のトーキー漫画の制作が盛んになる一方で、それでも海外のトーキーアニメーションのほうが、人気の面では上回っているという状況があった。海外の作品を超えるようなトーキー漫画映画を作らなければならない、そのようなプレッシャーがあったはずである。

政岡憲三の作品に触発され、日本でもトーキー漫画映画が次々と作られていく。一九三三年には村田安司が『三公と蛸』（製作：横浜シネマ商会）、『箱根八里』（製作：横浜シネマ商会）を、大藤信郎が『蛙三勇士』（製作：千代紙映画社）、『沼の大将』（製作：千代紙映画社）を、瀬尾光世が『お猿三吉・防空戦の巻』（製作：日本漫画フィルム研究所）、大石郁雄が『動絵狐狸達引』（製作：P・C・L漫画部）を制作していて、漫画映画の分野でも徐々にトーキー化が進んでいった。一方で、トーキーは専用の設備を必要とすることから、サイレント作品の需要もあったため、一気にトーキーへと切り替わったわけでもなかった。

トーキー漫画映画の登場は、漫画映画の表現だけでなく、漫画映画そのものに対する人々の意識も変えていくことになる。トーキー化は、漫画映画が評論の対象になりえるものという認識を生み出した。一九三四年七月号の「映画評論」では「漫画映画と短篇映画研究」と題して特集記事を掲載している。その特集号に掲載された記事のタイトルから「トーキー漫画」あるいは「発声漫画」に重点が置かれていることがわかる。(36) 映画愛好家や評論家の間でも、トーキー化された漫画映画への関心が高まりつつあったのである。漫画映画に関する本格的な評論は、今村太平(37)の『漫画映画論』から始まったといわれている。映画雑誌上での漫画映画の評論はすでに三〇年代からおこなわれていた。しかし、一冊の書籍という体裁をとって出版されたのは『漫画映画論』が日本初である。この著書で、今村が漫画映画に注目し、評論の対象として高く評価するにいたった要因は、絵巻物との類似性と音楽だった。ワシリー・カンディンスキーも引用しながら、画面と音楽との調和について高く評価している。このようにトーキー化は、漫画映画の文化的地位の向上に多大なる貢献をしたのである。

政岡の功績は単に初めてトーキー漫画映画を作ったことではなく、むしろトーキー漫画映画の特性を把握し、発展させていったことではないだろうか。多くのアニメーション史では、日本初の本格的トーキー漫画映画として、『力と女の世の中』を挙げている。だが、それ以前から政岡以外の人物によって、トーキー漫画映画は作られていた。トーキーの技術を漫画映画に用いたのは、政岡が日本初だったわけではない。大藤らによるレコード式トーキーの作品という前段階があって、その次に政岡によるフィルム式トーキーへと移行していった。そして、トーキー漫画映画の特性に注目し、トーキー漫画映画ならではの表現を試みた政岡が、結果としてその名を残すことになったのである。登場人物の動きに合わせた効果音、シーンの雰囲気に合わせた音楽の選曲など、トーキー漫画映画ならではの表現、動きだけではなく音の面白さでも観客を楽しませることに心を砕いたのである。単に初めて技術を導入したことではなく、その発展に尽力したことこそ、政岡の功績として挙げられるべきだろう。

注

(1)『力と女の世の中』原作・脚色：池田忠雄、製作：政岡映画製作所・松竹蒲田映画・城戸四郎、発声監督：野村浩将、擬音：福田宗吉、録音：土橋晴夫、音楽指揮：今沢将矩、配給：松竹、一九三三年

(2) NHK〝ドキュメント昭和〟取材班編『トーキーは世界をめざす——国策としての映画』(「ドキュメント昭和——

世界への登場」第四巻)、角川書店、一九八六年、一七―二一ページ
(3)前掲『生命を吹き込む魔法』二四ページ
(4)『なつかしのケンタッキーの家』(製作:Out of the Ink well Studieos、一九二六年)はトロンボーンによるサウンド、『おお、メイベル』(製作:Out of the Ink well Studieos、一九二四年)には歌が音声として入れられていた(前掲『ディズニーとライバルたち』参照)。
(5)初期の「ミッキーマウス」シリーズは、バスター・キートンなどの喜劇映画をモデルにして作られていたことが関係している。これらの喜劇はサイレントであり、当然のことながら台詞はない。台詞そのものよりは、動作の面白さを売りにしている。
(6)「キネマ旬報」一九二九年九月十一日号、キネマ旬報社、三三ページ
(7)「キネマ旬報」一九二九年九月二十一日号、キネマ旬報社、三七ページ
(8)「キネマ旬報」一九二九年十月一日号、キネマ旬報社、四四ページ
(9)畑暉男編『二十世紀アメリカ映画事典――一九一四―二〇〇〇日本公開作品記録』カタログハウス、二〇〇二年、四七二ページ
(10)徳川夢声「映画軟尖日記　第四回」「キネマ旬報」一九三一年二月十一日号、キネマ旬報社、一〇四―一〇五ページ
(11)「キネマ旬報」一九三四年三月一日号、キネマ旬報社、三六―三八ページ
(12)「キネマ旬報」一九三四年十一月二十一日号、キネマ旬報社
(13)「キネマ旬報」一九三四年十二月一日号、キネマ旬報社、九四ページ
(14)「ハリウッドパーティー」は一九三四年十二月二十五日に、帝国劇場(丸の内)、大勝館(浅草)、武蔵野館(新宿)で封切りされた(前掲「キネマ旬報」一九三四年十二月一日号、七ページ)。
(15)前掲『日本アニメーション映画史』二〇〇ページ
(16)「形式は東条式イーストフォンを採用。十六ミリの場合はデブライ・トーキーも使用できる。レコードは、ビクターの児童ジャズ『黒ニャゴ』を使用。レコード回転数を一分間八十回転とし、フィルムは一分間六十尺(一秒二回転

十六コマ）で映写するとトーキーと同じ効果が得られ」（前掲『日本アニメーション映画史』二〇〇―二〇一ページ）
(17)「漫画トオキイ『黒ニヤゴ』完成」「キネマ旬報」一九三〇年五月一日号、キネマ旬報社、一二ページ
(18) 本章では、紀伊國屋書店の『日本アートアニメーション映画選集』に収録されているものを分析対象としている。
(19) 大藤信郎が幸内幸一のもとに入門した時期をめぐっては諸説あって、渡辺泰氏は一九一八年、津堅信之は二三年以前、山口且訓は二四年としている。本書は、大藤の入門時期を特定することが目的ではないため、一〇年代末―二〇年代はじめという大まかな時期に設定している。
(20)「千代紙映画にサウンドを附す」「キネマ旬報」一九三〇年四月二十一日号、キネマ旬報社、一三ページ
(21) サイレントからトーキー移行期の松竹と日活の競争については、田中純一郎『日本映画発達史』（第二巻、中央公論社、一九七六年）に詳しい。
(22)「キネマ旬報」一九三〇年六月一日号、キネマ旬報社、七四ページ
(23) 当時、政岡憲三は京都に住んでいたが、契約のために東京を訪れている。東京滞在中の政岡のもとを訪ね、弟子入りを志願したのが瀬尾光世である。瀬尾はのちに『桃太郎 海の神兵』（配給：松竹、一九四五年）を手がけたことで知られる。
(24) 中野孝夫「トーキー漫画の出来るまで」「映画評論」一九三四年七月号、映画評論社、五三―五六ページ
(25) 山口且訓／渡辺泰『日本アニメーション史』有文社、一九七七年、二〇八ページ
(26)『力と女の世の中』以前にもフィルム式トーキーの漫画映画は試みられていたようで、加藤禎三『大当り空の円タク』（製作：協力映画社、一九三二年）は、P・C・L式のフィルムトーキー作品である（「キネマ旬報」一九三二年十一月一日号、キネマ旬報社、一三ページ）。
(27) 一九三三年の建築当時の住所表記は京都市左京区下鴨高木町八十二番地である。
(28) 現在の日本アニメ業界では、正社員ではなく、フリーランスのスタッフを企画ごとに招集するという形式なので、雇用形態の違いから、単純に比較することはできないことも事実である。
(29) 政岡憲三の妻・綾子も、原作を担当するときは「木村阿弥子」というペンネームを使っているため、政岡姓のスタッフが名を連ねることを避ける目的があったものと推察される。

(30)「特集政岡憲三」、前掲「Film1/24」第二十三・二十四合併号、九ページ
(31)同記事九ページ
(32)前掲『日本アニメーション映画史』二一三ページ
(33)「政岡先生にインタビュー」、前掲「Film1/24」第二十三・二十四合併号、二二ページ
(34)同記事二一―二三ページ
(35)室戸台風で父・政岡嘉三郎が経営していた摂陽汽船の船が沈む損害を受け、政岡憲三への資金が滞ったことが要因だった。
(36)前掲「映画評論」一九三四年七月号の「特集 漫画映画と短篇映画研究」に掲載されたアニメーション関連の記事は以下のとおり。加藤彦平「発声漫画論考」、蔵田国正「漫画映画の特異性」、山中栄造「AD LIBITUM」、瀬木忠夫「発声漫画の解釈学」、下川凹天「日本最初の漫画映画製作の思ひ出」、漫画家十二氏「漫画映画製作への抱負」、ウイリアム・ゲリテイ「発声漫画映画の製作」、中野孝夫「トーキー漫画の出来るまで」、村田安司「発声漫画の製作に就いて」、大藤信郎「千代紙映画と色彩映画について」、青山唯一「フィッシンガーの映画」、野口久光「漫画短篇映画製作者評伝(フライシャー兄弟小伝、ウォルト・ディズニー小伝、ウォルト・ディズニー略伝)」、齋藤晁司・野口久光「漫画短篇映画作品目録(マックス・フライシャー作品、ウォルト・ディズニー作品、J・O・トーキー漫画作品、村田安司作品、大藤信郎作品、其他)」、「トーキー漫画録音台本 天狗退治」
(37)映画評論家・今村太平は一九三〇年代後半から「映画評論」をはじめとする映画雑誌に漫画映画に関する論評を投稿している。それらの記事をもとにして四一年に『漫画映画論』(第一芸文社)を出版していて、当時の日本では漫画映画評論の第一人者だった。

第4章　二つの『くもとちゅうりっぷ』

政岡憲三が今日では「日本アニメーションの父」とまで呼ばれるようになった最大の要因として『くもとちゅうりっぷ』が挙げられる。この作品のどこが、これほどまでに評価されたのか。

粗筋は以下のとおりである。テントウムシの少女が、クモの男に声をかけられ、巣へと誘われる。少女が断って帰ろうとするとクモの男が追いかけてきたため、少女はチューリップの花のなかに逃げ込む。クモの男は少女が逃げ込んだチューリップの花ごとクモの糸で縛って、閉じ込めてしまう。だが、突然の嵐がやってきて、クモの男は嵐に巻き込まれてしまう。雨が上がったあと、クモの巣からは男の姿が消えている。逆に、糸を巻かれていたことが幸いして、チューリップの花も散ることがなく、花のなかにいた少女も無事だった。雨上がりの花畑には、再びテントウムシの少女の歌声が流れている。

『くもとちゅうりっぷ』が公開された一九四三年に、瀬尾光世による漫画映画『桃太郎の海鷲』が封切られた。これは四一年十二月八日の日本軍による真珠湾攻撃を、桃太郎による鬼退治になぞらえた児童向けの作品である。瀬尾は『桃太郎の海鷲』と『桃太郎 海の神兵』という海軍省依頼のプロパガンダ映画を制作したことで、戦中は漫画映画界の第一人者的な扱いを受けた。それに対して政岡の『くもとちゅうりっぷ』は、公開当時は映像と

図29　『よい子強い子』表紙
（出典：横山美智子著、遠山陽子絵『よい子強い子』文昭社、1939年）

しての質の高さばかりが評価されていた。ところが戦後になると一転して、戦争色を感じさせることがない作品という点が称賛され、政岡の名声をさらに高めることになった。

　しかし、近年、戦時色がないとされてきた評価は見直されつつあり、主人公の危機を救う大嵐を神風と解釈して、新しい視点から捉え直そうとしている。[1] テントウムシの少女を捕らえようとしたクモの男は嵐に巻き込まれて命を落とすが、劇中の歌詞に「お天道様の子」という言葉があることから、テントウムシは臣民を象徴するとしている。一方のクモの男は、黒人の姿を模していて、その服装からも敵国アメリカの象徴と解釈されている。クモの男は物語の最後で命を落とすが、結果として少女を救うことになった嵐とは、すなわち外敵から日本を救う「神風」を意味しているとされている。すなわち、敵国アメリカにねらわれた日本の臣民を神風が救う物語ということになる。このように、戦争そのものを描かず、かつプロパガンダとも無縁だったと考えられてきた『くもとちゅうりっぷ』に対する新しい視点が提唱されつつある。[2]

　これらの研究はどれも、政岡の手による漫画映画版だけを対象としていて、そのストーリーと映像に基づいて分析したものだった。だが、クモの男が嵐によって命を落としたことで、テントウムシの少女が救われるという設定は、原作になった横山美智子の童話集『よい子強い子』[3]（図29）に収録された原作「くもとちゅうりっぷ」[4]ですでに描かれていた設定であり、政岡らによるオリジナルのストーリーではないことが重要である。また、政岡は戦後、人形を使ったミニチュアセットを用いて「くもとちゅうりっぷ」[5]の挿絵を描いていて、本当に嵐が神風を意識したものだったのかは疑問が残る。

　本章では、政岡の代表作である『くもとちゅうりっぷ』の作品を分析するだけでなく、横山の原作との比較もあわせておこなってみたい。童話の「くもとちゅうりっぷ」がどのようにして『くもとちゅうりっぷ』という漫画映画へと映像化されたのか、また童話から漫画映画にする過程で変更された点を明らかにする。加えて、『くもとちゅうりっぷ』で描かれた嵐というモチーフが、本当に神風の表象だったのかを同時代の海外アニメーションと比較するとともに、政岡の作品だけでなく、当時のアニメーションで嵐を描くことが作品表現でどのような意味をもっていたのかも考察したい。

1 『くもとちゅうりっぷ』制作の経緯

まず、この作品が作られるようになった経緯について整理しておく。一九四〇年に施行された映画法によって、映画業界に対する統制が厳しくなる。(6) 映画用フィルムも軍需物資とされ、民間の映画会社に回される量が厳しく制限されるようになったことから、劇映画の制作は、松竹、東宝、大映の三社に統合された。映画配給も一元化され、社団法人の映画配給社が設立される。このようにして、映画の制作と上映に対する国家の統制が一層強化された。このことは、国家にとって映画が利用価値がある教育・宣伝の手段だったことを意味する。映画も総動員されていったのである。

だが、漫画映画にとっては映画法の制定や映画業界への統制が、ある面では恩恵をもたらした。映画法の制定によって漫画映画を含めた文化映画の上映が強制され、上映機会が増加したのである。さらに、一九四一年の日米開戦後は、海外からのアニメーション作品の輸入もストップし、さらには以前に輸入した作品でも、敵国であるアメリカの作品を上映することは制約されていた。その結果、ほとんど国産の漫画映画しか上映できなくなったため、国産の漫画映画の需要が高まったのである。

松竹は映画法制定に伴い、社内の再編を始める。社長直属の綜合企画部を設立すると、一九四一年二月、映画、

図30　「くもとちゅうりっぷ」挿絵
(出典：前掲『よい子強い子』112ページ)

演劇、演芸各部の有機的な運営を目指し、各部の人材を網羅することにした[7]。この再編によって、松竹本社に漫画映画を制作する部署が設立される。松竹が漫画映画事業に乗り出すのは、これが初めてだったわけではない。三〇年代には、政岡と提携して初の国産トーキー漫画映画『力と女の世の中』を世に送り出している。さらにさかのぼれば、大藤信郎のレコード式トーキー作品にも、松竹が協力をしている。この当時は松竹側はトーキー録音の技術提供をするという形での関与だったが、今回は自社の一制作部門として本格的に漫画映画制作に乗り出している。この新設された漫画映画部門の責任者が、政岡だった。

一九四一年五月、政岡は美工に入学して以来、三十年近く住み慣れた京都の地を離れ、スタッフや家族を引き連れて上京する。

政岡が松竹に入ったのは映画法の制定も関係していて、物資の入手という面では、京都で個人スタジオを構えるよりも、松竹の傘下に入ったほうが安定して資材を調達できるという思惑もあったと推察される。また、松竹という大手の映画会社の配給ならば全国各地で作品が上映され、上映機会も増える。自らの作品を売り出すにはまたとないチャンスであった。

一九四一年六月頃に、神田松竹映画劇場内[8]に動画研究課が設けられ、政岡は責任者として漫画映画の制作に着手する。やがて動画研究課は松竹動画研究所と改称される。一九四二年には横山隆一の人気漫画を原作として

『フクちゃんの奇襲』（監督：政岡憲三、製作：松竹動画研究所、一九四二年）を手がけており、その次に制作されたのが『くもとちゅうりっぷ』だった。

政岡の『くもとちゅうりっぷ』は、横山によって書かれた同名の童話「くもとちゅうりっぷ」を原作としている（図30）。原作者の横山[9]は「嵐の小夜曲（セレナーデ）[10]」や「紅薔薇白薔薇[11]」をはじめとする少女小説の執筆、さらには「少年倶楽部」（大日本雄弁会講談社）で少年小説も手がけたことで知られているが、童話の分野でも活躍した女流作家である。

さて、「くもとちゅうりっぷ」は横山の童話集『よい子強い子』に収録されている。同書は文部省推薦を得ていて、表紙にも文部省推薦の文字が入っている。さらに、遠山陽子による表紙と挿絵も添えられている。全部で四十四の童話が収録され、内容に応じて大きく三つの部分に分かれているが、内訳は以下のとおりである。

「よい子のお話」　十五
「美しいお話」　十七
「やさしいお姉さまのお話」　十二

「よい子のお話」は、時局を反映してか、出征する父と子どもの物語など銃後を題材とし、どんな難局にも耐え抜き、家族を支えていく理想的な子どもの姿を描いた作品が多い。また最後の「やさしいお姉さまのお話」は、少女小説の作家として知られる横山らしく、女学生の日常生活、とりわけ友情を題材とした作品が多い。

政岡によって漫画映画化された「くもとちゅうりっぷ」が収録されているのは、第二部にあたる「美しいお話」である。「美しいお話」には全部で十七のエピソードが収録されていて、作品数では三部のなかでいちばん数が多い。作品数は多いが、「よい子のお話」と「やさしいお姉さまのお話」は一話あたり数ページを超える分量であるのに対して、「美しいお話」は二、三ページで、きわめて短い話ばかりである。「くもとちゅうりっぷ」も、文章が二ページ、そして挿絵が一ページ、合計でも三ページの作品である。また、この第二部がほかと異なるのは、第一部と第三部のように、少年少女を主人公とした現実世界が舞台の話ではなく、花々や昆虫といった存在を人間同様の心をもつものとして描いた幻想世界の話が多いことである。

そもそも、政岡が横山の作品を漫画映画化したのは『くもとちゅうりっぷ』が最初ではない。一九四二年に『借りた帽子』(製作:日本映画科学研究所、一九四二年)という作品が封切られているが、こちらも横山の童話を原作として、政岡が漫画映画化したものである。この作品では『よい子強い子』の第二部に収録された「かりたぼうし」が原作になっている。それだけでなく、同書の構成を見ると「かりたぼうし」は「くもとちゅうりっぷ」のすぐ次に収録された童話である。同じ童話集の、しかも同じ第二部から原作が選ばれている。

政岡が生涯に関わった漫画映画は五十近くあるが、その大半は昔話を題材にしている、あるいはオリジナルの物語が多く、童話や漫画といった特定の作品、とりわけ同時代に書かれた作品を原作としていること自体が少ない。しかし、横山の『よい子強い子』から二つも原作として選んでいることには、何か特別な理由があったのではないだろうか。

『借りた帽子』の原作である「かりたぼうし」はニワトリのお姉さんが、ケイトウの花を借りて帽子としてかぶるが、それが原因で雄鶏と間違えられて怒られてしまい、帽子を返しにいくという話である。当時の漫画映画に限らず、世界のアニメーション全体を見ても、動植物、ときには無機物さえも人間同様の心をもつ存在として、擬人化して描いた作品は珍しくない。『かりた帽子』と『くもとちゅうりっぷ』が擬人化された動植物を登場人物としているのも、当時のアニメーションとしては一般的なことだった。つまり、『よい子強い子』の第二部に収録された童話群は、漫画映画の題材として非常に適した設定の作品が多かったのである。

2 「くもとちゅうりっぷ」から『くもとちゅうりっぷ』へ

政岡の『くもとちゅうりっぷ』との関連から横山の「くもとちゅうりっぷ」を語る際、『よい子強い子』に収

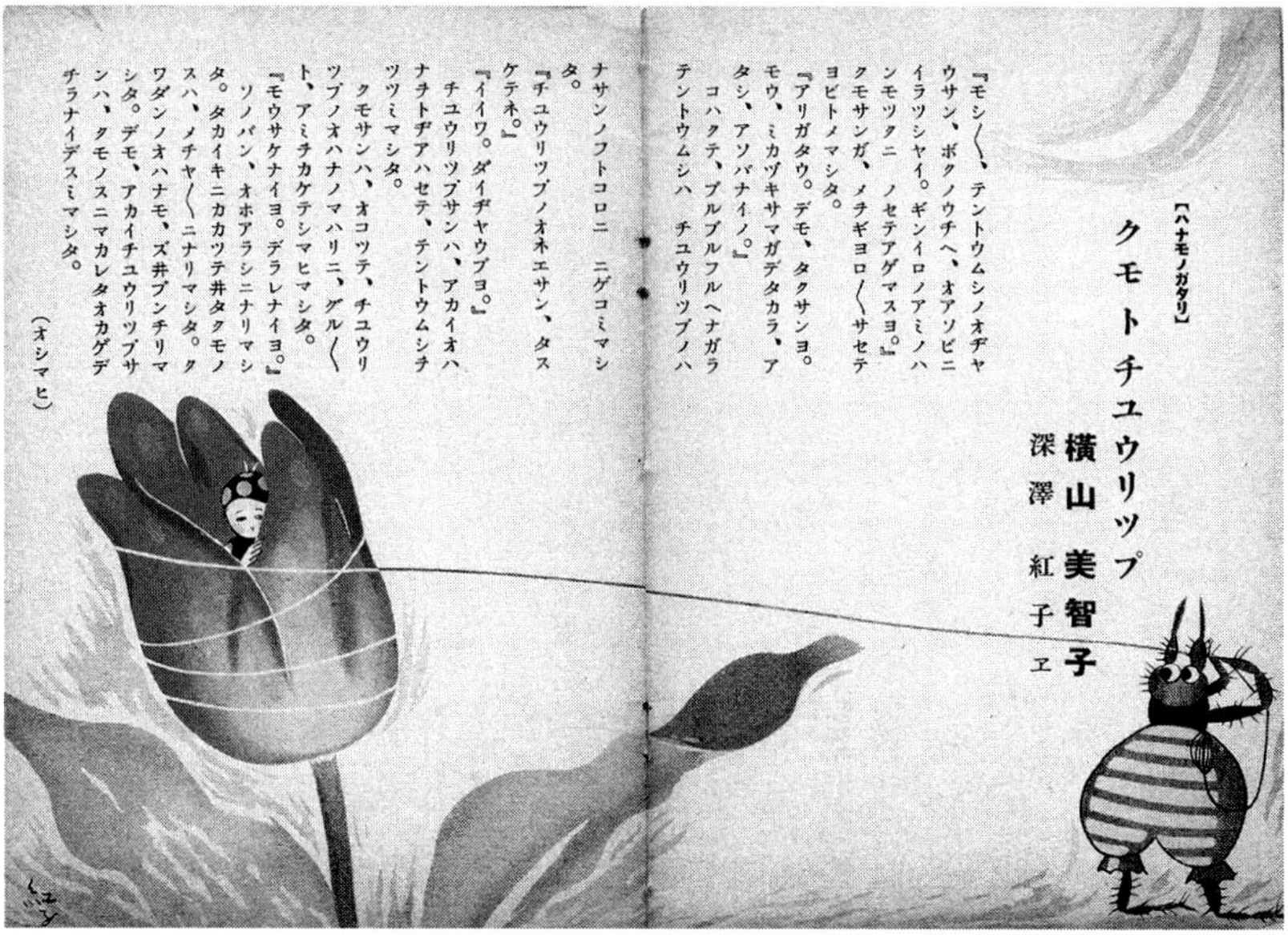
【ハナモノガタリ】

クモトチユウリツプ
横山美智子
深澤紅子ヱ
『モシ〳〵、テントウムシノオヂヤウサン、ボクノウチヘ、オアソビニイラツシヤイ。ギンイロノアミノハンモツクニ　ノセテアゲマスヨ。』クモサンガ、メヲギヨロ〳〵サセテヨビトメマシタ。

『アリガタウ。デモ、タクサンヨ。モウ、ミカヅキサマガデタカラ、アタシ、アソバナイノ。』

コハクテ、ブルブルフルヘナガラテントウムシハ　チユウリツプノハナサンノフトコロニ　ニゲコミマシタ。

『チユウリツプノオネエサン、タスケテネ。』

『イイワ。ダイヂヤウブヨ。』

チユウリツプサンハ、アカイオハナヲトヂアハセテ、テントウムシヲツツミマシタ。

クモサンハ、オコツテ、チユウリツプノオハナノマハリニ、グル〳〵ト、アミヲカケテシマヒマシタ。

『モウサケナイヨ。デラレナイヨ。』

ソノバン、オホアラシニナリマシタ。タカイキニカカツテ井タクモノスハ、メチヤ〳〵ニナリマシタ。クワダンノオハナモ、ズ井ブンチリマシタ。デモ、アカイチユウリツプサンハ、クモノスニマカレタオカゲデチラナイデスミマシタ。

（オシマヒ）

図31 「クモトチュウリップ」
（出典：「コドモアサヒ」第17巻第3号、朝日新聞社、1939年）

録された物語によって論じられてきた。しかし、この物語の原作にはもう一つのバージョンが存在する。

実は、児童向け雑誌「コドモアサヒ」第十七巻第三号（朝日新聞社、一九三九年）にも「クモトチュウリップ」が掲載されている。横山の文章に、深澤紅子が挿絵を描く形で、見開き二ページ、しかもカラーの挿絵が添えられている（図31）。

出版は一九三九年三月で、文昭社から『よい子強い子』が出版されるのは三九年九月だから、こちらの「コドモアサヒ」掲載版のほうが半年ほど早いため、初出と考えられる。ひとまず、こちらは「クモトチュウリップ」と表記して区別してみたい。

「クモトチュウリップ」と「くもとちゅうりっぷ」は、ストーリーの面では同一の内容になっている。だが、挿絵の描き手、さらに描かれ方がだいぶ異なる。

「くもとちゅうりっぷ」では挿絵は白黒で、しかもテントウムシの少女とクモの男は、いずれも擬人化されることなく、虫としての姿そのままで描かれている。唯一、テントウムシが逃げ込むチューリップの花だけは、花の中央に女性の顔が描かれることで、部分的に擬人化されている。このように花の中央部にだけ人間の顔を描くというタイプの擬人化は、当時のアニメーションや挿絵によく見られた表現である[12]。

それに対して「クモトチュウリップ」では、テントウムシの少女は擬人化されて描かれている。少女の外見は、帽子をかぶったような姿だが、帽子にはテントウムシの斑点と触角がついている。花に隠れて、顔の部分だけがのぞいているという描写のため、全身像までは描かれていないが、身に着けている衣装で少女がテントウムシだということを表現している。これは漫画映画での描写にやや近づく。漫画映画である『くもとちゅうりっぷ』では、少女は、触角がついたかぶりものと、テントウムシの羽を背負っているものの、人間の少女の姿をしている（図32）。また、少女の衣装はレビューに登場するダンサーを連想させる。従来、『くもとちゅうりっぷ』の原作

図32　政岡憲三『くもとちゅうりっぷ』（松竹動画研究所、1943年）　テントウムシの少女
（出典：『くもとちゅうりっぷ 日本アニメーションの父政岡憲三作品集』アニドウ、2004年）

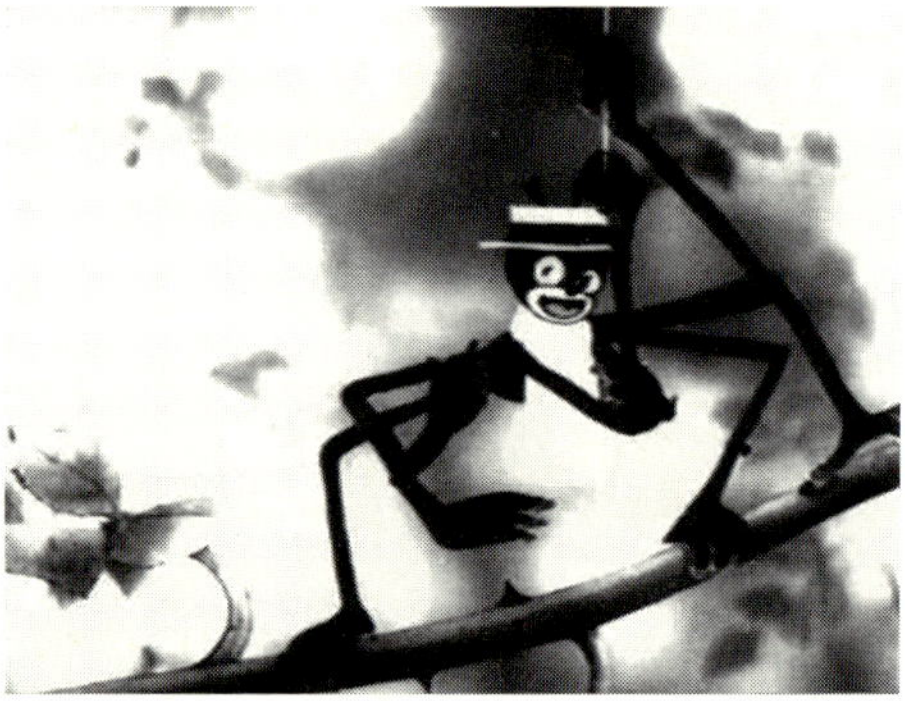

図33　前掲『くもとちゅうりっぷ』　くもの男
（出典：前掲『くもとちゅうりっぷ 日本アニメーションの父政岡憲三作品集』）

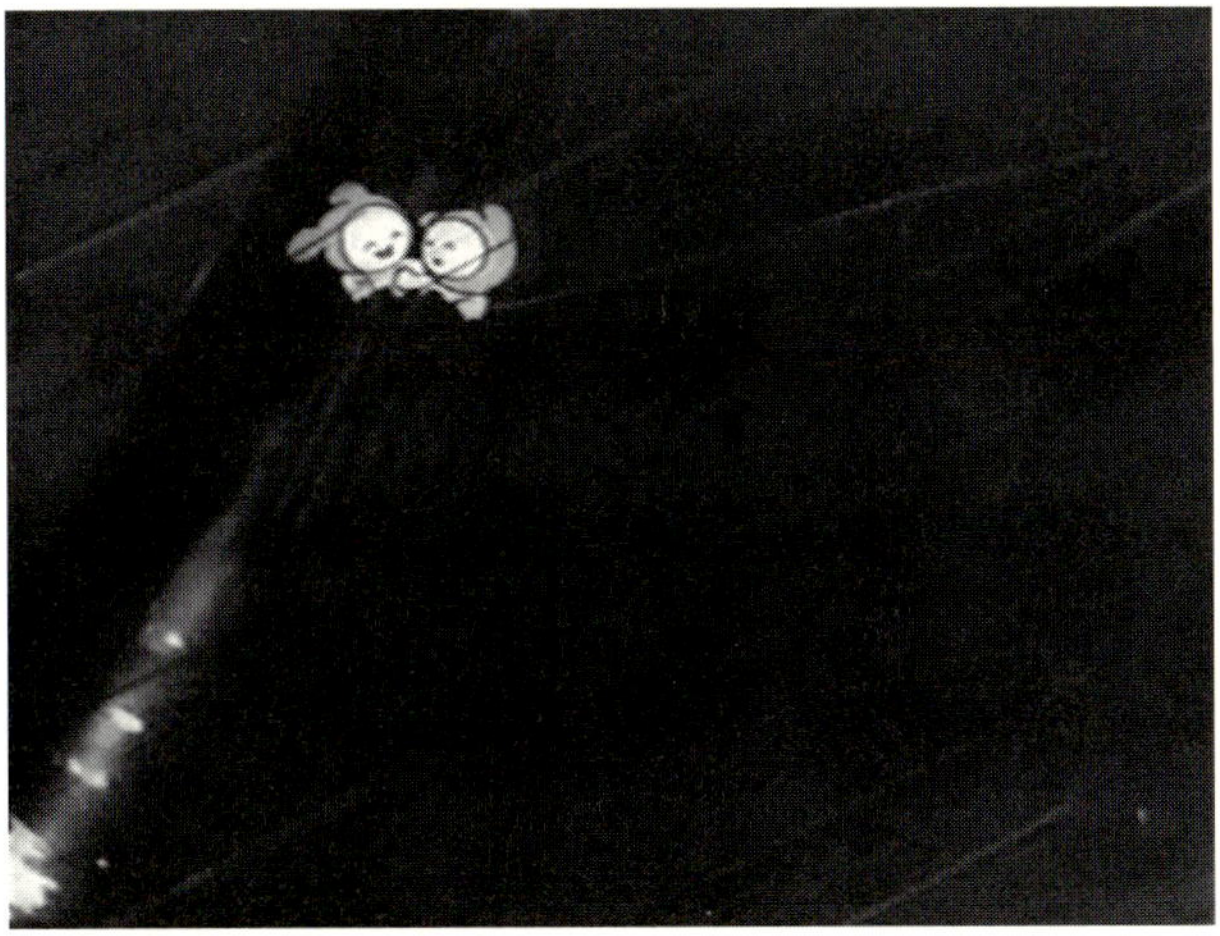

図34　前掲『くもとちゅうりっぷ』　ミノムシ
（出典：前掲『くもとちゅうりっぷ 日本アニメーションの父政岡憲三作品集』）

とされてきた「くもとちゅうりっぷ」よりも「クモトチュウリップ」のほうが、テントウムシの少女のデザインには共通点が多い。

クモの男は、原作、漫画映画、どちらも八本脚の虫としての姿で描かれる。ただし、漫画映画の『くもとちゅうりっぷ』では人間のような目鼻をもった顔と、指をもった手が追加されていて、部分的に擬人化されている。そして何より、カンカン帽とマフラーを身に着け、パイプを加えた伊達男として描かれている（図33）。それに対して原作では虫としての姿をとどめていて、「くもとちゅうりっぷ」では虫そのもの、また「クモトチュウリップ」では大きな目が強調されているが、やはり虫の姿のままである。

このように、粗筋は原作によっているが、原作と漫画映画を比較してみると、登場人物の描き方には少し変更点がある。

そして原作とのいちばんの違いは、漫画映画独自のキャラクターを何人か追加したことである。物語の後半に、二匹のミノムシが登場する（図34）。嵐になって、風雨を避けようとしたクモの男によってミノムシの一匹が巣を奪われるが、もう一方が自らの巣に招き入れ、互いを助けようと奮闘する姿が描かれる。利己的なクモの男に対して、対照的に描かれている。

当時、漫画映画に関する評論では第一人者だった今村太平も、このミノムシの登場シーンに言及している。

図35　前掲『くもとちゅうりっぷ』　雨の波紋
（出典：前掲『くもとちゅうりっぷ 日本アニメーションの父政岡憲三作品集』）

このみの虫の抱擁なしには、人は一日たりとも嵐の中を生きていくことができないであらうといふやうな感慨に自分は襲われた。そしてこの感慨には、多分の真実味があると思はれる。このやうな甚だリアルな感慨を催させしめる点で、この漫画の着想は充分成功してゐるといへる(13)。

今村はこのように述べて、迫力がある嵐のシーンを描いてクライマックスとする一方で、愛らしいミノムシを登場させることで、荒々しいシーンのなかにも和やかさを感じさせていて、その「真実味」と「リアルな感慨」を高く評価している。

原作とのもう一つの違いは結末の描き方である。原作では嵐の様子とクモの男の末路を以下のように表現している。

そのばん、おほあらしになりました。たかい木にかゝつてゐた、くものすは、めちやめちやになりました。くわだんのお花も、ずゐぶんちりました。でも、あかいちゆうりつぷさんは、くものすにまかれたおかげで、ちらないですみました(14)。

原作ではクモの男が最後にどうなったのかには詳しくふれず、嵐でクモの巣や花々が被害を受けたと述べるだけで、クモの男の死を暗示するにとどめている。これは、子ども向けの童話であることからの配慮だった可能性も考えられる。

それに対して『くもとちゅうりっぷ』では、クモの男が水のなかに落ちていくシーンが描かれている。クモの男は自分が水のなかに落ちていくことに気づいたとき、恐怖の表情を浮かべ、顔を両手でおおう。そして次の瞬間、クモの男の姿は水のなかに消えていき、大きな波紋を描くが、その波紋も叩きつけるような雨によってすぐさま消されてしまう。童話である原作では省かれたクモの男の死を、漫画映画では隠すことなく明確に描いている。

しかし、そのシーンの前後で描かれる、雨が池の水面にぶつかって生じる波紋を描いたシーンの美しさは、今村も注目していたように、作品のなかでも際立って印象的であり、クモの男の死の残酷さを感じさせない効果を生んでいる（図35）。そして、ラストシーンでは、クモの男の姿が消え、壊れたクモの巣に雨のしずくが輝く様子を描いて終わる。

このように『くもとちゅうりっぷ』は、原作にはないオリジナルの登場人物やシーンも織り交ぜている。そして、そのオリジナルの要素が、この作品が評価される要因ともなっているのである。

3　一九四三年当時の評価

原作となった横山の童話集『よい子強い子』が文部省推薦を得ていたことは先にも述べたが、『くもとちゅうりっぷ』は文部省選定映画には選ばれなかった。その理由をめぐっては、戦時下に制作されたにもかかわらず戦争に関する描写が一切なかったためだとする説がある。また、制作が始まったのは映画法制定後であることから、企画そのものが許可されたこと[15]への疑問も今日では出されている。

そもそも『くもとちゅうりっぷ』は一九四三年当時、どのように評価されていたのだろうか。映画教育に関わっていた関猛[16]は、教育関係者のための映画雑誌「映画教育」に寄せた記事のなかで『くもとちゅうりっぷ』について次のように述べている。

この漫画映画には、美しい旋律の音楽があり、大人にとつては楽しませてくれるものである。（略）最後に本映画は、文部省選定映画に加へられなかつたが、一度は観て、その表現に就て研究すべき一篇であらう。[17]

ここでの関の評価のポイントは「美しい旋律の音楽」であり、かつ表現面にも注目している。『くもとちゅうりっぷ』の作中に使われている音楽は、童謡の作曲も数多く手がけた弘田龍太郎が作曲と指揮を担当している。公開当時に限らず、現代にいたるまで音楽面で高い評価を受けている。

さらに、映画評論家・今村は「最近の漫画映画」と題した記事で、同時期に公開されていた『桃太郎の海鷲』『くもとちゅうりっぷ』『フクちゃんの奇襲』の三作品を比べながら論じている。

「桃太郎の海鷲」に比べると、これ〔『くもとちゅうりっぷ』：引用者注〕は作画の上で一段の進歩を見せてゐる。ことに蜘蛛や天とう虫の口の動きと、そのせりふがよく合つてゐることはおどろくばかりで、蜘蛛は一種の不気味ささへ感ぜしめる。（略）

作画は動きの外に、黒白を鋭く対照した画法がいゝ効果をあげてゐる。とくにラストの雨滴が水面につくる波紋や、朝の蜘蛛の巣にたまつたしづくの輝きなぞ作者の自然観察のなみなみならぬ鋭さを示してゐる。これらはそれ自身が一つの新らしい絵画である。熊木喜一郎の編輯も無駄がなく、流れるやうである。不充分な技術条件の下に、ウオルト・ディズニーのシリー・シンフオニーに迫つた佳作として推賞するに足るものがある。[18]

今村の評論は、台詞と口の動きのシンクロもさることながら、特にクライマックスの嵐のシーンでの、自然観察から生まれた表現を高く評価している。[19] もっとも、今村がいう「黒白を鋭く対照した画法」とは、嵐による激しい雨が作る水滴紋様を描いたものだが、政岡らが意図的に演出したものではなく、物資不足から生まれた偶然の産物とでもいうべきシーンだった。[20]

なおかつ「ウォルト・デイズニーのシリー・シンフオニーに迫つた佳作」というほめ言葉は、一九四三年という時代を考えると、敵国のアニメーションに日本の漫画映画のレベルが追い付いたとアピールする意図が含まれていたことは考慮すべきだろう。アニメーションの制作技術、そして内容といった文化面でも、日本が敵国に負けないレベルまで達したことを主張しようとしている。

このように、一九四三年当時の評価はおおむね好意的なものが中心だった。上映当時の感想には、戦争色がないことを批判する傾向は見られない。むしろアメリカ的な雰囲気が入っていることが批判の対象になっている。例えば、日本少国民文化研究所・文部省文化施設課に所属していた波多野完治は『くもとちゅうりっぷ』に対して、やや批判的な要素も含んだコメントを書いている。

「桃太郎の海鷲」はその長篇的構成力において「くもとちゅうりっぷ」はその表現技術において、従来の国産漫画と比べて格段の進歩を示している。（略）画面の美しさは完璧といつてもよいが、それが内容といふか、雰囲気の醸成といふか、さう言ふ点で不足感をおぼえしめるのは「くも」「ちゅうりっぷ」にまつはる童心が感ぜられないからである。そうして、その代りに極端な言ひ方かも知れぬが、アメリカ仕込みのエロテイシズムの片鱗が感ぜられる。[21]

『くもとちゅうりっぷ』と同じ一九四三年に公開された、瀬尾光世の『桃太郎の海鷲』は三十七分という長さだった。これは当時の漫画映画としては長篇に近い作品の長さであり、その時間の長さを生かした構成力を評価している。それに対して『くもとちゅうりっぷ』にはいままでに挙げた評論と同様、表現技術では一定の評価を与えながらも、内容、あるいは雰囲気というべきものに対して苦言を呈している。波多野はそれを「童心が感じられない」という言葉で表現している。

波多野がいう「童心」とは、「見て居ておもはず子供の心に帰つて行く。見てゐるとき許りではない。見て後もそれを思ひ出すごとにたのしくなる」と説明されている。アメリカのアニメーションは子どもや大人にこびた甘ったるく、取って付けたようなものでも、優秀な作品ならば童心が全編にわたってみなぎっているとも評している。

日本の漫画映画はアメリカと比べても童心が物足りないのだが、『くもとちゅうりっぷ』は特に童心が感じられないこと、そしてアメリカ風のエロティシズムが垣間見えることを批判している。つまり、映像表現としては確かに優れている作品かもしれないが、内容的には子ども向けではないと判断されたのである。波多野は文部省に所属する人間なので、その発言は個人の見解ではなく、映画を管轄する官吏としての立場から見た『くもとちゅうりっぷ』評という側面も含まれている。『くもとちゅうりっぷ』が文部省選定映画に選ばれなかったのは、このようなアメリカ的なエロティシズムを想起させるものが作品に含まれていたことも要因になったと推測される。だが、波多野が感じ取ったアメリカ的なものとは、本当にエロティシズムだけだったのか。もっと別のアメリカ的なものも感じ取っていたのではないだろうか。

4 音楽の視覚化

第3章のトーキー化の事例でもふれたように、政岡は漫画映画の音楽のありかたには並々ならぬ関心をもっていた。それは、この『くもとちゅうりっぷ』でも同様である。

政岡は一九三九年に「我邦に於て漫画映画は育つかどうか」という記事のなかで、国産の漫画映画の欠点を何点か挙げている。[22] そのなかで注目すべきが、「アフレコの害毒」と「音楽と録音の貧弱」という指摘である。

プレレコとは、先に音楽や台詞を録音し、それに合わせて映像を作っていくので、音楽の変化とイメージの動きを自由に合わせていくことが可能になる。逆にアフレコは、映像を作ったあとで音楽や台詞を入れていくので、絵の動きと音楽をうまく一致させることが難しく、大まかになってしまう。そのため、政岡は映像と音声をより自然にシンクロさせるため、プレレコを採用[23]することを奨励したのである。ただし、プレレコでは音楽はもちろん、演奏者や台詞を担当する役者の質も重要になり、作品の出来を左右することにもなってくる。またせっかく優れた曲を用意し、演奏をしても、それを録音する技術が不十分だと意味がないとして、機材の充実を求めている。

そして何より、政岡が理想としたのは一流の音楽家による作曲と演奏である。『くもとちゅうりっぷ』について回想した際、それとあわせて「学生時代、ふと本屋でレオン・バクストの画集を見つけ、そのプロデューサーであるディアギレフの仕事ぶりに感激し、ストラビンスキーの作曲にすっかり感心させられてから、一度だけでいいからあんな仕事をやりたいと思って居ました[24]」と語っている。より本格的な音楽を追求するため、『くもとちゅうりっぷ』では音楽家の弘田龍太郎[25]を起用している。

漫画映画版の『くもとちゅうりっぷ』はオペレッタ形式で作られていて、通常の台詞と歌の部分に分かれる。漫画映画の台詞は、原作の前半部分をそのまま引用していて、脚本は政岡が執筆しているが、作中で歌われる童謡の作詞は、原作者・横山が担当している。そして全編を通して作曲は弘田が手がけている。

劇中で用いられる曲は松竹交響楽団の八十人以上の団員による演奏で、このような本格的なオーケストラ演奏を使用するのは、国産の漫画映画では前例がないことだった。

弘田に作曲を依頼するにあたって、政岡は拍譜と呼ばれるものを作成している。この拍譜は、登場人物の場面ごとの細かい絵の動きを一拍ずつ脚本に指示していて、通し番号をつけて音楽の動きを指定しているのである。作曲を担当した弘田も、脚本にある物語と拍譜を参考に、絵の動きと音楽が可能なかぎり対応するように作曲している。劇中で使用されている音楽は童謡的な曲というイメージが強いが、実際はオーケストラだけによる演奏が大半を占めていて、童謡は物語冒頭から数分と、最後の部分の何秒かに使用されているにすぎない。

音楽面での制作状況は、一九四一年十月に弘田の楽譜がひとまず完成する。しかし、横山による童謡部分の作詞ができあがると、政岡は脚本の一部を変更している。それに伴い、弘田に追加の楽譜を依頼し、十一月にその追加分の楽譜が完成すると、松竹交響楽団の演奏で録音をしている。

しかし、録音が終わったあとで、二度目の脚本の変更がおこなわれる。追加録音をする余裕がなく、変更部分は音楽なしで、かわりに擬音を入れることで補っている。音楽がなく、擬音中心のシーンとは、終盤の嵐のシーンが該当していて、風雨と雷の効果音だけとなっている。特に、映画オリジナルの登場人物であるミノムシが登場する場面も嵐のシーンの一部である。原作にはないミノムシを新しく登場させたことなどで、当初よりも嵐のシーンが長くなって音楽が足りなくなってしまったのではないだろうか。だが、逆に効果音だけにしたことは、嵐の激しい風音を強調することになり、このシーンに緊迫感を与えることにつながった。

かつて、日立二郎と政岡映画音楽部が政岡の漫画映画作品で音楽を担っていた。だが、音楽に関する専門的な知識や技術をもつ人材ではなかったため、限界がある。そこで、この『くもとちゅうりっぷ』では、弘田による作曲と指揮、そして松竹のオーケストラによる演奏というように、プロの音楽家を起用する方向へと変化している。政岡にとっての音楽の位置づけは、より重きを置かれるようになっていったのである。

戦後になって、音楽評論家の秋山邦晴は『くもとちゅうりっぷ』を「政岡憲三がこころみようとした音楽の視覚化に、弘田が力をこめて視覚の音楽化にこたえ、その両者が結びついた記念すべき作品だった」[26]と評価している。『くもとちゅうりっぷ』という作品が現代にいたるまで評価される要因は、映像表現はもちろんのこと、その音楽によるところも大きいのである。

ところで、一九四三年当時、波多野が『くもとちゅうりっぷ』を手厳しく評したのは、単に童心やエロティシズムだけの問題だったのだろうか。先に挙げたように、今村が『くもとちゅうりっぷ』を「シリー・シンフォニー」と結び付けて語っていることからも、漫画映画の公開当時から、日本の観客のなかには同作がディズニーのアニメーションを意識していて、演出やストーリーの面で類似点があることに気づいた者もいたのではないだろうか。

これらをふまえると、『くもとちゅうりっぷ』という作品を別の視点から見ることができるようになってくる。先行研究でも、クモが大嵐に巻き込まれて命を落とすのは、神風によってアメリカが倒され、日本が救われることを意味していると分析している。そして、文部省選定映画に選ばれなかったことは、神風の隠喩に気づかなかった官吏たちの力不足と見る研究もある。

しかし、『くもとちゅうりっぷ』は一九四三年当時から、音楽や表現面で一定の評価を得ていた。文部省選定映画に選ばれなかった要因としては、戦争色がないことではなく、むしろアメリカ的な要素を多分に含んでいる点のほうが問題視されたのではないだろうか。

5　「シリー・シンフォニー」から『くもとちゅうりっぷ』へ

さて、繰り返しになるが、今村は「不充分な技術条件の下に、ウオルト・ディズニーのシリー・シンフォニーに迫つた佳作として推賞するに足るものがある」[27]として『くもとちゅうりっぷ』を称賛している。今村が引き合いに出した、この「シリー・シンフォニー」とはどのようなものだったのか。

ディズニーのアニメーションというと、一般的にはミッキーマウスに代表される人気キャラクターを題材とした作品、あるいは『白雪姫』（監督：デイヴィッド・ハンド、配給：RKO、一九三七年）に始まる長篇アニメーション映画を連想することが多い。そのディズニーが一九二九年から三九年にかけて制作した短篇のアニメーションシリーズ作品が、「シリー・シンフォニー」である。のちの長篇アニメーションへとつながっていく、技術や演出の実験という要素を含んだシリーズ作である。ミュージカル風に音楽に合わせて物語が進んでいく形式のものが多いが、今村が『くもとちゅうりっぷ』の引き合いとして「シリー・シンフォニー」を選んだのは、音楽面だけが理由ではない。ストーリーや演出手法にも共通点が見いだせるからである。

「シリー・シンフォニー」の一つである『風車小屋のシンフォニー（The Old Mill）』（監督：ウィルフレッド・ジャクソン、配給：RKO、一九三七年）は、放置され廃墟と化しつつある風車小屋を舞台とした作品である。注目すべきは、この作品でも物語のクライマックスシーンとして嵐が描かれている点である。動物たちがすみかにする風車小屋が大嵐に見舞われて半壊するが、多くの生き物たちは無事に嵐をやり過ごし、再び平穏な日常が戻ることを示唆して終わる。

冒頭、画面の手前にクモの巣が描かれ、画面奥にある風車小屋へとカメラが近づいていく映像から始まる。『風車小屋のシンフォニー』では、マルチプレーンカメラ（多層式撮影台）を導入することで、平面の世界であるアニメーションで、疑似的な立体感を可能にしている。この冒頭シーンは、焦点が手前のクモの巣から、画面奥、すなわち遠方にある風車小屋へと移動することで、あたかもその場所が三次元的な奥行きをもった空間であるかのような錯覚を生み出す。そして、物語を経て、ラストシーンで再びカメラが後方へと引いて遠ざかっていくと、嵐で壊れたクモの巣が描かれる。ラストシーンでは、冒頭のシーンとは逆の焦点移動がおこなわれている。ところで、冒頭のシーンでは巣にクモがいる状態だったが、ラストシーンではクモの姿がなくなっている。そして、壊れたクモの巣には雨のしずくが粒となって輝いている。これは今村が『くもとちゅうりっぷ』について「とくにラストの雨滴が水面につくる波紋や、朝の蜘蛛の巣にたまつたしづくの輝きなぞ作者の自然観察のなみなみならぬ鋭さを示してゐる」と高く評価した点とほぼ同様の演出である。

また『くもとちゅうりっぷ』での嵐は、結果として悪人であるクモの男を退けることになる。嵐ではないが、

「シリー・シンフォニー」のなかにも自然現象が、悪人を懲らしめる力として作用するエピソードがある。『花と木』は、森の木々や草花、動物を擬人化した作品である。ヒロイン的な存在の若い女性をイメージした木に対し、悪人役の男の木が襲いかかる。恋人を助けようとする青年役の木や森の仲間たちが抵抗すると、悪人は森に火を放つが、自らも火に包まれてしまう。森の植物や生き物たちも火に襲われるが、雨を降らせることで鎮火する。この作品では、嵐ではなく単なる雨として描かれるが、山火事を連想させる火事が悪人を退治し、そして雨によってすべてが解決して再び平和が訪れるという流れになっている。

嵐に代表される自然現象が、悪人を成敗する解決の手段として作用する、あるいは嵐そのものがクライマックスの要素として設定されているのである。このように、『くもとちゅうりっぷ』よりも以前に作られたディズニーのアニメーション作品を取り上げてみても、実は嵐が物語を解決へと導く手段、あるいはクライマックスをより劇的なものにする演出という側面をもっていたことは否めない。『くもとちゅうりっぷ』における嵐は、神風の象徴というよりも、むしろ当時のアニメーションでは珍しくなかった物語の設定や演出をふまえていたものだったのである。

6　クライマックスとしての嵐

政岡の『くもとちゅうりっぷ』は、オリジナルの登場人物を加えながらも、あくまで原作の横山の童話に依拠している。そして、文部省推薦だった横山の『よい子強い子』を原作にすることは、企画の許可を下りやすくするとともに、「シリー・シンフォニー」的な世界を描くにあたって、格好のモチーフだったのだろう。そして、神風とも解釈されている嵐の表現は、むしろ当時のアニメーション表現としては、日本に限らず、海外でも普遍的なテーマだった。

横山の童話「くもとちゅうりっぷ」が『くもとちゅうりっぷ』の原作として選ばれたのも、その内容が「シリー・シンフォニー」的な、擬人化された動植物たちを登場させ自然現象などを描く、という設定に合致したからであった。つまり、戦時下の日本でありながらも、敵国であるディズニーのアニメーションを巧妙に参考にして、日本の漫画映画に仕立て直した作品なのである。

最後に、神風として分析された嵐の表現について、その後の変化を示唆しておきたい。戦前・戦中だけでなく、戦後間もない時期にも、物語のクライマックスに嵐を描いた作品は作られている。政岡が関わった『桜』や『すて猫トラちゃん』(製作:日本動画、一九四七年)でも、激しい嵐がクライマックスを飾る要素として描かれている。

嵐がもたらす事物の変形、激しい動きは、「動画」という異名をもつアニメーションにとって、その特性を最大限生かすことができるモチーフだったのではないだろうか。雨の激しさに応じて水の形態は変化し、吹き付ける風によって草木は変形し、ときには破壊されていく。現実の自然現象を観察したうえで、それを絵として描き直すアニメーションで、作り手たちは、ときには現実にはない誇張を交えながら、見る人に感慨を与える映像を作ろうとする。漫画映画、そしてアニメーションでは、嵐に翻弄されて変幻自在に変化する事物の姿は、格好のモチーフである。

しかし、漫画映画の時代にしばしば描かれた嵐の表現は、現在のアニメーションではあまり見られない描写である。アニメーションからどうして嵐が消えてしまったのか。それは、嵐ではなく、もっと激しい表現を可能にするモチーフが登場したからではないだろうか。

海外の研究者による日本アニメ研究の先駆け的な著書になったスーザン・ネイピアの『現代日本のアニメ』[29]では大友克洋の『AKIRA』(製作:アキラ製作委員会、一九八八年)を挙げて、核戦争(実際は超能力が関わっている)後の世界を描いている。日本文学、そして日本アニメーションを研究しているトマス・ラマールもまた

『AKIRA』に言及し、戦後の日本アニメーションでの原爆の表象という視点を織り交ぜながら考察している。[30]そこでは、原爆を投下されたという日本の戦争経験がアニメーションに与えた影響が分析されている。

また、戦争というテーマとアニメーションとの関係を取り上げた研究は数多い。現代のアニメーションでは、破壊によるカタルシスが物語のクライマックスシーンとして描かれることは珍しくない。より激しい動きを伴ったカタルシスとして、核兵器や強力な兵器がもたらす破壊の表現へとモチーフがシフトしていった。現代と一九四〇年代当時とでは、漫画映画やアニメーションのクライマックスの表現が違っていることも考慮すべきなのである。

注

(1) 木村智哉「アジア・太平洋戦争期のアニメーションに見る自己と他者のイメージ――『くもとちゅうりっぷ』を例に」「Image & gender」第六号、彩樹社、二〇〇六年、四一―四九ページ

(2) 従来の研究で研究対象にされることはなかったが、戦時中に大阪市が発行していた「銃後の大阪」という冊子に、政岡憲三による「くもとちゅうりっぷ」という作品が掲載されている。これは漫画映画の内容を雑誌向けに描き直したものである（「銃後の大阪」第六号、大阪市社会部軍事援護課、一九四四年）。

(3) 横山美智子著／遠山陽子絵『よい子強い子』文昭社、一九三九年

(4) 本章では、「くもとちゅうりっぷ」「クモトチュウリップ」と表記する場合は原作である横山美智子の童話、『くもとちゅうりっぷ』と表記するのは政岡憲三による漫画映画版として区別する。

(5) 横山美智子原作／政岡憲三製作／久米茂写真「くもとちゅうりっぷ」「幼稚園」第十巻第三号、小学館、一九五七年

(6) 映画に対する規制としては、内務省管轄の映画検閲取締規制（一九二五年制定）があったが、映画法は作品規制にとどまらず、企画から上映、配給、興行の権限のすべてを国の管理下に置くとする内容だった。一九三九年三月に帝

国議会によって審議、可決され、四月に公布、十月一日から施行された（岩本憲児／高村倉太郎監修、岩本憲児／奥村賢／佐崎順昭／宮澤誠一編『世界映画大事典』日本図書センター、二〇〇八年、参照）。

（7）『松竹七十年史』松竹、一九六四年、二九三―二九六ページ

（8）のちに京橋区木挽町の泰聖ビルに移転している（同書二九九ページ）。

（9）一八九五年生まれ。本名は黒田カメヨ。一九一九年に少年少女雑誌「金の船」（金の船社）を創刊している。小説『緑の地平線』が三四年に「朝日新聞」の懸賞小説に当選し、三五年には文学作家協会の会員になる。横山美智子以外にも、横山美智夫、黒田道夫のペンネームを使用している（大阪国際児童文学館編『日本児童文学大事典』大日本図書、一九九三年、二七九ページ）。

（10）「嵐の小夜曲（セレナーデ）」「少女倶楽部」一九二九年六月―三〇年八月号、講談社

（11）「紅薔薇白薔薇」「少女の友」一九三〇年十月―三三年三月号、実業之日本社

（12）ディズニーのアニメーションならば『花と木（Flowers and Trees）』（監督：バート・ジレット、配給：ユナイテッド・アーティスツ、一九三二年）が挙げられる。また日本の出版物の挿絵では、少女向けの月刊総合雑誌「少女の友」（実業之日本社）に中原純一が描いたイラストにも登場する。

（13）今村太平「最近の漫画映画」「映画旬報」一九四三年三月一日号、キネマ旬報社、二六―二七ページ

（14）横山美智子著、遠山陽子絵「くもとちゅうりっぷ」、前掲『よい子強い子』一一一―一一三ページ

（15）政岡憲三本人は、原作が文部省推薦だったので、映画の企画も許可が下りやすかったと発言をしている（政岡憲三「もう一つの観点」「Film1/24」第二十五・二十六合併号、アニドウ、一九七八年、三六ページ）。

（16）関猛は、小学校の現場で、映画を用いた教育の実践と研究をおこなっていた。やがて、教育映画の制作にも取り組むようになり、映画教育界で活躍していた。関の業績に関しては、佐藤知条「「活動写真」から「映画」への用語の転換に見る映画と学校教育との接近について――一九二〇年代半ばの関猛の言説の分析から」（「教育メディア研究」第十六巻第一号、日本教育メディア学会、二〇〇九年）を参照。

（17）関猛「くもとちゅうりっぷ」「映画教育」一九四三年三月号、大阪毎日新聞社、二五ページ

（18）前掲「最近の漫画映画」二六―二七ページ

(19) 今村太平は『漫画映画論』のなかで、特に、ディズニーを中心とするアニメーションと音楽について取り上げている。日本の作品をあまり取り上げていないのは、技術的にも物語的にもまだまだ遅れていて、評価の対象とならないためだった。
(20) 雨のシーンでは、映像撮影用のフィルムが不足したため、録音用のフィルムを使用している。そのため、灰色など中間の色の表現ができず、白と黒という濃淡がはっきりした表現しか撮影することができなかった。つまりフィルム感度の低さから、黒白のコントラストが極端に映ってしまったのだが、この事情を知らない今村太平は、意図的にコントラストを強くした演出だと勘違いしたのである。
(21) 波多野完治「漫画と童心」「映画旬報」一九四三年六月十一日号、キネマ旬報社、八―九ページ
(22) 政岡憲三「我邦に於て漫画映画は育つかどうか」「キネマ旬報」一九三九年三月一日号、キネマ旬報社、七七ページ
(23) 政岡憲三は『べんけい対ウシワカ』で一部にプレ・スコアリングを導入し、さらに『ニャンの浦島』（製作：日本動画研究所、一九三九年）では日本の漫画映画として初めて、全面的にプレ・スコアリングを導入している。
(24) 前掲「特集政岡憲三」一八ページ。レオン・バクストは一八六六年ロシア生まれ。ディアギレフのバレエ・リュスで、舞台装置や衣装のデザインを手がける。アールヌーボーに民族的な色合いを加えた個性的なスタイルで注目を集めた。
(25) 弘田龍太朗は一八九二年、高知県生まれ。一九一〇年に東京音楽学校器楽部ピアノ科に入学。同校研究科を経て、授業補助になり、文部省邦楽調査委員を委嘱される。二八年に文部省在学研究生としてドイツに留学、ベルリン大学で作曲とピアノを研究している。帰国後は東京音楽学校の教授になるが、作曲活動に専念するため一年ほどで辞任。作曲のかたわら、NHKラジオの子ども番組や児童合唱団の指導などもおこなっていた。
(26) 秋山邦晴「日本映画音楽史を形作る人々・四十一　アニメーション映画の系譜二　政岡憲三」「キネマ旬報」一九七五年十一月下旬号、キネマ旬報社、一三六―一四一ページ
(27) 前掲「最近の漫画映画」二六―二七ページ
(28) 全部で七十四作品が作られている。

(29) スーザン・ネイピア『現代日本のアニメ――『AKIRA』から『千と千尋の神隠し』まで』神山京子訳、中央公論新社、二〇〇二年

(30) トマス・ラマール「トラウマから生まれて――『AKIRA』と資本主義的な破壊様式」「新現実」Vol.4、太田出版、二〇〇七年、二九―五八ページ

第5章　『ファンタジア』という呪縛——戦時下日本の漫画映画と制作者

第二次世界大戦のさなか、政岡憲三らは海軍省に呼び出され、同省の試写室でディズニーの『ファンタジア』（監督：ベン・シャープスティーン、配給：ＲＫＯ、一九四〇年）というアニメーション映画を見せられた。政岡に同行していたスタッフたちは衝撃を受けた。

戦時中の『ファンタジア』試写は日本アニメ作家に相当深刻なショックを与えたようだ。桑田良太郎「当時、私達もアメリカでディズニーが何かすごい事をやったらしいと風のうわさに聞いていたのです。それを押収プリントで『風とともに去りぬ（ママ）』といっしょに内務省かどこかの試写室で見てびっくりしたのです。帰るとき〝大きな声でいえないけど、こりゃえらい国と戦争はじめたものだな〟とささやいたものですよ。」　瀬尾光世「あの晩、政岡さんに〝瀬尾君、こりゃ負けたね〟と言われたのをはっきり覚えてますよ[1]」

『ファンタジア』は、敵国アメリカが制作した作品であることから、戦時中は日本で上映されなかった。海軍はひそかに入手した『ファンタジア』のフィルムを、映画業界をはじめとする関係者に対象を絞って、極秘に上映

図36　瀬尾光世
（出典：『銀幕を彩る映画人たち――はりま・シネマの夢特別展図録』姫路文学館、2005年、5ページ）

していたのである。政岡らは『ファンタジア』を見て、アメリカと日本の格差があまりにも大きいことに愕然とする。

そもそも『ファンタジア』とはどのような作品なのか。一九三七年の『白雪姫』で、アニメーションの分野では初となるカラー長篇作品を成功させたディズニーは、その後も『ピノキオ』（監督：ベン・シャープスティーン／ハミルトン・ラスケ、配給ＲＫＯ、一九四〇年）を手がけ、長篇の三作目として『ファンタジア』を四〇年に制作する。『ファンタジア』は、名指揮者として知られたレオポルト・ストコフスキーを音楽面での顧問（アドバイザー）として迎え、ＢＧＭにはクラシック曲を用い、それぞれの曲から得られたイメージを映像化したカラー作品である。加えて、音響面ではベル研究所と、ＲＣＡ（アメリカ・ラジオ社）の協力を得ている。特にＲＣＡは音声のHigh Fidelity（高忠実度）化と、そのステレオ再生技術の開発に熱心に取り組んでいた。この作品のために構築された音響システムはファンタサウンドと呼ばれ、映画史上、初のステレオ映画という意味でも特筆される。[2]

この『ファンタジア』を見たあとで、政岡は瀬尾光世とともに『桃太郎 海の神兵』という海軍省依頼のプロパガンダアニメーションを制作する。

瀬尾が演出を務めた『桃太郎 海の神兵』では、政岡は一部のシーンの作画とスタッフの養成を担当している。スタッフの養成については、戦後の政岡の活動へとつながっていくので、第7章で改めて取り上げるとして、本章では戦時下の漫画映画が置かれていた状況を、政岡ではなく、あえて瀬尾に焦点を当てて取り上げていく（図36）。それは、瀬尾が政岡と同時代に活躍し、ときには共同で作品を制作しながらも、対照的な人生を歩んでいくからである。

1　瀬尾光世

瀬尾は、一九四五年に公開された『桃太郎 海の神兵』で演出を務めたことでアニメーション史にその名を残す。政岡とは師弟関係にあったとされているが、弟子入りしていたのはわずか一年足らずである。むしろ、『桃太郎 海の神兵』制作のため、松竹でともに仕事をしていた期間のほうが時間的には長い。師弟関係というよりは、共同制作者というニュアンスのほうが近いだろう。

戦後、政岡は在野の研究家によるインタビューにも積極的に応じて自ら記事も執筆していたのとは対照的に、瀬尾本人の発言は限られている。(3) まずは、瀬尾の経歴を紹介しておく必要があるだろう。

瀬尾光世、本名・瀬尾徳一は一九一一年、兵庫県飾東郡妻鹿村（現在の姫路市飾磨区妻鹿）に生まれた。旧制兵庫県立姫路中学（現在の兵庫県立姫路西高校）に進むが、画家を志し、三〇年に同校を中退すると単身上京している。絵画の勉強をするため瀬尾が入学したのは、アニメーション関連の本では「本郷美術研究所」とされているが、これは本郷洋画研究所のことである。本郷洋画研究所は一二年に藤島武二と岡田三郎助によって設立され、洋画、すなわち油彩の指導を目的としていた。政岡と同じように、瀬尾も当初は画家を目指していたのである。

しかし、実家からの仕送りだけでは授業料と生活費をまかないきれなかったため、アルバイトとして浅草の映画館で看板描きの仕事を始める。浅草に通ううちに、仲見世の玩具屋で売られていた玩具フィルムに興味をもち、漫画映画の制作を始めるようになる。(4)

ある日、浅草の映画館の看板描きの仕事を終えて仲見世をブラブラ歩いていると、手回しの玩具の映写機を見つけたんです。外国の漫画の海賊版などを焼き直してやっているんですが、毎日、観ているうちに興味を持ち始め、とうとう玩具屋に飛び込んで、そのアニメーションを作っている会社を教えてもらいました。そこの会社の人と話しているうちに、アニメーション製作の原理はわかったから、外国の話ではなく日本の話を扱った作品を僕が作ることになったんです。(5)

こうして漫画映画の制作を始めた瀬尾だが、漫画映画を接点に政治的な活動にも関わるようになる。一九三一年には日本プロレタリア映画同盟、通称プロキノの活動に加わっている。(6)瀬尾がプロキノに関わった理由は、玩具フィルムのときのような単なるアルバイトではなく、プロキノの理念に賛同しての活動だったようで、同盟員名簿にも瀬尾光世の名が記されている。(7)

プロキノと漫画映画の関わりは深い。第2章でも取り上げたように、京都の童映社が制作した『煙突屋ペロー』を「プロキノの夕べ」と題された上映会で流したところ、好評だった。しかし、『煙突屋ペロー』を作った童映社のメンバーは、政治的な活動にまでは踏み込まず、さらに童映社も一九三一年に解散している。プロキノとしては、活動理念をわかりやすく解説した漫画映画を作って、上映会を通して活動を広めていく意図があったと推察される。玩具フィルムで漫画映画の制作経験がある瀬尾は、プロキノにとっては貴重な人材だったのである。

だが、プロキノへの取り締まりが強化されると、多くのメンバーとともに瀬尾も特高（特別高等警察）に摘発され、一カ月半にわたって拘留されている。瀬尾本人はこの件について「プロキノは弾圧されて幹部はほとんど投獄され、事務所も閉鎖しました。僕なんか、もう逃げましてね、玩具の仕事も、絶えず特高がやってくるもんですから、危なくてやっておれない(8)」と語っていて、自らも逮捕された事実をぼやかすような発言をしている。釈放されても監視の目は続き、漫画映画の制作どころでなくなってしまったのである。

瀬尾がプロキノの活動に関わって特高に逮捕されるような経歴の持ち主でありながらも、後年になって『桃太

郎　海の神兵』をはじめとする海軍省支援のプロパガンダ作品を制作していることは、思想的な転向とみなすこともできる。[9]また、逆に、瀬尾が戦後に作った作品に対して「アカがかっている」という声が出ることもあった。政岡が「超然的」とされ、時代を反映していないと従来は評されてきたのに対して、瀬尾は戦前—戦中—戦後という日本社会の変化をストレートに反映した人物である。その二人が短期間とはいえ師弟関係にあり、さらに海軍省支援のプロパガンダの漫画映画を協力して作っていくことになるのである。

では、二人はどのようにして出会ったのか。一九三二年四月、京都に住んでいた政岡は東京を訪れる。松竹蒲田撮影所所長の城戸四郎と、『力と女の世の中』制作の契約を結ぶためである。

瀬尾は、政岡が宿泊するホテルを訪れて弟子入りを志願する。政岡に弟子入りを志願する前にも、東京や横浜に住む制作者に頼んだが断られていた。だが、あえて京都に活動拠点を置く政岡を弟子入り先として選んだ理由は、プロキノのメンバーだったことから特高に追われていて、監視の目が行き届かない京都に逃げたかったからと瀬尾本人は語っている。[10]

それでは、ほかの制作者が断るなか、政岡が瀬尾を受け入れた理由はどこにあったのか。政岡は『力と女の世の中』を第一弾として、本格的なトーキー漫画映画の制作に乗り出していく。それまでのサイレント作品と異なって、新たに台詞や効果音、ＢＧＭの作成も必要になってくる。録音をはじめとする音響関係の技術は松竹側のスタッフが担当するが、音や台詞との兼ね合いを考慮して絵を描いていく必要がある。政岡率いる政岡映画美術研究所は、木村角山や熊川正雄、桑田良太郎をはじめとするスタッフを有していた。しかし、トーキー漫画映画への期待が高まり、需要の拡大も見込まれていた時期であり、将来的にはスタッフの増員が必要になると判断したのだろう。そんな折、漫画映画制作の経験があって、即戦力になる瀬尾が弟子入りを志願してきたのは、政岡にとってもいい機会だった。

瀬尾はさっそく『力と女の世の中』に動画担当として加わることになる。さらに同じくトーキー作品の『仇討烏』（前篇）と『ギャングと踊り子』[11]（後篇）の制作にも加わっている。また、これらの作品ではセル画も導入さ

図37　瀬尾光世『桃太郎の海鷲』（芸術映画社、1943年）
（出典：『日本アートアニメーション映画選集』第5巻、紀伊國屋書店、2004年）

れていて、当時の漫画映画界としては最新の技術[12]を取り入れた作品だった。

だが、瀬尾の政岡の弟子生活は一年足らずで幕を閉じる。短い期間だったため、政岡門下の熊川は、技術を盗みにきただけだったのではないかと疑う発言もしている。[13]瀬尾は政岡のもとで、トーキーやセル画を取り入れた作品作りを学ぶことができたのである。

一九三三年に政岡のもとから独立すると、上京して瀬尾発声漫画研究所[14]を設立している。一九三四年の『国際映画年鑑 昭和九年版』に掲載された同社の広告には「定期製作トーキー漫画一年十本発表」と「無声漫画並に線画に関する業務一般」とあり、トーキー漫画映画の制作を目的とした会社だった。瀬尾は「一年十本」というペースを目標に、精力的に作品を作っていく。

瀬尾の作品は、内容も目的も多岐にわたる。昔話を題材とした作品では『いなばの国の兎さん（いなばのうさぎ、白兎）』（製作：旭物産合資会社映画部、一九三五年）や『一寸法師ちび助物語』（製作：旭物産合資会社映画部、一九三五年）を制作している。さらに田川水泡原作の人気漫画『のらくろ』（大日本雄弁会講談社、一九三一―四一年）の漫画映画化も手がけていて、『のらくろ二等兵』（製作：瀬尾発声漫画研究所、一九三五年）、『のらくろ一等兵』（製作：瀬尾発声漫画研究所、一九三五年）、『のらくろ虎退治』（製作：芸術映画社、一九三八年）を世に送り出している。

さらに、単なる娯楽作品だけでなく、企業の宣伝の仕事も請け負っている。森永練乳のコマーシャルとして

『お山の大将』（製作：旭物産合資会社映画部、一九三五年）を手がけている。さらに「わかもと」の宣伝のため『わかもと行進曲』（製作：芸術映画社、一九三八年）、『日の丸旗之助・山賊退治（三太と山賊）』（製作：芸術映画社、一九三八年）、『テク助物語・四十四の狼（四十四の盗賊）』（製作：芸術映画社、一九四〇年）を制作している。加えて、官庁からの仕事も請け負っている。『守れ、鉄路』（製作：芸術映画社、一九三七年）は朝鮮鉄道局の依頼で、鉄道をPRするための漫画映画作品だった。[15]

また、一九三七年に芸術映画社に移籍すると、文部省の注文で、文部行政の啓蒙のために『あひる陸戦隊』（製作：芸術映画社、一九四〇年）と『アリちゃん』（製作：芸術映画社、一九四一年）の二作品を制作している。このように、企業や官公庁のPRを目的とした漫画映画も積極的に制作していった。そしてPRの究極の形が、海軍省によるプロパガンダの漫画映画である。四三年に『桃太郎の海鷲』を制作したことで、瀬尾はプロパガンダのための漫画映画の第一人者になっていく（図37）。

ところで、瀬尾は一九三〇年代からすでに、戦争を題材にした作品を手がけていた。ただし、プロパガンダではなく、一般向けの娯楽映画である。兵士であるお猿の三吉を主人公としたシリーズ作品で、『お猿三吉・防空戦の巻』（配給：東和商事映画部、一九三三年）、『お猿の三吉・突撃隊の巻』（配給：東和商事映画部、一九三四年）、『元禄恋模様・三吉とおさよ』（配給：東和商事映画部、一九三四年）、『お猿三吉・おい等の艦隊（お猿三吉・おらが艦隊）』（配給：東和商事映画部、一九三六年）がある。ただし、日米開戦前の三〇年代という時代を反映してか、登場人物だけでなく、戦車や砲弾といった兵器さえも擬人化されて描かれていて、戦争の緊迫感からは程遠い作品である。戦時下に作られた『桃太郎 海の神兵』とのギャップが、瀬尾が時局というものを敏感に感じ取っていたことを示唆している。

2 戦時下日本での『ファンタジア』

『世界映画大事典』によれば、広義の意味でのプロパガンダとは「宣伝者が被宣伝者をあらかじめ決められた方向へ誘導しようとして実施する、きわめて計画的な情報伝達活動」とある。だが狭義の意味でのプロパガンダとなると、単に情報を操作することで誘導するばかりか、「意図的に歪曲した情報を流す」ともある。とりわけ映画の場合は「おもに政治目的のために大衆を煽動し、世論を操作しようとする映画」[16]というものである。

プロパガンダはあらゆる分野に浸透し、アニメーションも例外ではなかった。世界初のプロパガンダアニメーションとされているのが、アメリカのウィンザー・マッケイが手がけた『ルシタニア号の沈没』（一九一八年）である。第一次世界大戦中、ドイツの攻撃によって撃沈され、多数の一般乗客が犠牲になったルシタニア号の悲劇を題材にしている。ドイツによる非人道的な攻撃を訴えることで、敵意を煽るというのも一種のプロパガンダである。そして、第二次世界大戦では、世界各国でプロパガンダアニメーションが盛んに作られた[17]。

アニメーションに限らず、戦争と映画を考える場合、特定のプロパガンダ映画そのものを作品分析したもの、あるいはそのような作品が作られた社会的背景を扱ったものが中心になってくる。とりわけ、作り手側がプロパガンダ作品に協力するという形で、戦争協力に組み込まれていった。

しかし、本来、プロパガンダを目的として作られたわけではなく、また上映する側／観客側もプロパガンダとして扱っていたわけではないのに、結果として敵に心理的な打撃を与えたという意味で「戦力」として機能してしまった映画がある。

日本の制作者たちは、アメリカの映画作品に憧れの念を抱きながらも、プロパガンダ映画を作り、アメリカへの敵意を煽らなければいけないという矛盾した立場に置かれていた。本章の冒頭でも取り上げた『ファンタジア』というアニメーションは、プロパガンダを目的として作られたわけではない。さらに『ファンタジア』が日本で一般公開されたのは一九五五年だが、第二次世界大戦中、限られた人々を対象とした上映会がおこなわれていた。

ところで、戦時中の上映会で『ファンタジア』を見ていたのは、漫画映画の制作者だけではない。小津安二郎といえば日本を代表する映画監督だが、小津も戦時中に『ファンタジア』を見た映画人の一人である。

一九四三年六月、小津はシンガポールに向け出発する。そして四三年から四五年まで、陸軍報道部映画班としてシンガポールに駐屯する。記録映画を撮影する予定だったが、戦局の悪化から撮影は中止になってしまう。

さて、小津の仕事は映画撮影だけではなかった。シンガポールには、日本軍によって接収されたアメリカ映画のフィルムが保管されていた。しかし、これらのフィルムは上映、あるいは調査対象としてではなく、別の目的に使用されることになっていた。それは、溶かして飛行機の塗料にするためである。当時の映画フィルムはセルロイド、つまりニトロセルロースをはじめとする化学物質で構成されている。戦況が悪化して物資不足が切実になってくると、映画フィルムさえも再利用し、軍事物資に転用することが求められたのである。

しかし、開戦によってアメリカをはじめとする多くの外国映画は、敵国の作品として日本国内には入ってこない状況になっていた。小津は、評判は聞きながらも見ることができなかった作品を見る最後の機会と思ったのだろう。

映画フィルムが溶かされるということは、フィルムという物質だけではなく、そのフィルムに記録された映像も失われてしまうことを意味する。小津は、軍の映画班検閲試写室の責任者・厚田雄春の協力を得て、接収されていたアメリカ映画の極秘上映会をおこない、処分されてしまう前に見ていくことにする。そのなかには『ファンタジア』も含まれていた。

敗戦後間もない一九四七年、小津は当時のことを振り返って、次のように語っている。少々長いが、あえて全文を引用しておく。

まず「小狐」「偽りの花園」「手紙」「月光の女」「ウェスターナー」「西部の男」「嵐が丘」のウィリアム・ワイラーと「怒りの葡萄」「タバコ・ロード」「我が谷は緑なりき」のジョン・フォード、それから「北西への道」のキング・ヴィダーなどいずれも面白く見ました。戦時中だからといって少しも調子をおとしていない。これは当りまえのことながらわれわれとしては関心させられました。映画というものに対する国家の政策も上手だったのでしょう。またアルフレッド・ヒッチコックの「レベッカ」も印象にのこった方です。だが結局、それらを見て敬服させられるのは、監督というよりもキャメラおよび技術の進歩していることです。どんな思い切った画面でもやりこなしているという感じ、監督の夢想していることをどしどし実現してみせるといった感じ、これが耐らなくうらやましいと思いました。「市民ケーン」なんかも、そういった条件の下で、はじめて示し得る仕事です。ディズニーの「ファンタジア」を見たとき、まっさきに感じたのもそのことでした。そして「ファンタジア」を見ながらこいつはいけない。相手がわるい。大変な相手とけんかしたと思いましたね。(18)

一九四七年という時期を考えると、上映を見てリアルタイムで書かれた手記の類いではないものの、記述はかなり信頼できると考えられる。さらに、接収されていたアメリカ映画とシンガポールでの上映に関しては、小津とともに映画班に所属していた厚田も同様の証言を残している。

『ファンタジア』や『ダンボ』の天然色も見ましたが、キャメラマンの立場からすりゃ、やっぱり黒白の画面のトーンですよ。すげえことやってるなあって、うっとり見とれてました。(19)

カメラマンとして撮影部門で活躍した厚田らしい視点から、『ファンタジア』と『ダンボ』(監督:ベン・シャープスティーン、配給：RKO、一九四一年）についても、ほかの劇映画とあわせてふれている。複数あった接収映画のうち、ディズニーのアニメーションのなかでも『ファンタジア』だけが日本で極秘に上映されたという特別扱いを受けていった理由は、小津たちの発言にあるのではないだろうか。

3 戦争とアニメーション

敵国であるアメリカの『ファンタジア』という作品に心を奪われたのは、日本の制作者たちだけではない。ドイツもまた、戦時中にひそかに『ファンタジア』を入手し、この作品に注目していたのである。

ナチス・ドイツとアニメーションの関係を考えるうえではずせない人物が、パウル・ヨーゼフ・ゲッペルス博士である。宣伝省の大臣だったゲッペルス博士は、アニメーションに強い関心をもっていた。ナチスの高官たちは、ひそかに敵国アメリカの映画作品を鑑賞していたが、そのなかにはアニメーションも含まれていた。そこでカルステン・ラクヴァの『ミッキー・マウス』[20]を参考に、ドイツでのディズニー・アニメーションの受容を、日本との比較という視点から取り上げていきたい。

第二次世界大戦前、ディズニーのアニメーション作品はドイツ国内でも好評だった。『白雪姫』はドイツでも公開前から関心を集めていた。その理由は、単にディズニーの作品が人気だったことだけでなく、ドイツの昔話であるグリム童話が原作になっていることにも関係している。そのため、ドイツ国内ではウォルト・ディズニーがドイツ人の血を引いているという噂さえ流れていた。

しかし、『白雪姫』はドイツとアメリカが交戦状態になる数年前に公開された作品だった。アメリカをはじめとする海外での評判の高さ、さらにドイツ国内でのミッキーマウスや「シリー・シンフォニー」といった短篇シリーズの人気の高さから、上映を望む声は高かった。だが、ドイツは当時、ヒトラーの「世界的強国か没落か」

政策のもとで厳しく外貨を規制していて、作品の権利をめぐる価格交渉の決裂から、戦後までドイツ国内で一般向けに上映されることなく終わった。

しかし、一九四〇年に公開された『ファンタジア』の段階になると、ドイツとアメリカの関係悪化に影響され、ドイツ国内でのディズニーのアニメーションに対する評価も一変する。メディアを利用して『ファンタジア』を酷評するプロパガンダがおこなわれるようになったのである。ただし、これはあくまで一般のドイツ国民向けの対応である。ナチスはスペインやスウェーデンを介して『白雪姫』や『ファンタジア』のフィルムを入手していて、ナチスの関係者向けに上映会をおこなっている。

同じ枢軸国だったドイツと日本でも、実は『ファンタジア』に対する評価にはわずかだが温度差が見られる。その理由を、両国が置かれた政治的状況、さらにはアニメーションそのものに対する政府側の見解の相違を比較することで分析していきたい。

『白雪姫』は一九三七年にアメリカで公開されたが、戦前の日本では一般上映されることなく終わった。ただし、情報は伝わっていて、「映画と技術」では図版入りの記事で紹介されている。[21] 掲載誌が映画の制作者向け雑誌だったためか、記事後半はマルチプレーンカメラの紹介に特化していて、具体的にどのような機材・技術を用いて作成されたのかという視点から書かれている。

また『ファンタジア』に関しても、一九四一年一月号の「映画評論」（映画日本社）に掲載された清水光の「『ファンタジア』紹介」では、五ページを使って詳細に作品を紹介している。先の「映画と技術」での『白雪姫』の記事とは違って、清水の記事は、掲載誌が「映画評論」であり、制作現場の様子や技術的な説明よりもむしろ作品の内容紹介、とりわけ音楽との関連性に焦点を当てた内容になっている。

このような記事を通じて、漫画映画の制作者の間でも二作品は評判になっていた。[22] 一般上映はされなくても、作品の内容、さらには使用された機材・技術について当時ある程度は伝わっていたのである。

多くの映画制作者やファンたちの期待に反して、一九四一年十二月の日米開戦以前から、日米関係の悪化と統制経済によってアメリカ映画の日本への輸入は止まっていた。戦前の日本で正式に『白雪姫』と『ファンタジア』が上映されることはなかった。

しかし、戦時中に活躍した漫画映画制作者の手記の類いを読んでいくと、冒頭で紹介した政岡と瀬尾、そして小津以外にも、戦時中に『ファンタジア』を見たと語る人々がいる。

戦後、漫画家、さらにはテレビアニメ業界でも活躍したうしおそうじ（鷺巣富雄）は、戦前から戦中にかけて東宝の特殊撮影課に所属していた。同課の課長は円谷英二が務め、さらに線画室の室長は大石郁雄という顔ぶれだった。東宝は海軍の依頼でハワイ・マレー沖海戦を描いた文字どおり『ハワイ・マレー沖海戦』（監督：山本嘉次郎、一九四二年）という作品を手がけているが、実写映画の同作では、真珠湾の奇襲攻撃を描くシーンではミニチュアセットを用いた特撮技術が用いられた。東宝が海軍省関連の作品を手がけた縁から、うしおも『ファンタジア』を目にする機会に恵まれる。

ボクはこの年〔一九四二年と推定：引用者注〕、大石郁雄と円谷英二以下十数名で、『ファンタジア』を砧撮影所の第一試写室で観ている。そのときの衝撃と興奮は、六十余年たついまも脳裏に焼きついて離れない。(23)

なぜ日米開戦直前のこの時期に『ファンタジア』を入手することができたのか。うしおによれば、開戦の直前、海軍がアメリカの輸送船を拿捕した際に押収したフィルムプリント数十本のなかに『ファンタジア』も含まれていたようである。うしおが見た『ファンタジア』のフィルムは、その後、一部の漫画映画制作者を対象にした上映会に用いられていったようである。

東宝に所属した女優・高峰秀子も、同社の試写室で陸軍がおこなった試写会で『風と共に去りぬ』（監督：ヴィクター・フレミング、配給：メトロ・ゴールドウィン・メイヤー、一九三九年）と『ファンタジア』を見たという証言を残している。(24)軍は『ファンタジア』という敵国のアニメーションを利用していたのである。

4 『ファンタジア』という特権

海軍による『ファンタジア』上映会に招待されていたのは、プロパガンダ映画の関係者だけではなかった。報道関係者、さらには軍需会社の重役クラスに向けて上映会をおこなっていたことが、さまざまな証言から明らかになっている。

まず、報道関係者向けである。「東京新聞」のカメラマンだった宇津木発生によれば東京で上映会がおこなわれている。

シンガポールで、海軍が押収したアメリカ映画のフィルムを、海軍の記者クラブ〔海軍水交社にあったと推測される：引用者注〕で試写したことがあった。見てきた記者が「見てこい」「見てこい」というので、気乗りはしなかったが発生も見にいった。

「敵が作った映画」というだけで、何という映画かも知らなかった。それが「風と共に去りぬ」と「ファンタジア」だとわかるのは、戦後になってからである。(25)

宇津木は、詳しい時期には言及していないが、学徒動員の時期と前後して語られているので、一九四三年頃と推定される。宇津木にとっては、『ファンタジア』よりも『風と共に去りぬ』のほうが強烈なインパクトを残したらしく、カメラマンらしい視点から、カメラワークやカラー撮影の技術力の高さに驚かされた思い出を語っている。宇津木の感想は、『ファンタジア』ではなく『風と共に去りぬ』の技術力の高さを語ったものだが、「あー、こういう映画を作るようなヤツと戦争したんじゃ、だめなんじゃないか」と当時を振り返る。本章の冒頭で挙げた政岡、さらに小津の発言とも共通した感想を残している。
　また、大阪でも『ファンタジア』と『風と共に去りぬ』がセットで上映されていたという証言がある。一九四三年、大阪・中之島の朝日会館で海軍主催で報道関係者や軍需企業の関係者を招いて上映会が催された。その際に、大阪に本社を置く大手軍需企業、東洋ベアリング製造（現・ＮＴＮ）で役員を務めていた大塚栄は、『風と共に去りぬ』とディズニーの長篇カラーアニメーション映画の二作品を見せられたと証言している。[26]つまり東京と大阪、少なくとも二カ所で海軍による上映会がおこなわれていた。[27]さらに報道、軍需企業関係者以外にも、一部の教育機関でも上映されていたという説もある。[28]
　ところで、『ファンタジア』が日本国内でひそかに上映されていた一九四二年から四三年にかけて、小津は松竹に所属していた。瀬尾と政岡の両人も、四三年の時点では松竹に所属して『桃太郎 海の神兵』の制作に従事していた。部署は違っても、彼らは同じ松竹という会社に所属していたが、政岡たちだけが上映会に呼ばれていて、小津は海軍による上映会の存在さえ知らなかった。このように、軍主催の映画上映会はあくまで一部の関係者に限定され、「極秘」の名のもと、事実上の箝口令が敷かれていたことがうかがえる。
　だが、戦時下にあって、敵国の映画を戦争協力者への特権として使う手段は、何も日本だけではない。同じ枢軸国だったドイツも巧みに利用していた。カルステン・ラクヴァは次のように述べている。

　残念ながら、ゲッペルスの宣伝省で「ファンタジア」をどのように考えていたかは定かではない。先に名前を挙げた映画会社代理店ペーターズからたくさんの情報をえていた、当時まだ年少だったホルスト・ランゲによれば、一九四〇年末から四一年初めに、ナチ党員が招待客しか入場できない「関係者上映会」で「ファンタジア」を観ている。そのときの主人役はヨーゼフ・ゲッペルスだった。（略）ここでナチの指導者たちは映画関係の高位の人物たちと、少なくとも一九四三年まで、「庶民」に禁じていた外国映画を観ていたのである。[29]

敵国であるアメリカで作られ、開戦によってドイツ国内では一般の映画館での上映ができなくなっていたディズニー・アニメーションを、ナチスから招待された「関係者」だけは見ることができた。カルステン・ラクヴァは、それを「個人的な楽しみ」と表現するが、「庶民」は見ることができないという記述が、ナチスの関係者に許された特権の一つだったことを示唆している。また、上映会以外にも、ナチス関係者は敵情を知るための参考資料という名目ならば敵国の映画を鑑賞することができた。

日本での『ファンタジア』上映会も、ナチスの思惑と同じ側面をもっている。政岡や瀬尾の証言だけを見ると、限られた漫画映画の制作者だけが海軍による『ファンタジア』の上映会に呼ばれ、見ることができたかのように思われてきた。[30]しかし、実際は映画業界、さらには報道関係者、軍需企業の関係者にも特権は及んでいたのである。

ここで見えてくるのは、単に、制作者に敵国の技術を分析させ、自国の作品制作に役立てるというだけではない目的があったことである。一方で、敵国であるため日本国内では上映することができないアメリカ映画だが、映画業界はもちろん、アメリカ映画の新作を見たいと願う人々が数多くいた。軍のプロパガンダに協力する制作者のなかでも監督クラスや報道関係者、軍需企業の役員などへの特権として、『風と共に去りぬ』や『ファンタジア』は利用されたのである。

5 技術の格差

政岡をはじめとする日本の漫画映画制作者の多くが、日本とアメリカとの圧倒的な差を見せつけられたと語っている。そしてこの戦争は日本が負けると実感したと語る。

同様の意見は小津も語っているが、戦時中に作品を見た当時の感想ではなく、敗戦後に当時を振り返っての感想であるため、どこまでが当時の本心だったのかは検討の余地があるだろう。しかし、制作者たちが『ファンタジア』を含むアメリカ映画から感じ取った「格差」とは、先にも挙げた小津の言葉を借りるなら、以下の二点と考えられる。

①映画に対する国家の政策
②キャメラおよび技術の進歩

一点目はプロパガンダ映画としての側面、すなわち国家政策の一環として制作され、支援されているという点である。映画全般ではなく、アニメーションに限定していえば、前述のように、ナチス・ドイツ、さらにアメリカでのアニメーション支援と比べても、日本は出遅れていたといわざるをえない。政府高官がアニメーションの有益性をどこまで把握していたのか、逆に、そこまでの有益性があると判断されないレベルだったと考えることもできる。

海軍省の後援によって制作された『桃太郎の海鷲』が完成した際、高松宮と海軍広報部長・浜田昇一が試写会に立ち会っているが[31]、これは職務の一環という感が否めない。日本で、政府高官が国産の漫画映画を鑑賞するのは、軍が企画あるいは後援したプロパガンダ作品が完成した際に試写会で見る程度だった。

ナチス・ドイツでは趣味的な側面も持ち合わせた鑑賞会だったことと比較すると、日本とドイツでは、政府関係者のアニメーションに対する理解と関心に決定的なまでの差があったことがうかがえる。『桃太郎 海の神兵』の冒頭に「少国民に捧ぐ」という字幕が入ることからもわかるように、あくまでも子ども向けであり、大人は観客として想定されていなかった。

そして二点目は、やはり制作にまつわる技術水準の問題である。実写映画に限らず、アニメーションも技術の産物である。『ファンタジア』[32]ではマルチプレーンカメラ、音響面でもステレオ Hi-Fi、天然色（カラー）など、当時の最先端の技術が導入された。これは単に国家の支援うんぬんの問題ではなく、その国の技術水準に比例する格差である。もし仮に、公的な支援が手厚くなされたとしても、技術力の差は埋めがたいものだった。例えば、日本でファンタサウンドに匹敵する、あるいは準じるような音響機材の開発をしようにも技術格差がありすぎ、模倣さえ不可能だった。海外から機材を輸入しようにも輸出禁止や海上封鎖に阻まれ、日本国内にある機材と制作者たちの技術だけで対応するしかない状況であった。ドイツなら、アメリカを頼らずとも民族資本のテレフンケンやアルゲマイネ社がもつ高い技術力で、ファンタサウンドに匹敵する音響機材を開発することも可能だっただろう。また、スウェーデンやスペインといったヨーロッパの中立国経由で、アメリカの情報や物資を入手することができた。

しかし、極東に位置する孤島の日本では、開戦直前に入手した『ファンタジア』をはじめとするアメリカ映画、さらに占領地シンガポールに残された映画など、きわめて少数で、かつ断片的な情報と物資しか入手することができなかった。国家の技術水準、そして国土の地理関係から、日本は同じ枢軸国ドイツと比べて、漫画映画の制作一つとっても、きわめて不利な状況だったのである。それこそが当時の日本の漫画映画界が直面した限界であり、『ファンタジア』という作品を見たことで制作者たちはそのことを認識したのである。

6 『ファンタジア』という呪縛

ところで、ナチス・ドイツによる『ファンタジア』の評価は決して低いものではなかったが、日本ほど高い評価をしたわけではない。そこには、日本とドイツを取り巻く、単にアニメーションにとどまらない、各種の格差があった。

同じ枢軸国という立場でも、日本とドイツを取り巻く政治的・地理的な状況は大きく違っていた。ドイツの場合、むしろ初の長篇アニメーション映画だった『白雪姫』のほうが、強烈なインパクトを残した。また、『白雪姫』の原作がドイツの童話だったことも、ナショナリズム的な観点から興味を喚起したはずである。[33] ドイツは中立国経由で敵国であるアメリカの映画を入手していて、継続的にディズニーの作品を鑑賞することができた。『白雪姫』の段階で、マルチプレーンカメラをはじめとする最先端の技術を使った作品を見ていたことで、ある程度、ディズニーのアニメーション作品に対する「免疫」ができていて、『ファンタジア』を見た際も、その音楽性はさておき、視覚的な映像面に対する驚きは少しは緩和されていたはずである。

しかし、日本の場合はそうはいかなかった。開戦前からアメリカとの政治的関係の悪化による対日物資の制限によって、『白雪姫』をはじめとする一九三〇年代末以降のアニメーション作品は日本では見ることができなくなってしまった。[34] 開戦直前の臨検による押収、さらには占領地で押収した物資のなかに含まれていたアニメーション作品を断片的にしか受容することができなかった。そのような状況で何の前触れもなしに『ファンタジア』を見たことで、日本の制作者たちの間にディズニー・アニメーションの技術に対する驚愕、さらには絶望感――アメリカと日本との技術力の決定的な差によるものだが――をもたらしたのである。

当時の日本の劇場音響システムでは『ファンタジア』の目玉ともいうべきファンタサウンドでのステレオ音響再生は望めず、従来のモノラルトーキーでの上映に甘んじなければならなかったことは、想像にかたくない。それでも、『ファンタジア』と『風と共に去りぬ』は、見た者にそれぞれの立場から、多かれ少なかれ感銘を与えた。その心境は複雑で、アメリカとの技術格差を見せつけられて対米戦への危惧や、人によっては劣等感さえ抱いた。同時に、戦時下の数々の厳しい制約のなかで「一般人は見ることができない映画を見た」という特権意識が生み出され、それこそが戦争協力を促そうとした軍部の意図するところであった。そして、この戦時下に醸成された特権意識こそが、戦後日本での「戦時中に『ファンタジア』を見た」という発言へとつながっている。そこには、自らの特権を誇示するとともに、一方で「このような映画を作る相手と戦争をしても負けると当時から思っていた」という反戦論的なニュアンスを付け加えることで、戦後の社会での免罪符にしようという意図を含ませていた。

小津の発言と、多くの漫画映画制作者が晩年に語った言説が共通している点については、制作者の立場から『ファンタジア』という作品を見たときに感じたものだったのか、それとも小津の発言を見聞きした制作者たちがその言葉を引用するうちに、あたかも自分自身の考えであるかのように語り始めたのか、二通りの解釈ができるだろう。しかし、もし仮に後者だったとしても、小津の感じた『ファンタジア』に対する感想は、多くの漫画映画制作者が共感できるものであった。

そして制作者たちは『ファンタジア』という作品を見て受けた衝撃を忘れず、そこに呪縛されていくことになる。瀬尾や政岡たちは『ファンタジア』を見せられたあとで、限られた資材とスタッフを用いて、海軍省依頼のプロパガンダ作品を制作しなければならなかったのである。

7 瀬尾光世によるプロパガンダの漫画映画

瀬尾光世は企業だけでなく、官公庁からの依頼による漫画映画も制作していたことは、先にも述べたとおりである。文部省の依頼で制作した『あひる陸戦隊』と『アリちゃん』の二作品が評判になったことから、海軍省は瀬尾が所属していた芸術映画社に『桃太郎の海鷲』の制作を依頼する。ハワイ真珠湾攻撃を漫画映画で描くことで、少年志願兵を募ることが目的だった。この作品は一九四三年に公開されたが、海軍省が当初予想していた以上の反響を得ることになる。[35]そこで、海軍省は続篇として『桃太郎 海の神兵』の制作を企画する。

海軍省から続篇の企画を受けると瀬尾は芸術映画社を退社し、一九四三年九月、政岡がいる松竹漫画映画部に移籍する。芸術映画社を退社した理由は、海軍から続篇制作の話が出たものの、同社が規模の大きさから制作を躊躇したことが原因だった。瀬尾は芸術映画社に見切りをつけ、松竹で海軍省から依頼された『桃太郎 海の神兵』を制作することにしたのである。このことは、芸術映画社という会社に対してではなく、瀬尾個人を指名した依頼だったことを意味している。瀬尾が政岡のもとを独立してからちょうど十年。かつての師弟は松竹で再会することになったのである。

この頃の瀬尾は、かなり恵まれた条件を与えられていた。戦後、瀬尾は当時について以下のように語っている。

現在でも『桃太郎 海の神兵』を時局に迎合した作品だとか、便乗した作品だとかいう人がいますが、僕は、それはあまりにも当時の時代を知らなさすぎる人の意見だと思います。『桃太郎の海鷲』の時もそうでしたが、『桃太郎 海の神兵』の時にはとくに海軍からいわれました。「これは命令なんだ。そのかわり、映画製作中の一年間はきみの召集を猶予する」とね。戦線に立つ代わりにアニメーションを作れといわれたわけです。ただ、僕は海軍の命令であっても、この機会に自分のアニメーションの理想とするものを作ってみようと思ったんです。建前は戦意高揚かもしれんけど、叙情性のある、子どもに夢を与える作品を作りたかったんです。

逆に最後〔戦後：引用者注〕はアカだっていわれたんですよ。過去を調べれば、プロキノに関係していた事実から投獄されていたかもしれませんね。(36)

海軍省の依頼ということで予算を気にせずに作ることができるだけではなく、制作にあたっている間は徴兵を猶予されるという条件がついていた。(37)当時の瀬尾は三十二歳、徴兵対象の年齢だった。多くの漫画映画制作者が徴兵される、あるいは記録映画撮影のため南方へと出向いていくなかで、瀬尾だけは松竹にとどまって漫画映画制作に従事することを許された。(38)加えて、プロキノで左翼運動に関わり検挙された経歴をもつ瀬尾としては、真っ先に徴兵されても不思議ではなかった。漫画映画の制作を条件に、徴兵猶予という特別な計らいを受けていたのである。

海軍からは、資金や徴兵猶予だけでなく、さまざまな支援が与えられる。その一つが情報の提供である。『桃

図38　瀬尾光世『桃太郎 海の神兵』（松竹動画研究所、1945年）　リアルに描写された兵器
（出典：『桃太郎 海の神兵』松竹、2014年）

太郎 海の神兵』では、空挺部隊の活躍を描くことになっていて、瀬尾は海軍空挺部隊に一週間入隊している。戦争画「神兵メナドに降下す」の制作を依頼されていた画家の宮本三郎[39]とともに、作品制作のための入隊を海軍広報部に申し出たと語っている。[40] 瀬尾が言う「神兵メナドに降下す」は、宮本の「海軍落下傘部隊メナド奇襲」のことである。[41]

『桃太郎 海の神兵』は一九四四年一月から制作が始まるが、スタッフの大半が徴兵されて人手不足に陥ったりと、作業は難航した。一年間の期間を経て、四五年二月にようやく完成する。人手不足の解消については、政岡が急遽、新人を養成することで対処しているが、こちらは第7章で詳しく取り上げる。

『桃太郎 海の神兵』は七十四分という、当時の漫画映画としては長篇に分類される大作になった。空襲の激化などから公開日が決まらず、四月十二日にようやく公開となった。しかし、空襲によって多くの映画館が被害を受けていたので上映館は限られていて、さらには肝心の児童が学童疎開によって不在という状況で観客はほとんどいなかった。

数少ない鑑賞者の一人に、十六歳だった手塚治虫がいる。大阪では、道頓堀にあった松竹座が消失を免れて営業を続けていたため、四月十二日から公開が始まった。手塚は封切り初日に見ている。そして、手塚は感想を日記に記している。そこでは「まず第一に感じたことはこの漫画が文化映画的要素を多分に取入れて、戦争物とは言ひながら、実に平和な形式をとつてゐる事である」とし、さらに「漫画が非常に芸術映画化されたことである。すなわち、実写のやうに、物体をあらゆる角度から描いてある」[42]と高く評価している。

手塚がいう「芸術映画」の基準が、まるで実写であるかのような、リアリズム的表現だということは注目に値する。日本の漫画や漫画映画のリアリズム化が進んだのは、戦時中のプロパガンダ作品が要因にあったという指摘[43]もある。特に、飛行機や戦艦の戦闘シーンを描くにあたっては、軍から提供を受けた写真を参考資料に、機械を細部にいたるまで精密に描き込んでいる（図38）。一九三〇年代に瀬尾が作った「お猿の三吉」シリーズと比べてみると、それまで人間や動物を思わせるような擬人化して描かれていた機械は、まったく異なる表現へと変化したのである。だが、リアルに描かれた兵器類とは対照的に、登場する動物たちは丸みを帯びたフォルムで描かれている（図39）。

図39　前掲『桃太郎 海の神兵』 動物たち
（出典：前掲『桃太郎 海の神兵』）

上映記録がはっきりしていないので定かではないが、手塚の記憶では、大阪松竹座での公開もわずか三日で終わってしまった。一九四五年の公開当時に『桃太郎 海の神兵』を見た人はほとんどいなかったのである。

アニメーション史の観点からすれば、瀬尾は七十四分を超える長篇作品の制作に挑戦し、リアリズム表現を取り入れるなど、それまでの漫画映画の概念を塗り替えることに成功したと評価することができる。だが、軍のプロパガンダ作品だったために、戦後は批判されることになる。

8　それぞれの戦後

政岡に対する評価の一つとして、瀬尾とは対照的に、軍事色を感じさせない作品、すなわち『くもとちゅうりっぷ』を作ったという点が主張される。では、政岡には軍に協力する意志がなかったのだろうか。

『桃太郎 海の神兵』に続く作品として、一九四五年に制作が進められていた『僕等は海軍志願兵』では、政岡は瀬尾と共同で監督を務めるとともに、原作や作画も担当している[44]。また、劇中に登場する戦闘機を正確に描写するため海軍省に構造や飛行の仕方を問い合わせるなど、積極的に制作している。

この作品はタイトルが示しているように、海軍省が少年志願兵を募るため企画した作品である。だが、松竹動画部のスタジオが空襲によって焼失したことと制作中に敗戦を迎えたために、『僕等は海軍志願兵』は未完に終わった。戦争協力を追及されることを恐れ、制作にまつわる資料はことごとく廃棄されて、どのような内容だったのかを知る手がかりは残っていないが、『桃太郎 海の神兵』の路線を踏襲した作品であることは間違いないだろう[45]。作品の存在そのものが知られることがなかったが、政岡もプロパガンダに協力していたのである。政岡憲三という人物のイメージは、敗戦がもう少し遅れていたら、まったく異なっていたかもしれない。『僕等は海軍志願兵』が完成していれば、監督として、瀬尾とともにプロパガンダ漫画映画を作った人物として非難されていた可能性も十分にあったのである。

敗戦直後、多くのプロパガンダ映画のフィルムと関連資料が焼却処分されたが、そのなかに『桃太郎 海の神兵』も含まれていた。敗戦直前の混乱でほとんど上演されることなく、さらに敗戦直後にフィルムがことごとく廃棄されたことによって、『桃太郎 海の神兵』は幻の作品とされてしまった。

また、葬られてしまったのは作品のフィルムだけではない。松竹の社史を見ると、不思議なことに瀬尾光世の名がまったく出てこない。戦後、瀬尾が置かれた微妙な立場を反映しているといえるだろう。『桃太郎 海の神兵』に関する記述でも「背景黒崎義介、動画政岡憲三」[46]としか書かれていない。不自然なまでに瀬尾の名が伏せられている。それとは対照的に、『くもとちゅうりっぷ』と、それを手がけた政岡の名前が全面的に打ち出されている。

幻の作品になっていた『桃太郎 海の神兵』のオリジナルネガフィルムが松竹大船撮影所の倉庫から発見されたのは一九八二年のことである。修復を経て八四年に開催された『桃太郎 海の神兵』の上映会で、同時上映されたのは政岡の『くもとちゅうりっぷ』だった。松竹本社でおこなわれた上映会には瀬尾と政岡が招待されている。

『桃太郎の海鷲』と『桃太郎 海の神兵』の成功ゆえに、瀬尾は戦後の制作現場で生きづらかっただろう。また、漫画映画の世界から離れたのは、人間関係の複雑さに嫌気が差したからとする説もある。絵本作家に転身した瀬尾は、漫画映画を作っていたこと、さらには『桃太郎 海の神兵』を手がけていたことを、決して語ろうとしなかった。[47]戦後になって瀬尾が、戦中の漫画映画の負の側面を一身に背負わされたのとは対照的に、表立ってはプロパガンダの漫画映画を作っていなかった政岡は、称賛されることになった。弟子だった瀬尾が、師匠だった政岡の評価を押し上げることになったのである。逆に、瀬尾が『桃太郎 海の神兵』を作っていなかったら、政岡が戦後にここまで注目されることもなかった。

だが、瀬尾がその後の日本の漫画映画界に与えた影響は大きい。[48]瀬尾の作品がきっかけになって、漫画映画制作の世界に足を踏み入れた人々が少なからずいたことも事実である。手塚のテレビアニメ『ジャングル大帝』のなかには、『桃太郎 海の神兵』へのオマージュともいえるシーンが登場する。[49]加えて、『桃太郎 海の神兵』という作品が、漫画映画の技術の向上に貢献したこともまた事実である。むしろ問題とすべきなのは、瀬尾光世という個人に、漫画映画でのプロパガンダという問題の責任を負わせてしまったことなのである。

注

（1）桑田良太郎は政岡憲三の弟子の一人である。前掲「四本のトラちゃん」二四ページ

（2）ファンタサウンドの仕組みについては「5.1サラウンド・サウンド　セミナー報告」（「AMEI NEWS」Vol.26、音楽電子事業協会、二〇〇五年、四ページ）を参照。ファンタサウンドの問題点は音響装置が巨大（総重量七トン）で、かつ非常に高価（八万五千ドル）だったことが挙げられる。そのため公開できる劇場が限られ、興行的には失敗に終わった（J・P・テロッサ『ディズニーを支えた技術』堀千恵子訳、日経BP社、二〇〇九年、六七—七五ページ）。

（3）一九八四年の尾崎秀樹との対談が、数少ないインタビュー記録である（尾崎秀樹「四十年目の再会　瀬尾光世」『夢をつむぐ——大衆児童文化のパイオニア』光村図書出版、一九八六年、二〇九—二三〇ページ）。

（4）『銀幕を彩る映画人たち——はりま・シネマの夢特別展図録』姫路文学館、二〇〇五年、五ページ。玩具フィルムとは、家庭向けの小型映写機で映写するためのフィルムのこと。劇場で公開された劇映画・漫画映画の古いフィルムを編集したものと、玩具フィルム専用に制作された漫画映画を中心とするオリジナル作品の大きく二種類があった。浅草仲見世には玩具フィルムとその映写機を売る店が多く軒を連ねていたが、これは映画館帰りの親子連れを主な顧客としていたからである。

（5）前掲『夢をつむぐ』二一六ページ

（6）「その頃、瀬尾は東京・東中野に下宿。近くにプロキノ（プロレタリア映画同盟）の事務所があり、知人もいた。新宿紀伊國屋で『プロキノ展』が開催され、それを見たのがきっかけでプロキノのスタッフになったのは一九三一年（昭和六年）のこと」とされている（渡辺泰「姫路生まれのアニメの先駆者　発掘・瀬尾光世の人と仕事」「Ban Cul」二〇〇三年春号、姫路市文化国際交流財団、九—一一ページ）。

（7）並木晋作著、プロキノを記録する会編『日本プロレタリア映画同盟（プロキノ）全史』合同出版、一九八六年、二七八—二八〇ページ

（8）前掲『夢をつむぐ』二一八ページ

（9）大塚英志／大澤信亮『「ジャパニメーション」はなぜ敗れるか』（〔角川oneテーマ21〕、角川書店、二〇〇五年）

のなかで、大塚英志は、転向者たちが児童向けの漫画での統制に協力していたことを指摘している。
(10) 前掲『夢をつむぐ』二一八ページ
(11) 『仇討烏』と『ギャングと踊り子』は当初、一つの作品として制作されたが、何らかの事情によって前・後篇という形で別々に公開された。原作：島津保次郎、制作：政岡映画製作所／松竹蒲田／城戸四郎、原画監督：政岡憲三、動画：瀬尾光世／原田誠一／桑田良太郎／熊川正雄／木村角山、録音：蒲田トーキー部、伴奏指揮：島田晴誉（前掲『日本アニメーション映画史』二〇九ページ）
(12) セルロイド製の透明な板に絵を描いていく手法で、細かいものの動きも描写できるようになっただけでなく、作業の省力化にもつながった。セルアニメーションとは、セル画を利用して作成されたアニメーションを指す。
(13) 前掲「熊川正雄氏聞き書き」一六六ページ
(14) 営業部は高橋幸次郎、技術部は瀬尾光世になっている。
(15) これらの作品は、主人公が「わかもと」を飲むとたちまち力をつけて、敵を退治するというストーリーである。特に『日の丸旗之助・山賊退治（三太と山賊）』（製作：芸術映画社、一九三八年）では、山賊のキャラクターデザインはアメリカのアニメーション作品『ポパイ』に登場する悪役のブルートーと酷似しているなど、随所にその影響が見られる。
(16) 前掲『世界映画大事典』七七一ページ
(17) 第一次世界大戦から第二次世界大戦にかけての、世界各国のプロパガンダアニメーションを概説的に取り上げたものとしては、セバスチャン・ロファ『アニメとプロパガンダ――第二次大戦期の映画と政治』（古永真一／中島万紀子／原正人訳、法政大学出版局、二〇一一年）を参照。
(18) 飯田心美「小津監督は語る」「キネマ旬報」一九四七年四月号、キネマ旬報社、一四―一五ページ
(19) 厚田雄春／蓮實重彥『小津安二郎物語』（リュミエール叢書）、筑摩書房、一九八九年、一三三ページ
(20) カルステン・ラクヴァ『ミッキー・マウス――ディズニーとドイツ』（柴田陽弘監訳、眞岩啓子訳、現代思潮新社、二〇〇二年）を参照。
(21) 島崎清彦「「白雪姫」の出来るまで」「映画と技術」第八巻第二号、日本映画技術協会、一九三八年、八三―九四ペ

ージ
(22) 前掲『手塚治虫とボク』一九四ページ
(23) 同書一九三―一九四ページ
(24) 高峰秀子『わたしの渡世日記』上（新潮文庫）、新潮社、二〇一二年、三三〇―三三一ページ
(25) 柳沢保正「カメラは時の氏神　第四回」「カメラスタイル」第十四号、ワールドフォトプレス、二〇〇二年、八〇―八三ページ
(26) 大塚栄によれば、「次女が生まれた年〔一九四三年：引用者注〕に、大阪・中之島の朝日会館でおこなわれた海軍主催の鹵獲《ろかく》映画上映会で、まずクラーク・ゲーブルが出てくるカラー映画を観た。そして次にディズニーのカラー映画を連続で観た。二つとも長篇で、映画好きの私でも、さすがに疲れたのを覚えている」。大塚はディズニーの映画のタイトルには言及していなかったが、「ミッキーマウスが登場する」長篇映画であり、「台詞がなくて音楽だけというのが不思議だった」とも語っていたことから、『ファンタジア』だった可能性がきわめて高い（遺族からの聴き取り調査）。
(27) 宇津木発生は戦後になって二作品のタイトルを知ったと語り、また大塚栄もディズニー作品のタイトルまでは把握していなかったことから、東京・大阪での上映どちらも作品のタイトルを伏せての上映だった可能性がある。
(28) 本章では調査が及ばなかったが、東京帝国大学でも上映されていたという証言もあり、戦時中の『ファンタジア』の上映会に関してはこれからも情報が出てくる可能性がある。
(29) 前掲『ミッキー・マウス』一二五ページ
(30) 持永只仁の自伝（持永只仁『アニメーション日中交流記――持永只仁自伝』東方書店、二〇〇六年）によれば、瀬尾光世のもとで働いていた持永は、海軍省の上映会に同席しておらず、後日、瀬尾から感想を聞かされるという形になっている。なお、持永は敗戦直前に満州映画協会に移籍するが、満州に渡ったあと、満州映画協会理事長の甘粕正彦とともに『ファンタジア』を見ているという証言もある（小松沢甫「持永只仁の足跡　運命をきりひらいたアニメーション作家」、前掲「ANIMAIL 歴史部会版」第二号、三六ページ）。
(31) 前掲『アニメーション日中交流記』九五ページ

(32) ディズニーによるアニメーションのカラー化は、「シリー・シンフォニー」の『花と木』が最初の作品である。
(33) 当時のドイツ国内での『白雪姫』の反響については、前掲『ミッキー・マウス』を参照。
(34) 映画評論家の清水晶は、日米開戦後、上海租界地に赴いた際に『白雪姫』を見ている。戦時中、日本人で『白雪姫』を見ることができたのは、清水のように海外に赴いたケースに限られていた（清水晶「上海の映画界から」「映画評論」一九四二年八月号、映画日本社、二六―三二ページ）。
(35) 当初、映画館で公開する商業目的ではなく、農村・漁村で上映するために制作されたが、完成した作品の出来のよさから急遽、劇場公開することに方針転換されたと瀬尾は語っている（前掲『夢をつむぐ』二一九―二二〇ページ）。
(36) 同書二二七―二二八ページ
(37) 同書二二七―二二八ページ
(38) 熊川正雄と桑田良太郎も召集され、中国大陸に送られている。また、大石郁雄は記録映画撮影のため南方に赴き、戦死している。
(39) 宮本三郎（一九〇五―七四）は石川県小松市生まれ。一九二二年に川端画学校に入学。富永勝重、藤島武二に師事する。関東大震災で罹災したため京都に避難し、関西美術院に移籍し、黒田重太郎の指導を受ける。二七年には第十四回二科展に初入選。四二年から戦争記録画制作のため、藤田嗣治、小磯良平らとともにマレー半島、タイ、シンガポールなどに渡っていて、「山下、パーシバル両司令官会見図」などを描いている。なお「山下、パーシバル両司令官会見図」は四三年に第二回帝国芸術院賞を受ける。戦後、熊谷守一、田村孝之助、正宗得三郎らと二紀会を設立。また、各種美術団体の理事を務めるなど、洋画界の重鎮として君臨した。
(40) 前掲『夢をつむぐ』二二一ページ
(41)「海軍落下傘部隊メナド奇襲」は第二回大東亜戦争美術展（一九四三年）に出展された油彩画である。戦後、戦争絵画としてアメリカに接収されたが、一九七〇年に無期限貸与という形で日本に返還される。東京国立近代美術館所蔵
(42) 手塚治虫の日記、一九四五年四月十二日
(43) 日本の漫画とアニメーションでの科学的リアリズムの登場とプロパガンダの関係については前掲『「ジャパニメー

ション」はなぜ敗れるか』を参照。
(44)前掲「もう一つの観点」三六―三八ページ
(45)戦後も政岡憲三は同作の資料を所持していたとされるが、火災で焼失している。
(46)前掲『松竹七十年史』二九九ページ
(47)高橋克雄「思い出検索『映像製作・半世紀』(一)アニメーションとの出会い」「文芸広場」一九九七年二月号、第一法規、二四―二八ページ
(48)手塚治虫に大きな影響を与えたことは、手塚が多くの瀬尾光世作品について感想を残していることからもわかる。例えば、瀬尾が戦後に制作した『王様のしっぽ』(一九四八年)は劇場公開されることはなかったが、何らかの形で海賊版のフィルムは外部に広まっていたようで、手塚が著書で紹介している。
なぜぼくがしっぽにこだわるかというと、ぼくが戦後まもなくみた「王さまのしっぽ」というマンガ映画がもとです。その映画はキツネの王さまと、アンデルセンの「はだかの王さま」をくっつけたような創作童話でした。たいへん美しく魅力にあふれたマンガでした。/『ビス・ビス・ビス星ものがたり』は、もちろんそれとはお話がぜんぜんちがいます。そして、これはいくぶんおとなむきになっています。SFで味つけもし、こんど書き足した部分もあります。/公開にめぐまれず、たいへんな努力の末にろくに日の目も見ないでオクラ入りした「王さまのしっぽ」のスタッフの皆さんへ、この作品をささげたいとおもいます(手塚治虫『ビス・ビス・ビス星ものがたり』〔ファミリー絵本〕、大都社、一九七五年)。
(49)『桃太郎 海の神兵』では、占領下にある南方の島々の子どもたち(ただし人間ではなく擬人化された動物)に日本語を教えるために、「アイウエオの歌」を合唱するシーンがある。手塚治虫のテレビアニメ『ジャングル大帝』(フジテレビ系、一九六五年)でも、ジャングルで動物たちが合唱するシーンが描かれていて、このシーンは『桃太郎 海の神兵』の「アイウエオの歌」を意識して描かれたものだとされている。

第６章　漫画映画制作者たちの戦後——絵本作家への転身

戦時中はプロパガンダに協力した制作者たちだが、敗戦後、状況は一変する。プロパガンダ作品の制作はおろか、上映さえ禁止された。漫画映画業界の戦後は、プロパガンダから脱却することで始まったのである。

本章では、敗戦後の漫画映画業界の再編で政岡憲三が中心的な役割を果たした一九四〇年代後半、そして戦後の経済的な混乱から漫画映画業界を離れ、挿絵画家に転身する五〇年代の足跡を追っていく。

まず、占領軍による漫画映画への統制に対して、制作者たちはどのような対応をとることで戦後の漫画映画制作を再開させたのかを、政岡が演出を務めた『桜』を例に分析していく。さらに、政岡にとっては最後の漫画映画作品になった「すて猫トラちゃん」シリーズを中心に、戦後の漫画映画業界はプロパガンダにかわって何を描くことを求められていたのかを考えてみたい。

また後半では、漫画映画以外での政岡の活躍を取り上げる。政岡は一九五〇年を境に漫画映画業界から離れ、挿絵画家へと転身する。だが、初期の出版物のなかには、自らが手がけてきた漫画映画とのリンクをうかがわせる作品も少なくない。さらに、漫画映画業界から出版業界に、いきなり転身したわけではなく、徐々に活動の場を移行させている。その過程で、一つの漫画映画が複数の人物によって絵本や漫画になり、独自の物語として独立していく事例もある。漫画映画と他ジャンルとの関わり、それを作者と作品の両面から見ていきたい。

1 プロパガンダからの脱却

政岡憲三はどのようにして戦後の再スタートを切ったのか。松竹動画研究所の閉鎖に伴い、政岡は一九四五年九月に松竹を退社する。

そして山本早苗から誘われて、新日本動画社を結成する。この新日本動画社が唯一制作したのが『桜』である。『桜』は、劇場で一般公開されることがなかったことから、『くもとちゅうりっぷ』と比べると政岡作品としての知名度は低く、あまり注目されることはなかった。だが、政岡は「自選ベスト5」[1]に入る作品として、この『桜』を挙げている。美工・絵専出身という経歴を考えたうえで、日本画を学んだという経験が反映されていて、さらには『くもとちゅうりっぷ』とは違った形での漫画映画の音楽への考え方が実践されているのが、この『桜』である。

一九四六年に完成した『桜』は、春の京都・嵐山を舞台に、擬人化されたチョウの姉弟が舞い散る桜の花びらと戯れたり、屋形船に乗ったり川岸の茶屋で休む舞妓たちの姿を描いた八分ほどの作品である。この作品を理解するうえで手がかりになるのが、第1章で取り上げた、政岡が美術学校時代に受けた教育である。

政岡が美工・絵専に在学していた大正期、絵専の校長を務め、さらに心理学者でもあった松本亦太郎は、舞妓をはじめとする花柳界の女性たちを絵の題材にすることを奨励していた。そこで、美工や絵専の学生たちは、舞妓をデッサンするために、祇園などに通うことも珍しくなかった。このような背景を受けてか、学生時代のものと伝えられる政岡のデッサンのなかには、太夫を描いたものが残されている(図40)。

また、学生たちのなかには、いわゆるボンボンと呼ばれる裕福な家の生まれの者も少なくない。普段から祇園などで遊び、舞妓や芸妓を妻とする者もいた。政岡の妻・綾子は、もともと政岡が通っていた京都のお茶屋の娘であり、政岡にとって舞妓とはなじみ深い存在だった。また同時に、京都らしい郊外の田園風景も、重要な題材とされていた。『桜』は、嵐山という京都でもやや市街地から離れた場所と舞妓の組み合わせという、美工・絵専で奨励されていた題材を描いた作品、として見ることもできる。(2)

さらに舞妓たちの描写にも注目したい。舞妓はそれぞれ異なる紋様の着物を着ていて、半襟や帯にいたるまで非常に精密に描かれている。美工には図案科という学科があって、着物の図柄をデザインするための人材養成をおこなった。政岡が学んでいたのは絵画科だが、同じ学内には図案科があって、友禅紋様はなじみ深いものだった。また、絵画科の教員でもある日本画家たちが着物の図柄をデザインすることもあった。

図40　政岡憲三による太夫のデッサン
（出典：前掲「Film1/24」第23・24合併号、22ページ）

また、舞妓のように、単に日本画的なモチーフを登場させているだけではない。画面の構図でも、日本画的な表現が見られる。『桜』に出てくる保津峡を進む筏のシーンと、美工・絵専の校友会誌「美」の一九二三年三月号に掲載された都路華香の「海筏」という作品を比べてみたい（図41）。

華香の作品は「海筏」というタイトルからもわかるように海を舞台にし、政岡の映画では、川を舞台にしているという違いがある。だが、政岡の『桜』で筏を描くシーンでは、カメラはゆっくりと下へと移動していき、後ろに長く連なっていく材木の列を映し出していく。一つ一つの画面では分断されているためわかりにくいが、このシーンの画像をつなぎ合わせていくと、縦に長細く広がった風景が登場する。

漫画映画では、画面は横方向へと広がっていくことが一般的だった。縦方向へと移動していくシーンがまったくないわけではないが、横方向と比べると少数である。「海筏」と『桜』の構図を見ると、どちらも長く連なった筏の先頭にいる船頭を画面上に描き、その長い材木の列を画面の下部へと連ねていくことで、描かれている空間の奥行きを表現している。

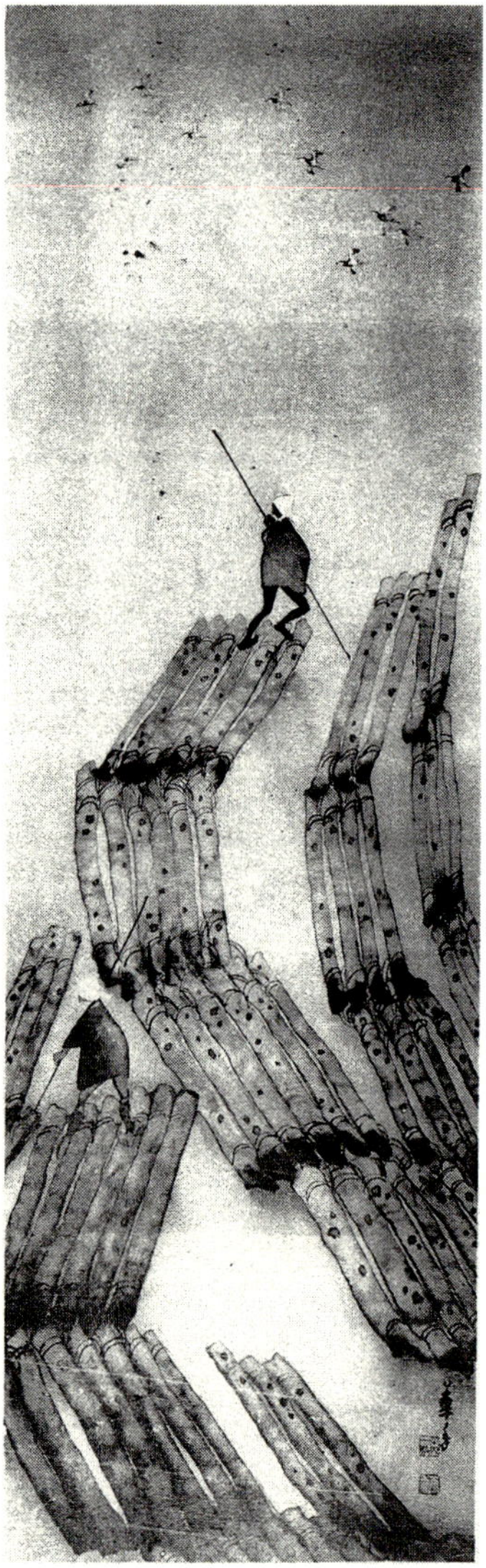
図41　都路華香「海筏」
（出典：「美」1923年3月号、芸艸堂、口絵）

華香はのちに絵専の校長にもなる人物だが、政岡は美工在学中、実技の授業で華香の指導を受けている。さらに、政岡の美工時代の卒業制作「浪」が展覧会評で「女はよいが肝心の波が華香張りでやりそこなつてある[3]」と評されていたことは第1章でもふれたとおりである。この「華香」とはまさしく華香のことであり、政岡の美工時代の作品には華香の影響が色濃く見られたのである。

この「海筏」という作品は、学内向け雑誌に掲載されていたことから、当時、絵専に在学していた政岡がこの作品を目にしていた可能性も否定できない。また、この華香の作品はモチーフや構図の面から見て、日本画として特殊なものでもない。そもそも縦長の画面構成は、漫画映画では珍しくても、日本画では掛け軸の細長い形態も関係して、決して珍しいものではない。

政岡はこの日本画の掛け軸の構図を、漫画映画でカメラの移動という形を利用しながら表現しようとしたのではないだろうか。また、日本画ではよく描かれる風景をあえて漫画映画で描いたという点も重要である。政岡は、日本画のモチーフや構図を意図的に漫画映画のなかに取り込んでいる。このように、『桜』は、美工・絵専で学んだ理論・実技を実践した作品という側面ももっていた。

ただし、京都を舞台にしたことには、敗戦直後という時期が関係している。この『桜』は、進駐軍に見せることを意識して制作されたという事情があった。『桜』の制作から三十年以上たった一九七八年、政岡は『桜』について振り返って「米軍が、日本人の特攻的報復をおそれていましたから、爆撃をうけなかった、京都を舞台にしました[4]」と語っている。また、京都や奈良は爆撃を受けなかったため、人々は映画を見にいくような平和が残っているとも発言している。進駐軍の検閲に通るような設定・内容にするという大前提があったのである。

政岡の作品は一見、時代を反映していない、超然とした内容に見える。しかし、それは現在の私たちの視点から解釈した場合である。なぜそのような作品を作ったのかという背景を考慮すると、むしろ戦後という時代に漫画映画に求められた新たな方向性を模索したという新しい側面が見えてくるのである。

2　映像の実験

『桜』は敗戦後間もない時期に作られた作品だが、政岡によれば四つの「技術的試み[5]」があった。一つ目は「舞妓のひるがえる袖たもとについている友禅紋様がどの程度ビリツキやガタツキが防げるのか」、二つ目は「舞妓のアップで髪のはえぎわの細かい描写がどれくらいで観昭《ママ》にたえるか」、三つ目は「風船の紋様でまるみを描く

図42　政岡憲三『桜』（新日本動画社、1946年）　舞妓たち
（出典：前掲『日本アートアニメーション映画選集』第2巻）

のに成功するか否か」、そして四つ目は「動かない物体をフルアニメでどういう風に処理したらいいか」である。

まず一つ目だが、例えば、舞妓の着物には友禅の細かな紋様が描き込まれている（図42）。舞妓が身動きすると、着物の紋様も形を変える。登場人物の動作と着物の動きを考えたうえで描いていかないと、紋様が生き物のように動いて見える。さらに、撮影の段階で位置がずれると絵のなかの線がずれて、紋様が動きだしてしまう。

『桜』では、舞妓たちが走り回るシーンを挿入していて、しかも舞妓たちは複数であるため、一人一人の着物の紋様を計算したうえで描いていく必要がある。あえて困難な作業を伴う細かい紋様を描くことで、作画の正確さに挑戦したのである。

次に二点目の髪の生え際の描写だが、これも友禅の紋様のときと同様に、精度が求められる作業である（図43）。日本髪に結った女性の白く化粧されたうなじは人々の目を引き付ける場所でもある。舞妓たちをアップで描くシーンでは、後ろ姿を捉えるところから始まって、首をゆっくりと曲げて横顔を見せるまでの様子を描いている。ダイナミックな動きがないシーンだが、観客の目が髪の生え際に集中している分、寸分のずれも許されないシーンである。日本髪の生え際は、細い髪の毛が描かれていて、少しでも線がずれると、髪が生き物のように動きだしてしまう。位置がずれないように細心の注意を必要としていて、作業の正確さの追求を目的としていた。

次に三点目の風船の紋様だが、これは子どもが手離してしまった風船が、空へ上っていくシーンを指している。風船には線で桜の模様が描かれている（図44）。模様が右から左へと移動していくことで、風船が時計回りにゆっくりと回転していることを表現している。桜の模様は、風船の曲面に合わせて、わずかに歪んで描かれている。加えて、風船に白く湾曲したラインを入れることで光沢を表現し、球体であることを強調している。セルアニメーションで球体の立体感をどう描写するか、それを紋様と光沢で表現している。

そして最後の四つ目のフルアニメーション[6]による描写である。激しい動きならば、フルアニメーションの技法を最大限生かして、滑らかな動きを表現することができる。だが逆に、ゆったりとしたシーンでは、フルアニメーションであることを主張するのが難しい。特に屋形船に乗った舞妓を描くシーンでは、指先だけ、あるいはかすかに頭を傾けるなど、微妙なしぐさをさせることで、フルアニメーションであることに気づかせる描写になっている。

図43　前掲『桜』　屋形船の舞妓
（出典：前掲『日本アートアニメーション映画選集』第2巻）

だが、政岡が挙げている四つの試み以外にも、映像での試みが確認できる。それは背景の描き方、そしてカメラワークである。

漫画映画の画面を構成する要素は、大きくキャラクターと背景の二つに分かれる。現代の日本アニメーションであれば、CGを駆使して背景も工夫していて、それが評価される理由の一つになっている。だが、当時の漫画映画の背景

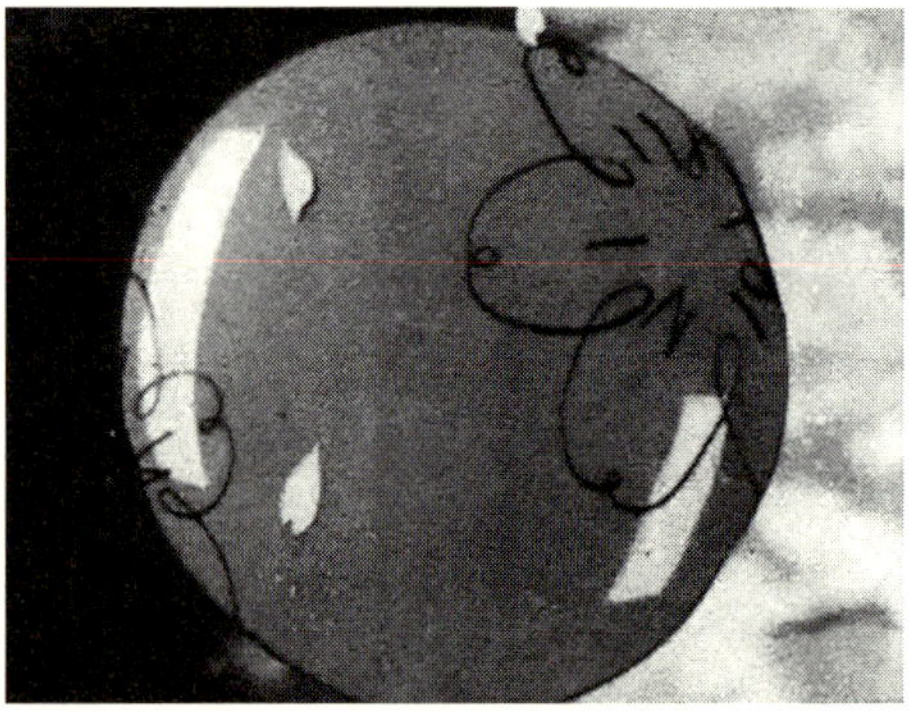

図44　前掲『桜』　桜紋様の風船
（出典：前掲『日本アートアニメーション映画選集』第2巻）

は、あくまでもキャラクターたちが動き回る後ろに描かれる脇役としての扱いでしかなかった。しかし政岡は背景も作品の重要な位置を占める要素と捉え、最新で高度な技法[7]を取り入れている。背景を描くにあたって、劇映画で「パン」と呼ばれている技法、漫画映画関係者のなかでは「回り込み」と呼ばれていた技法である。「パン」とは、カメラを左右に振りながら撮影していく技法のことである。『桜』では川から川岸に咲く桜へとカメラが移動するときに、九〇度の回り込みが試みられている。また、『桜』の翌年に制作された『すて猫トラちゃん』でも一八〇度のパンが試みられている。さらに、一九四八年の『トラちゃんと花嫁』では、屋根から落下した主人公たちが目を回すシーンで、それまでのパンの技術が応用されている。実写でパンを用いる場合、さほど困難な技法ではないが、漫画映画の場合は登場人物と背景はすべて絵のなかに描かれた架空のものでしかない。漫画映画で回り込みをするには、対象物の位置関係はもちろん、絵を動かすタイミングなど膨大な計算が要求される。

それまでキャラクターの「背景」にあるものにすぎなかったものに、政岡は全力を注ぎ込んでいる。当時としては斬新な映像表現は、漫画映画は単に子どもを笑わせるだけの面白おかしいものであればいいという枠を超える力になっていった。政岡は常に新しい映像表現を追求する意識をもっていたのであり、それは敗戦直後という物資も人も限られた時代であっても変わることはなかった。

これらは視覚的な表現だが、音楽面でも実験がなされている。『桜』の三年前に作られた『くもとちゅうりっぷ』では、音楽家・弘田龍太郎に作曲を依頼し、フルオーケストラによる演奏を用いている。原作が先にあったため、そのイメージに沿って曲が作られた。その逆に『桜』は音楽そのものからイメージを得て作られた、オリジナルストーリーの作品である。カール・マリア・フォン・ウェーバー作曲「舞踏への勧誘」[8]に合わせて物語は進んでいく。

政岡のもとで漫画映画を制作していた吉村祥は、政岡が戦前から「舞踏への勧誘」を使った作品を構想していたと証言している[9]。吉村によれば、一九三七年、アメリカの映画『オーケストラの少女』（監督：ヘンリー・コスター、配給：ユニバーサル・ピクチャーズ、一九三七年）を見た政岡は、レオポルド・ストコフスキー[10]に強い関心を抱く。この映画のなかで、ストコフスキーは現実そのままに、フィラデルフィア交響楽団の指揮者役として登場している。後日、ストコフスキーの指揮による「舞踏への勧誘」のレコードを入手すると、将来何かの作品に使うときのためにトーキー用に録音していて、その際の音源が『桜』に使われたのである。政岡は戦前から何年もかけて構想を温めていたのである。

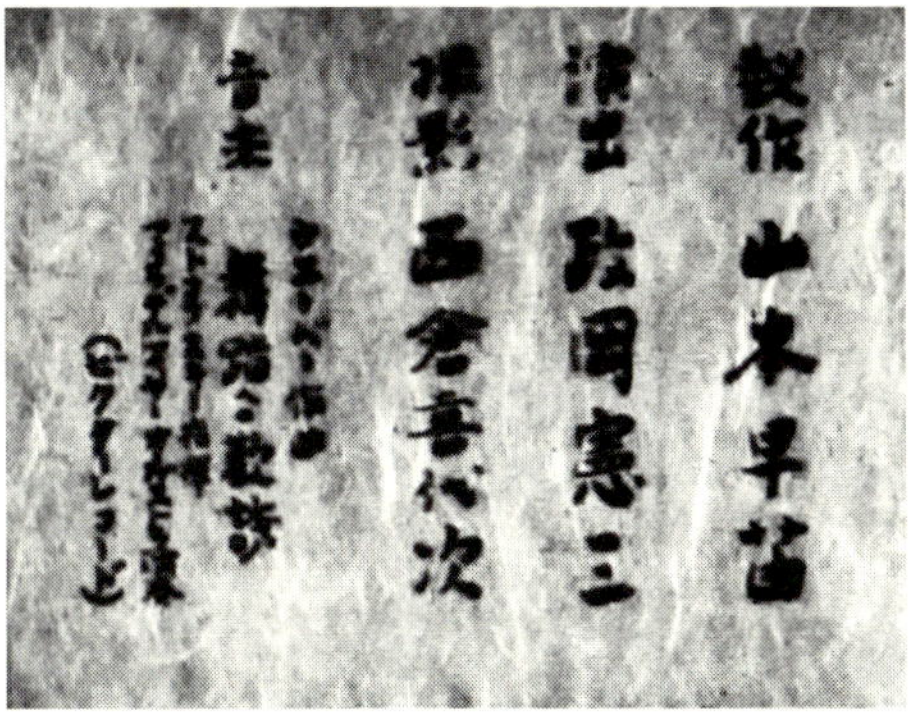

図45　前掲『桜』　クレジット
(出典：前掲『日本アートアニメーション映画選集』第2巻)

『桜』のクレジットには音楽はストコフスキー指揮、フィラデルフィア・オーケストラ演奏であることが明記されている（図45）。「舞踏への勧誘」という曲そのもの以上に、政岡は指揮者であるストコフスキーに引かれていたのである。では、どうして政岡はストコフスキーという指揮者の曲を用いることにこだわったのか。

実は、政岡以外にもストコフスキーに強い関心を示したアニメーション制作者がいる。それは、アメリカのウォルト・ディズニーである。第5章でも取り上げたディズニーの『ファンタジア』は、八曲で構成されたオムニバス形式である。バッハの「トッカータとフーガ」、チャイコフスキーの「くるみ割り人形」、デュカスの「魔法使いの弟子」、ストラヴィンスキーの「春の祭典」、ベートーヴェンの「田園交響曲」、ポンキエッリの「時の踊り」、ムソルグスキーの「禿山の一夜」、シューベルトの「アヴェマリア」に合わせて八つの物語が進んでいく。

ウォルト・ディズニーが『ファンタジア』を制作したのは、「人々にアニメーションを芸術として認めさせたいという熱意」に燃えていて、そのために「ストコフスキーという第一線級の指揮者と一緒に《古典音楽とアニメーションを融合した新しい芸術作品》を作る」[11]意図があったという分析がある。ストコフスキーを起用し、芸術の域まで高めることで、それまでのアニメーションとはまったく違うものを生み出そうと考えていたのである。

一九三七年の時点で、政岡はストコフスキー指揮による音楽を用いた作品を構想していた。さらに戦時中、政岡は軍が押収した『ファンタジア』を見せられているので、ストコフスキー指揮の曲を使った作品に対する熱意は、一層強まったはずである。政岡は『桜』という作品を通して『ファンタジア』に挑戦しようとしたのではないだろうか。そのための手段が、同じストコフスキーの指揮による曲を用いて、その曲にイメージを得た作品を作ることだったのである。

また『桜』の大きな特徴は、台詞が一切ないことである。さらに台詞だけではなく、漫画映画には付き物とされていた、効果音の類いもやはりない。「舞踏への勧誘」という曲だけがこの作品で用いられている唯一の音なのである。『ファンタジア』も、実写を用いた解説シーンは別として、基本的に台詞や効果音はなく、音楽だけで進んでいく。

ところで、政岡は一九三九年の段階では、台詞こそが日本の漫画映画にとっての強みであると主張し、「国際性を云々するのは未だ早過ぎます。台詞の非国際性こそ外国物への堡塞〔ほうさい＝とりで：引用者注〕」[12]と語っていた。日本の漫画映画は海外製のアニメーションに人気の面で押されていて、その対抗策として台詞を重要視している。この発言は、戦時色が深まりつつある三九年という時代性を考慮する必要もある。だが、台詞は単に物語を進めていくためだけではなく、その言葉の面白さなどで観客を笑わせるという役割も担っていたのは事実である。また、にぎやかな効果音によって音で画面を飾り立てて作品を盛り上げるのが、それまでの漫画映画では一般的だった。

しかし政岡は、かつて漫画映画の強みだとまで主張していた台詞を一切入れず、さらにギャグのような笑いもなく、音楽のイメージを映像化した作品を作り出したのである。『くもとちゅうりっぷ』では弘田龍太郎というプロの音楽家を起用したが、『桜』ではストコフスキーの曲を用いている。できることならレコードではなく、『くもとちゅうりっぷ』のときのように、オーケストラによる生演奏を収録した音源を使いたかったのかもしれない。だが、戦後の混乱期であることに加え、アメリカにいるストコフスキーに指揮を依頼することなど不可能だったことから断念したと推測される。

政岡の音楽への試みは、この『桜』で終わったわけではない。翌一九四七年に制作した『すて猫トラちゃん』ではオペレッタ風の作品を試みるなど、このあとも続いていった。政岡にとって、音楽とは漫画映画に不可欠な要素であり、政岡作品を特徴づける存在になっていったのである。

政岡がさまざまな挑戦を試みた『桜』は一九四六年五月に完成するが、興行性がないという理由から配給を拒否され、劇場公開されることなく終わった。[13]もし公開されていれば、政岡に対する評価もまたいまとは違ったものになっていたかもしれない。

3　「すて猫トラちゃん」シリーズ

政岡が「自選ベスト五」[14]の一つに挙げていて、かつ日本動画発祥の地のモニュメント（政岡の墓）にレリーフとして刻んだ三作品[15]にも選んだのが『すて猫トラちゃん』である。政岡が漫画映画業界で直接制作に関わった最後の作品がこの「すて猫トラちゃん」シリーズである。

以下では、この作品を中心に語りながら、政岡の漫画映画以外での活動についてもふれておきたい。そして、挿絵画家として活動することになる一九五〇年代の政岡の足跡を追いながら、同時代の絵本や漫画と漫画映画の接点についても視野を広げてみたい。

『すて猫トラちゃん』

『桜』が完成した翌年の一九四七年、新日本動画社を改称して、日本漫画映画社が正式に発足した。山本と政岡に加えて、新たに村田安司、荒井和五郎をはじめとする制作者が集結する。『日本アニメーション映画史』では「ここに集まったアニメーターは、およそ百人といわれる」[16]としていて、当時の日本にいたほとんどすべての漫画映画制作者が同社に所属することになる。このような巨大な組織は漫画映画業界にとって初めてのことだが、「一大集結」した理由として、①占領軍による監視・統轄、②資本・設備・人手の不足から個人での活動が困難だった、という二点を挙げている。[17]

しかし、意見の対立から、山本と政岡は日本漫画映画社を離れ、日本動画(以下、日動と略記)を設立する。そして、この日動が一作目として手がけたのが『すて猫トラちゃん』である[18](図46)。『すて猫トラちゃん』はシリーズ化され、『トラちゃんと花嫁』(一九四八年)、『トラちゃんのカンカン虫』(一九五〇年)、『トラちゃんの冒険』(一九五五年)と続いていて、政岡は三作目の『トラちゃんのカンカン虫』まで制作に関わっている。

『すて猫トラちゃん』の粗筋は以下のとおりである。ひまわりの花が咲き乱れる夏の日、河原で泣いていた捨て猫のトラちゃんを、通りかかった三毛猫の母親が保護する。そして、自分の家に連れ帰ると、自分の子猫たちと一緒に育て始める。しかし、三毛猫一家の末娘ミケちゃんが嫉妬し、家出してしまう。トラちゃんはミケちゃんを連れ戻しにいくが、二匹は大嵐に巻き込まれる。一緒にさまざまな困難を乗り越えていくうちに、すっかり仲良くなり、母親たちが待つ家へと帰っていく。季節は流れてクリスマスになり、雪の降るなか、家のなかではトラちゃんやミケちゃんたちが家族みんなでクリスマスのお祝いをしている光景で幕を閉じる。

登場時、主人公のトラちゃんは捨て猫として描かれているが、これは戦災孤児をなぞらえたものである。野坂昭如の『火垂るの墓』（文藝春秋、一九六八年）で描かれているように、敗戦後は街に戦災孤児たちがあふれていた。そのような戦災孤児たちの救済を、捨て猫が拾われて、新たな家族として迎え入れられるというストーリーで訴えようとしたのである。

しかし、政岡が描く世界は、現実の厳しさを反映していないという批判もあった。トラちゃんが引き取られた三毛猫一家の家族構成を見ると、母猫と三匹の子猫で、そこには父親の姿がない。また、一家が住むのはバラック小屋である。空襲で家を焼かれ、かつ父親が出征して帰ってこない家を想起させる設定である。はたしてそのような家庭が、捨て猫を新たに迎え入れるだけの余裕があるのかという疑問も出てくる。

図46　政岡憲三『すて猫トラちゃん』（日本動画、1947年）
（出典：前掲『日本アートアニメーション映画選集』第2巻）

しかし、政岡は悲惨な現実をありのまま描くのではなく、理想化することで新しい時代の到来を表現しようとしたのである。そこには、『桜』のときと同様に、占領軍に対して、プロパガンダから脱却したことをアピールする意図もあったと推察される。

また、あるべき戦後の社会を理想化して描いたのは、何も政岡だけではない。例えば、戦災の傷跡と、そこからの復興を描いた作品として、熊川正雄の『魔法のペン』（製作：京都映画社、一九四六年）が挙げられる。焼け跡に作られたバラックに住む少年が、捨てられていた人形を拾う。外国人の少女の人形は、戦前に日米友好の一環として贈られた青い目の人形を連想させる。人形を家に持ち帰った少年は、壊れていたところを繕ってあげる。作業を終えた少年が、英語の勉強をしようと教科書を読み始めると、どこからか笑い声がする。笑い声の主は、少年が拾った人形だった。人形は人間の少女になって、少年に語り始める。お礼に魔法のペンをくれる。少年がそのペンで描くと、食べ物でも自動車でも、何でも現実のものにすることができる。少年は焼け野原となった街に、次々とビルを作っていく。

かつて敵対したアメリカ・イギリスに対して、戦後は一転して、必死に英語を学ぶことで近づこうとしていく。そこには、単に戦争を放棄し、平和を求めるという志向だけではなく、アメリカへの好意を必死にアピールする姿が見て取れる。漫画映画なりに、戦後という時局に合わせた作品を作っていたのである。

政岡の引退

二作目となる『トラちゃんと花嫁』は、前作にも登場した三毛猫一家の長女の結婚を扱ったエピソードである。祖父が姉の結婚に反対していると思い込んだ一家が、何とかして祖父が到着する前に結婚式を挙げてしまおうと大騒ぎをする物語である。しかし、反対しているというのは家族の勘違いで、祖父は単純に自分が到着するまでは式を挙げずに待っていてほしいと要望していたことが判明する。祖父は花嫁にネックレスをプレゼントし、結婚を祝福する。祖父の「平和憲法の世の中」なのだからという台詞が、この作品の意図を象徴している。

本作もまた、敗戦後間もない時代を反映して作られた作品である。戦後の日本社会の変化の一つである結婚の自由を漫画映画によってわかりやすく説明する、という趣旨も持ち合わせている。第一作だった『すて猫トラちゃん』が戦災孤児の問題を暗に描いているとしたら、『トラちゃんと花嫁』の主題は新憲法である。戦中のプロパガンダから一転して、今度は平和や自由を宣伝し始めたのである。

シリーズ三作目にあたり、かつ政岡が関わった最後の漫画映画作品とされているのが、『トラちゃんのカンカン虫』である。政岡も演出として名を連ねているが、原画段階までしか制作に関わっていない。

トラちゃんとミケちゃんは船乗りとして働いている。船長のタバコが荷物の花火に引火して大騒ぎになるが、トラちゃんの機転で消火に成功する。船を舞台に、主人公が船乗りで気が短い船長に叱られて、という設定は、ミッキーマウスの実質的なデビュー作だった『蒸気船ウィリー』を連想させるところもある。シリーズの前二作品が、戦後の日本社会を捉えた作品だったとしたら、この作品は少し雰囲気が違う。むしろ単純な娯楽作品としての側面が強化されている。

この『トラちゃんのカンカン虫』の制作途中で、政岡は日動を退社する。その理由については、経営や制作の方針をめぐる山本との意見の対立、そして経済的な事情も絡んでいた。『日本アニメーション映画史』には、政岡が日動を離れるにいたった経緯が紹介されている。

結論から言えば〝食えなくなったから〟だ。日動は開店休業で給料とて出ない始末。もともと大好きな道であるけれども、折り悪く、そのとき妻が大病をわずらった。とにかく金が必要だった。感傷的なことはいっていられなかった。それで十人ほど仲間を集め、〝漫画家〟として再出発する気になった……[19]

戦後の経済的な混乱もあって、日動は経営難に陥っていた。戦前までならば実家である政岡家の支援を受けられたが、戦災の被害で政岡家からの援助も頼めず、政岡としても自活していくよりほかになかった。そこで政岡は日動を退社し、一九四九年四月に日本動画集団という組織を新たに結成している。

ところで「動画」とは政岡がアニメーションという言葉の翻訳として考案した言葉だが、この日本動画集団の活動実態は、漫画映画という映像作品ではなく、挿絵や絵本、漫画といった出版業界での仕事が主流だった。ここでは政岡は自分の仕事を「漫画家」と呼んでいるが、実際の仕事を見ると挿絵や絵本が大部分を占めていて、漫画形式の作品はわずかである。つまり、政岡の発言は、漫画映画という映像業界から、漫画を含めた出版業界へと活動の場を移したという意味で捉えるべきだろう。

では、政岡が漫画や挿絵といった児童向けの出版物を仕事の場として選んだ理由はどこにあったのか。一九四〇年代末から五〇年代にかけて漫画映画業界が逼迫していたのに対して、漫画業界は羽振りがいい時代を迎えていた。戦前から戦時中に漫画映画制作者として活躍した人物のなかには、戦後、特に五〇年前後から、漫画映画を離れて、児童向け雑誌の挿絵や漫画、あるいは絵本に活動の場を移した者が少なくない。

政岡とも直接縁があった人物は、瀬尾光世、うしおそうじ（鷺巣富雄）、熊川も絵本や漫画の執筆をしている。[20]

漫画とアニメーションというと、現在ではメディアミックスという観点から、漫画がアニメーションの原作になっている、あるいはアニメーションがコミカライズされるという形をイメージしがちである。しかし、漫画映画と呼ばれていた時代には、このように人材そのものが漫画映画から漫画へと移動することが珍しくなかったのである。

東宝教育映画による絵本版『すて猫トラちゃん』

漫画映画としてスタートした「すて猫トラちゃん」シリーズだが、政岡をはじめとして、さまざまな人物によって絵本化もされている。ここからは、漫画映画を絵本や漫画といった出版物にした事例を紹介していきたい。

一九四七年、まひる書房から『すて猫トラちゃん』の絵本版が、政岡憲三（本では正岡憲三と表記）作・佐伯孝夫詞・鷺巣富雄絵で刊行された（図47）。

鷺巣は、もともとはP・C・Lや東宝で、漫画映画と特撮に携わる映画人だった。東宝が労働争議で紛糾したことから同社を退社し、うしおそうじの筆名で貸本漫画をはじめとする漫画を手がけるようになっていた。タイトルには「東宝教育映画による絵と話」という副題もつけられていて、東宝教育映画の作品と連動しており、かつ同社の主導だったことが明示されている。絵本の作画を担当した鷺巣も、東宝とのタイアップ企画であり、絵本の制作にあたっては政岡のもとを訪れたと語っている。[21]

この『すて猫トラちゃん』では、ストーリーの流れから登場人物の外見にいたるまで、漫画映画の内容に忠実に従う形で絵本化されている。また、漫画映画はオペレッタ形式であり、作品のなかには劇中歌も挿入されている。絵本でも、オペレッタとしての要素を表現する試みがなされていて、冒頭には「こねこの合唱」（服部正曲、佐伯孝夫詞）、そして巻末には「かえるの歌」（服部正曲、佐伯孝夫詞）の楽譜を掲載しており、音楽面も盛り込んだ内容になっている。このように、漫画映画をそのまま絵本化するという明確なコンセプトが見て取れる。

『すて猫トラちゃん』以外にも、「東宝教育映画による絵と話」という絵本シリーズとして丸山章治著、山田順治絵、東宝撮影所編『ムクの木の話』（まひる書房、一九四七年）と望月衛文／下村兼史作、森芳雄絵、東宝撮映所編『ちどり』（まひる書房、一九四七年）が刊行されている。漫画映画版の『ムクの木の話』と『ちどり』は、一九四七年六月に完成し、どちらも同年九月二十五日に日比谷映画で封切りされていることから、この二作品はセット企画で制作され、上映されたと考えられる。『ムクの木の話』は一部のシーンにミニチュアセットを用いながらも、セルアニメーションが中心になっているが、『ちどり』は実写を併用していて、アニメーションのシーンは全体の三分の一程度である。[22] 東宝教育映画は、漫画映画専門の会社ではなく、実写も含めた教育映画、言い換えれば児童向けの映画を制作する会社だった。その東宝教育映画が、漫画映画や教育映画といった映像作品だけではなく、映画と連動した絵本の刊行もおこなっていたことは、同社の活動として注目すべきである。

図47　『すて猫トラちゃん』カバー
（出典：正岡憲三作、佐伯孝夫詞、鷺巣富雄絵『すて猫トラちゃん——東宝教育映画による絵と話』まひる書房、1947年）

絵本における展開

「すて猫トラちゃん」シリーズの絵本は、

東宝教育映画以外からも刊行されている。そして、各所で絵本化されるにつれて、本来の漫画映画にはない設定やストーリーが独自に展開されるケースも出てくる。「すて猫トラちゃん」シリーズの絵本は、先に挙げた東宝教育映画のもの以外に、少なくとも二冊が刊行されていて、どちらも政岡が制作に関わっている。

『トラちゃんの漂流記』（図48）は、一九四八年にみけねこ社から刊行された絵本である。表紙には「作　三五原はじめ、画　政岡憲三」と二人の名前が記してあるが、奥付では「著者　政岡憲三」だけになっている。二人の共著だが、政岡が主導していたと考えられる。

「まさをか・まんが」とあり、また（一）とも記載があることから、二冊目以降の続刊が企画されていて、シリーズとしての刊行が当初から想定されていたことをうかがわせる[23]。また、あえて一巻としているのは、東宝教育映画から鷺巣の作画によって刊行された絵本版とは、別シリーズであることを示している。だが、あくまで漫画映画とリンクした内容であることが冒頭で示唆される。

わたしは　みなさん　ごぞんじの
とうほう　えいがで　おなじみの
なまえは　トラねこトラちゃんよ
きい　て　ください　わたくしが
みなみの　はて　の　そのはてに
なが　れ　ながれた　ものがたり[24]

このように、まず本の冒頭部分で、東宝教育映画の漫画映画『すて猫トラちゃん』との関係性、つまり同じトラちゃんを主人公とする作品の一環であることが明言されている。

だが、絵本『トラちゃんの漂流記』で注目すべきなのは、単に漫画映画『すて猫トラちゃん』の設定やストーリーをふまえているだけでなく、政岡のほかの漫画映画を融合した内容になっている点にある。

すなわち、『トラちゃんの漂流記』には、黒いアヒルのガガちゃんという、漫画映画シリーズには登場しない、絵本オリジナルのキャラクターが加わる。また、内容も絵本オリジナルのストーリーになっている。

ストーリーの展開は以下のとおりである。トラちゃんとアヒルのガガちゃんが乗った船が嵐に襲われて沈没し、猿ヶ島に漂着する。しかし、猿たちとトラちゃんが対立してしまい、トラちゃんが牢に捕らわれる。だが、島に竜が出現して大騒ぎになると、牢を抜け出したトラちゃんが竜を捕らえ、猿たちと竜を和解させる。トラちゃんは猿たちから感謝され、博士になる。

図48　『トラちゃんの漂流記』カバー
（出典：三五原はじめ、政岡憲三絵『トラちゃんの漂流記』みけねこ社、1948年）

実は、この物語の前半部分は、政岡の漫画映画デビュー作『難船ス物語第一篇・猿ヶ島』（以下、『猿ヶ島』と略記）のストーリーや画面を一部踏襲したものになっている。『猿ヶ島』のストーリーでは、帆船が大嵐に巻き込まれて難破し、木箱に入った赤ん坊は小島に流れ着く。その島は無人島だが、猿たちが住んでいた。赤ん坊は「シッポのない猿」とされて、猿たちの手で育てられる。赤ん坊は無事に成長して、わんぱくな少年に育つが、いたずらが過ぎて猿たちの怒りを買う。仲間はずれにされた少年は、ヤシの木に登り、ヤシの実を猿たちに投げつけたことで、ついに逆鱗に触れてし

図49　前掲『トラちゃんの漂流記』　船が嵐に襲われるシーン
（出典：前掲『トラちゃんの漂流記』4—5ページ）

まう。猿の群れに追われて逃げる少年は、崖から海に身を投げる。猿は崖の上から海に落ちた少年を見下ろすが、もう追ってはこない。丸太を筏がわりにした少年は、海に漕ぎ出し、猿ヶ島は小さくなっていく。そして少年の先には、一隻の帆船が姿を現し、次の展開を予感させるところで終わる。

　さらに、ストーリーだけではなく、絵本の絵も、漫画映画『猿ヶ島』の絵を参考にして、類似する構図が見られる。例えば物語の序盤、船が嵐に襲われるシーンでは、漫画映画と同様に、『トラちゃん漂流記』でも帆船が描かれている（図49・50）。また、猿たちが月光の下で踊るシーンでは、海の上に満月がさしかかり、海辺では大勢の猿たちが楽器を演奏して、それに合わせて踊る様子を遠景から捉えている。踊る猿たちの服装だけでなく、月明かりに照らされたシルエットで描かれるという点にいたるまで、漫画映画の描写をかなり忠実にふまえた表現になっている（図51・52）。

それでは、どうして政岡は『猿ヶ島』と『すて猫トラちゃん』という二つの異なる漫画映画の内容を融合させ、一冊の絵本にしたのか。その手がかりとなるのが、『トラちゃんの漂流記』の奥付にある「父兄の皆様へ」と題したコメントである。

図50　政岡憲三『難船ス物語第一篇・猿ヶ島』（日活太秦漫画映画部、1930年）　船が嵐に襲われるシーン
（出典：前掲『日本アートアニメーション映画選集』第2巻）

夢と希望は　子供の心の糧です。
私は此の絵本を
私が子供であつた頃の事を
思い出しながら描きました。
そして私のもう一つの仕事の
漫画映画の味をとり入れる
事を考へました。
此の絵本と同じ映画もつくりたいと
思つています。
トラちゃんは、私の大好きな子供です。
これからトラちゃんが
いろいろのところへ行つて
いろいろの出来事にあふ事を
次々と絵本にして行きたいと思ひます。

このように、政岡は自らが過去に手がけた漫画映画の要素を取り入れて絵本を描き、さらに絵本の内容を再び漫画

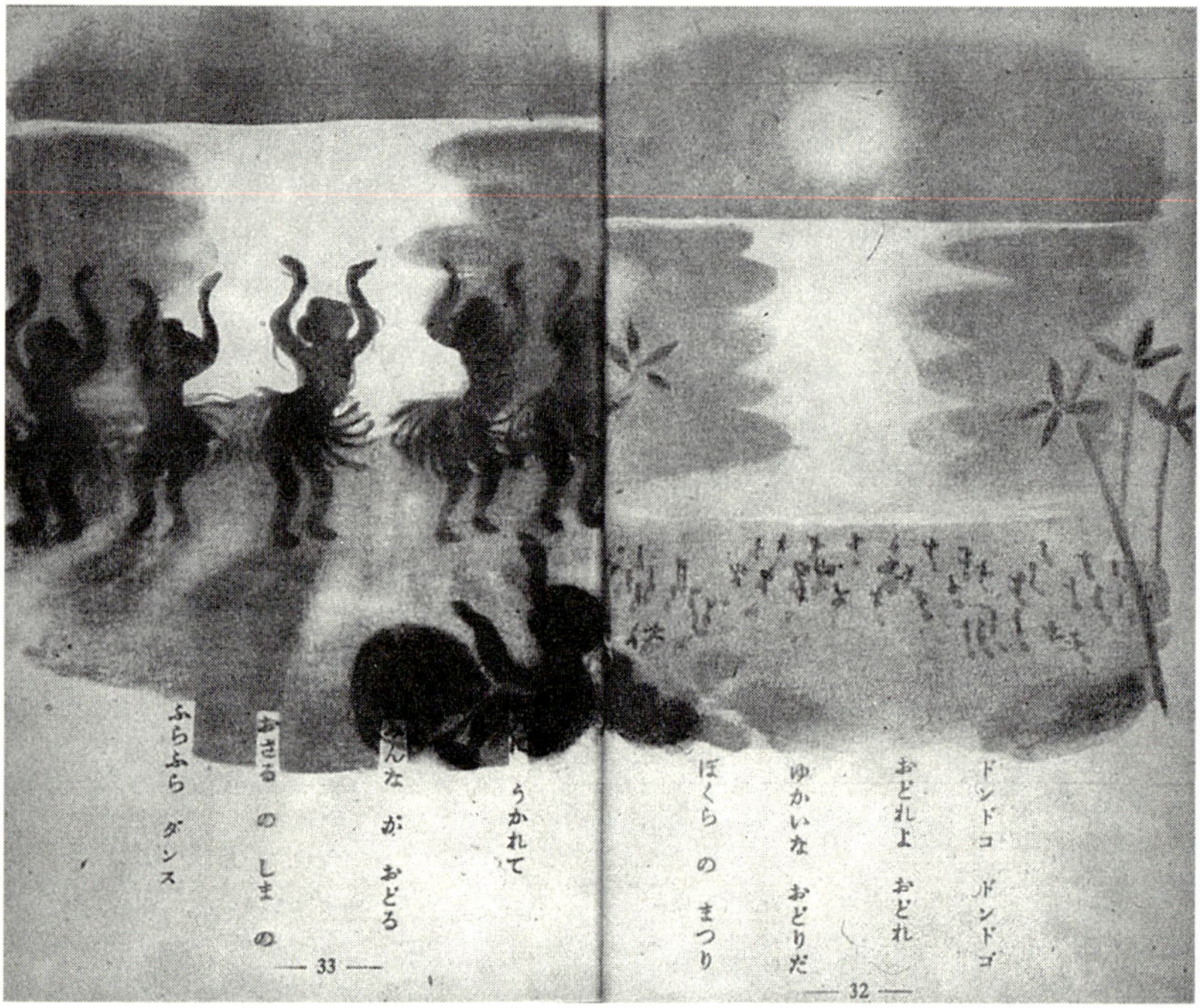

図51　前掲『トラちゃんの漂流記』 月光の下で踊るシーン
（出典：前掲『トラちゃんの漂流記』32―33ページ）

映画にすることも想定していたのである。

『トラちゃんの漂流記』は漫画映画『猿ヶ島』のストーリーの前半部分を踏襲するが、後半部分はまったく違った展開を迎える。『トラちゃんの漂流記』では、島に出没した竜に驚いて猿たちは混乱するが、トラちゃんの活躍で竜は捕らえられる。トラちゃんに対する誤解も解け、猿たちはトラちゃんを許すだけでなく、島に出没した竜とも和解をする。『猿ヶ島』では、猿たちは終始、少年のことを「シッポのない猿」だとみなしていて、少年はシッポがないために孤立し、しまいには猿たちにいたずらをする原因になってしまった。『猿ヶ島』で、少年は猿たちに追われて島を去り、人間世界へと戻っていく。少年と猿は決別したままで、物語は幕を閉じている。[25] 政岡は、絵本に自らが初めて手がけた漫画映画『猿ヶ島』という題材を選び、かつ物語の結末を両者の和解へと書き換えたのである。

　ところで、『トラちゃんの漂流記』の奥

付には続刊の予定も記載されていて、『トラちゃんの船出』と『トラちゃんの花嫁』、さらに熊川の作による『巨人国に行つた三吉』（未刊行）が紹介されている。

続刊として予定されていた『トラちゃんの船出』と『トラちゃんの花嫁』の刊行は確認されていない。このように、政岡が「此の絵本と同じ映画もつくりたいと思つています」と語るが漫画映画は作られなかったり、逆に絵本の計画はあったが執筆はされず、かわりに漫画映画だけが制作された作品もある。

図52　前掲『難船ス物語第一篇・猿ヶ島』　月光の下で踊るシーン
（出典：前掲『日本アートアニメーション映画選集』第2巻）

『トラちゃんの漂流記』が刊行されたのと同じ一九四八年には、漫画映画の二作目にあたる『トラちゃんの花嫁』が封切りされている。『トラちゃんの漂流記』は漫画映画『トラちゃんの花嫁』の封切り直後の出版であるため、漫画映画の制作・公開とあわせて、絵本版の出版も企画されていた可能性がある。

一方、奥付に続刊の予告があった『トラちゃんの船出』という題名の作品は、絵本と漫画映画、いずれでも実際の作品化は確認されていない。タイトルから判断して、海を舞台とした航海に関わるものと想像される。なお、漫画映画の三作目となった『トラちゃんのカンカン虫』では、トラちゃんとミケちゃんが船乗りという設定になっていることを考えると、『トラちゃんの船出』の絵本は何らかの事情で刊行されることなく、タイトルを変えたうえで漫画映画化された可能性も出てくる。

また、「トラちゃん」シリーズに加えて『巨人国に行つた

図53 『トラちゃんの野球』カバー
（出典：政岡憲三作、なかじまきよし画『トラちゃんの野球――長篇まん画』サンライズ書房、1948年）

三吉』の作者である熊川は政岡映画美術研究所以来、ともに漫画映画の制作に従事してきたメンバーである。先ほど紹介した、政岡が、日動を退社して漫画家に転身した際に「十人ほど仲間を集め」としている発言に注目したい。この仲間とは、うしお、熊川らのことを指していると考えられる。

『トラちゃんの漂流記』以外に、政岡が直接関わったトラちゃんの絵本としては、『トラちゃんの野球』（一九四八年）（図53）もあり、政岡憲三作、なかじまきよし画となっている。『トラちゃんの漂流記』とは違って、こちらには漫画映画の『すて猫トラちゃん』との関連を指摘する記述はない。ただし、動物たちが野球試合をするというストーリー展開は、政岡映画美術研究所が制作した『森の野球団』という作品を連想させる。

『トラちゃんの漂流記』と『トラちゃんの野球』は、どちらも、漫画映画と共通する登場人物はトラちゃんだけであり、ほかの絵本や漫画版でも必ず見られたミケちゃんが登場しない。逆に、この二冊の絵本版に共通する登場人物として、黒アヒルのガガちゃんが登場していて、絵本版としては同じ世界観で描かれている。

これらの絵本には、原作、あるいは実際の作画という形で政岡が直接関わっている。そのストーリーからは、「トラちゃん」シリーズという政岡が手がけた最後の漫画映画、さらには一九三〇年代にまでさかのぼる、自らの漫画映画作品の足跡を振り返る内容になっていたことも浮かび上がってくる。これもまた、単に漫画映画作品だけを分析対象としていてはわからない、複数のメディアをまたいだ作品を相互に参照することによって明らかにすることができる事実である。

瀬尾による漫画版「トラちゃん」

政岡や鷺巣による絵本とは別の形の出版物も刊行されている。それが瀬尾による漫画版である。

瀬尾は、一九四五年に松竹の動画研究所が閉鎖されたあとも松竹に残り、大船撮影所の演出部に所属していた。だが、四七年末に退社すると、四八年一月には日本漫画映画社へ入社する。瀬尾が入社する前に政岡と山本は日本漫画映画社を退社していて、入れ替わるような形だった。

瀬尾はさっそく『王様のしっぽ』(26)の制作に着手し、予算の都合で制作が滞ったが、最後は私財を投入して完成させている。だが日本漫画映画社を支援していた東宝社長の米本卯吉が前述のように「アカがかっている」と判断したことによって、一般公開されることなく終わった。瀬尾がプロキノのメンバーとして活動し、特高に逮捕された過去が、ここでも影響していたのである。この一件で瀬尾は多額の負債をかかえ、日本漫画映画社も倒産する。瀬尾は漫画映画の制作から手を引き、以後は「瀬尾太郎」「せおたろう」などという筆名を使って児童向け雑誌や絵本の挿絵を手がけるようになる。(27)

瀬尾太郎による「トラちゃん」シリーズの漫画版は、その掲載誌や掲載時期と内容から、二通りに分けることができる。

瀬尾太郎による最初の「トラちゃん」作品は、一九五〇年十一月号の「小学二年生」（小学館）に掲載された「みけちゃん・とらちゃん　ジェットきそうどう」（せお・たろー名義）（図54）から始まる。いたずらをしてくるイヌに対抗するべく、トラちゃんとミケちゃんがジェット機に乗り、イヌを懲らしめて反省させるという内容で、漫画映画版では該当する作品は見当たらないことから、瀬尾によるオリジナルの展開と考えられる。

次の「トラちゃん」シリーズ「すてねこのとらちゃん」は「小学一年生」（小学館）の一九五一年十月から十

図54　せお・たろー（瀬尾太郎）「みけちゃん．とらちゃん　ジェットきそうどう」
（出典：「小学二年生」1950年11月号、小学館、82―83ページ）

二月号にかけて三話が掲載されている。三話とも共通して、三ページで一話が完結するという読み切り形式になっている。

第一話は漫画映画の一作目『すて猫トラちゃん』のストーリーや設定に準じる内容になっている（図55）。箱に入れられて泣いていた捨て猫のトラちゃんが、三毛猫の家に迎えられる。母猫は、トラちゃんのためにミシンで服を縫い、鈴をつけてあげる。

だが、漫画映画にはないブタやイヌの少年たちという登場人物が追加されていること、逆に三毛猫一家のミケちゃん以外の子どもたちが登場しないなど、設定に変更はある。加えて、後半のストーリーが変えられている。漫画映画では、トラちゃんがやってきたことに嫉妬した末娘のミケちゃんが家出をしてしまい、トラちゃんが探しにいく。しかし、漫画版では、ミケちゃんはトラちゃんにやきもちを焼くことはない。むしろ、ミケちゃんがネズミに囲まれた際、トラちゃんがネズミを退治して、ミケちゃんの危機を救う。そして、最後の十六コマ目は「なか

図55　せお・たろう（瀬尾太郎）「すてねこのとらちゃん」第1話
（出典：「小学一年生」1951年10月号、小学館、32―33ページ）

よくしようね」というトラちゃんの台詞で終わる。

第二話からは、漫画映画からは離れた独自のストーリー展開になっていく。ミケちゃんがトラちゃんをままごと遊びに誘うが、トラちゃんは飛び込んできたボールを返しにいくはずが、野球に合流してしまう。

第三話もまた独自の展開であり、ミケちゃんとトラちゃんがお母さんに風呂たきを手伝うように頼まれるが、二人とも遊びに夢中で断ってしまう。そこを通りかかった「わんちゃん」がかわりに手伝うことになる。帽子をかぶったイヌのキャラクターは、第一話から登場しているおなじみの登場人物である。わんちゃんが歌いながら風呂たきをしていると、ミケちゃんとトラちゃんも加わり、みんなで仲良くお風呂に入るコマで終わる。

この三話は、エピソードが進むにつれて、漫画映画のストーリーから離れた瀬尾太郎独自の物語になっていく。

政岡の絵本『トラちゃんの漂流記』や『トラちゃんの野球』もそうだが、この瀬尾の漫画版「トラちゃん」シリーズでは、漫画映画の「すて猫ト

図56　政岡憲三による人形を用いた「くもとちゅうりっぷ」
（出典：「小学館の幼稚園」1957年6月号、小学館、22―23ページ）

ラちゃん」シリーズから徐々に独立し、一部の登場人物との関わりは残しながらも、独自の物語として展開をしていった過程がうかがえる。

政岡と瀬尾は、絵本や漫画の仕事を始めた当初は、漫画映画との関わりは残していた。その絵本や漫画のなかに、彼らが漫画映画というものをどのように考えていたのかを理解する手がかりが含まれているのである。

4　挿絵画家・政岡憲三

政岡は日動を退社したあとは、本格的に活躍の場を児童向け雑誌や絵本へと移している。ただし、瀬尾は積極的に漫画形式の作品も描いていたのに対して、政岡は挿絵が中心であり、漫画形式の作品を自ら手がけることはなかった。

さらに挿絵の内容も、時期によって対象とする年齢や表現方法が変化していく。一九五〇年代のはじめは中学生向けの雑誌も含めた、比較的高学年向けの雑誌が中心である。偉人の生涯や世界の名作文学を描いた作品で、挿絵を担当している。だが、徐々に幼稚園や小学校低学年向けの雑誌に連載の場がシフトしている。

加えて、一九五〇年代の後半になると、絵画ではなく、人形やミニチュアセットを用いた立体的な作品が増えていく（図56）。さらに、実際の人物をモデルとして撮影し、加工した作品も登場する。写真撮影は別の人物が担当していたことが明記されているので、政岡はデザインや形や背景の作成を手がけていたようである。漫画映画の時代、政岡は人形などを用いたミニチュア撮影も手がけていて、その際の経験を生かして仕事をしたようである。

最後に、戦後の政岡と瀬尾の交流がどうなっていたのか、その一端を垣間見せるような作品を紹介しておきたい。児童雑誌向けの挿絵のなかには、政岡と瀬尾の共作がある。政岡の仕事を瀬尾がサポートする形になっている。[28]あまり知られていないが、二人の交流は戦後も続いていたようである。

漫画映画制作者にとっての戦後は、プロパガンダからの転換、そして経済難と容易なものではなかった。さらに、政岡と瀬尾は、政治的な理由から、戦後の漫画映画業界で対極的な立場に置かれた。片方は「戦時下において、戦争色を感じさせない作品を作った」として称賛され、もう片方は「漫画映画を使って子どもを洗脳した」として非難された。しかし、ともに漫画映画業界を離れ、同じ児童向け雑誌という分野で再会することになったのである。これもまた、漫画映画制作者たちの戦後という時代の生き方である。

注

（1）政岡憲三本人による自選ベスト五に挙げられた作品は次のとおり。『難船ス物語』（一九三〇年）、『べんけい対ウシワカ』（一九三九年）、『くもとちゅうりっぷ』（一九四三年）、『桜』（一九四六年）、『すて猫トラちゃん』（一九四七年）（前掲「特集政岡憲三」一一三―一一九ページ）

（2）田中圭子「松本亦太郎と京都画壇」、神林恒道編著『京の美学者たち』所収、晃洋書房、二〇〇六年、八二―一〇三ページ

（3）前掲「京都日出新聞」一九一七年三月二十七日付

（4）前掲「もう一つの観点」三七―三八ページ

（5）前掲「特集政岡憲三」一五ページ

（6）フルアニメーションとは、変化がない部分も省略せずに描くこと、さらにその絵を一コマ、あるいは二コマ撮りで撮影していく制作手法である（前掲『世界映画大事典』参照）。

（7）画面に遠近感を出すために、一九四〇年代には最先端の技術だったマルチプレーンカメラを導入している。日本では、瀬尾光世と持永只人が、四一年の『アリちゃん』という作品で初めてマルチプレーンカメラを使用している。草木などを描く際にマルチプレーンカメラを使用することで、背景そのものを見せるシーンが登場する。『くもとちゅうりっぷ』でも、虫が花々の間を飛び回るシーンでは、背景の花が、近景・中景・遠景と三つの距離に描き分けられている。マルチプレーンカメラを使用することで、画面に奥行きをもたせている。

（8）カール・マリア・フォン・ウェーバーが一八二六年に作曲したもので「舞踏会での紳士と淑女の挨拶、会話、ダンス、そして別れ」という副題がつけられている。

（9）「政岡さん御夫妻とごいっしょに一九三七年の第十回アカデミー賞で映画音楽賞を受賞した映画『オーケストラの少女』を観たんですが、その数日後、政岡さんが一枚のレコードを持ってこられました。それがストコフスキー指揮、フィラデルフィア交響音楽団演奏のレコードだったのです。政岡さんはいつかこの曲を使って漫画映画ではない、新しい動画映画と呼ばれる作品を作るのだとおっしゃって、サウンドフィルムに曲をダビングされていました」（「吉村祥氏の手紙」、大塚康生監修、松野本和弘編、なみきたかし編集監修『日本漫画映画の全貌』所収、「日本漫画映画の全貌展」実行委員会、二〇〇四年、三一ページ）

（10）レオポルド・ストコフスキーはアメリカで指揮者・作曲家として活動。一九一二年から三七年までフィラデルフィア管弦楽団の指揮者を務め、同管弦楽団を世界一流の管弦楽団の一つにまで育て上げた。三七年から四〇年にかけて、『オーケストラの少女』や『ファンタジア』をはじめとする映画にも出演している。

（11）前掲『ディズニーとライバルたち』二〇九ページ
（12）前掲「我邦に於て漫画映画は育つかどうか」七七ページ
（13）一般公開されなかった理由に関して、芸術性が高すぎて一般に受け入れてもらえないと映画会社が判断したとする説もあるが、政岡憲三自身は「試写は好評でしたが、セルロイドは傷としみだらけで、営業部からこれでは商売にならないからお蔵入りにしやうという事になつた」（前掲「もう一つの観点」三六―三八ページ）と証言している。
（14）前掲「特集政岡憲三」一三―一九ページ
（15）地産霊園（埼玉県越生市）に、政岡憲三の生前墓として作られた。人魚姫像とその台座部分には動画という言葉を政岡が考案したという説明とともに、『べんけい対ウシワカ』『くもとちゅうりっぷ』、そして『すて猫トラちゃん』の三作品の一シーンが刻まれている。
（16）前掲『日本アニメーション映画史』四六ページ
（17）同書四六―四七ページ
（18）『日本アニメーション映画史』での『すて猫トラちゃん』の作品紹介（二三六ページ）では、同作は、日本漫画映画社で制作中だったとしている。このことから、東宝との提携で独自に作られた企画ではなく、政岡憲三と山本早苗が主導して出した企画であり、日本漫画映画社を二人が退社する際、制作が進んでいた作品を企画ごと、日本動画で引き継いだと見るべきだろう。
（19）同書五三ページ
（20）日活漫画部で一九三〇年代に漫画映画制作に従事した酒井七馬は、手塚治虫とともに『新宝島』を執筆して、戦後は貸本漫画の世界でその名を知られるようになる。また、片岡芳太郎も、戦後は主に貸本漫画の世界で活躍をしている
（21）前掲『手塚治虫とボク』二二五ページ
（22）前掲『日本アニメーション映画史』二三六―二三七ページ
（23）『トラちゃんの野球』は、現在から見れば漫画に相当する形式をとっているが、本書では絵本に含めている。この時期の絵本について、児童向け漫画の歴史を研究する宮本大人も「この時期〔一九四五―四九：引用者注〕は、まだ

絵本とマンガのあいだの境界線は、今日ほどはっきりしていない。むしろ『絵本』の一種として『マンガ本』が考えられることも多かった」としている（早稲田大学「占領下の子ども文化〈一九四五―一九四九〉展」実施委員会編『占領下の子ども文化〈一九四五―一九四九〉――メリーランド大学所蔵プランゲ文庫「村上コレクション」に探る』ニチマイ、二〇〇一年、一一八ページ）。

(24)『トラちゃんの漂流記』二ページから抜粋。

(25) 映像は現存していないが、『猿ヶ島』には続篇が制作されている。舞台は海に移り、海賊に捕らわれた少女を救うため少年が活躍する。

(26) ハンス・クリスチャン・アンデルセンの『裸の王様』をヒントにしたオリジナルの物語である。注目すべきなのは、原作と脚本が「いわさき・たろ」という人物になっていることである。いわさき・たろとは、並木晋作の別名である。プロキノ時代、瀬尾光世とともに漫画映画制作に従事していた人物である。

(27) 瀬尾太郎という漢字表記以外にも、せおたろう、せおたろーといった表記も確認されている。

(28) 政岡憲三・せおたろうの名義は以下の三作品である。『ぞうさんれっしゃ』（「めばえ」一九五九年三月号、小学館）、『すわんのもくば』（「めばえ」一九五九年四月号、小学館）、『しいそうあそび』（「めばえ」一九五九年六月号、小学館）

第7章　漫画映画からテレビアニメへ——戦前と戦後を結ぶもの

政岡憲三の退社後も、日動は経営難のなかで制作を続けた。やがて、その技術力を買われて東映の傘下に入り、社名を東映動画（現・東映アニメーション）と改める。戦前から政岡に師事していた熊川正雄は東映動画に合流し、若手を指導するという重要な役割を果たしている。さらに、政岡が日動時代に養成した若いアニメーターたちも、東映動画を支える人材になっていく。このように、制作現場で政岡に師事した人々は、政岡憲三の継承者として挙げられるだろう。だが、本章ではもう一つの継承者たちに注目したい。一九五〇年頃を境に、政岡は漫画映画制作の第一線から身を引き、児童向け雑誌の挿絵や絵本の執筆に専念していたのは、すでに紹介したとおりである。

だが、政岡による挿絵の仕事は、一九六三年三月頃を境に激減していく。(1) この六三年という年に何が起こったのか。六三年一月から、日本初の連続テレビアニメ『鉄腕アトム』の放送が始まった。それまでアニメーションといえば、映画として作られるものであった。十年以上もの間、漫画映画業界から離れていた政岡だったが、このテレビアニメの登場で再び業界へと戻ってくる。ただし、実際に作品を作るのではなく、人材の養成が中心だった。政岡は自作のテキストを教材にして、テレビアニメを手がけるスタジオの若いアニメーターたちを指導していく。

本章では、後継者たちによる活動、さらに政岡本人による後進の養成を通して、政岡の漫画映画の神髄が戦後へと継承されていった過程を取り上げていく。

1 政岡憲三の弟子たち

政岡憲三の「継承者」は、さまざまな形で存在する。最初に挙げられるのが、政岡のもとでスタッフとして制作に従事した人々である。政岡の弟子とされる人物で、最もその名を知られているのが瀬尾光世だが、弟子入りしていたのはわずか一年足らずの期間だったことは第5章で述べたとおりである。
政岡の弟子であることを自他ともに認めていて、かつ政岡の引退後も漫画映画業界に残って活動を続けたという点では、熊川正雄が挙げられる（図57）。熊川は二十年近くにわたって政岡と直接的な師弟関係にあり、政岡の引退後も東映動画で劇場用の長篇アニメーションの原画を担当するなど、ベテランとして活躍している。[2]
熊川が弟子入りしたのは、政岡が京都で漫画映画を作っていた一九三〇年代である。熊川正雄の父は蒔絵作家の熊川享道で、正雄はその二男にあたり、美工に所属していた時期もあった。[3]
熊川が政岡のもとで働き始めた時期は、一九三〇年とするものもあれば、三二年としている資料もある。[4] ただし熊川の公式な経歴では、「おじいちゃんの知人の紹介で、京都、北野天満宮の門前にある木造二階建の借家、政岡映画美術研究所を訪ねたのが、昭和七年です[5]」としている。政岡のもとで働き始めたのが三二年だとすれば、当時十六歳ということになる。さらに、熊川とほぼ同時期に、桑田良太郎という若者も政岡のもとに弟子入りしている。熊川とほぼ同年代だったと伝えられているので、やはり十代半ばということになる。
熊川は、一九四一年に政岡が松竹に入社するために上京した際も同行し、ともに松竹に入っている。そして

『くもとちゅうりっぷ』の制作にも携わっているが、四三年に召集され、中支・南支戦線に送られている。[6] 捕虜生活を送ったあと、四六年に帰国する。帰国直後、熊川は京都・太秦にある京都映画で『魔法のペン』を制作している。この作品は木村角山が企画を担当していて、かつて京都にスタジオがあった時代の人脈で制作されている。

一九四八年になると、熊川は上京し、政岡らが設立した日動に加わっている。日動では熊川が中心になって作品を手がけることも増えていって、『ポッポやさんののんき駅長』（製作：日本動画、一九四八年）や『ポッポやさん・のんき機関士』（製作：日本動画映画、一九四九年）では演出（監督）を務めるようになっている。

政岡は日動を退社し、漫画映画から遠ざかっていくが、熊川はそのまま残って制作を続けた。政岡の誘いもあって、一九五〇年代になると児童向け雑誌での挿絵や漫画の仕事も増えていったが、細々と漫画映画の制作にも関わっている。そして五六年、日動が東映に吸収合併されて東映動画となると、熊川も参加している。そして、一度は東映動画を退社して本格的に挿絵画家として活動し始めるが、再び東映動画に招かれて新人養成役として若手の指導を担当している。東映動画を退いたのちも、クマプロダクションと名づけたスタジオを設立してテレビアニメやコマーシャルの制作もおこなっている。さらには、戦後に中国での抑留生活を体験していたことから、中国でアニメーションの指導もおこなっていて、教育普及活動に熱心だった。政岡の一番

図57　熊川正雄
（出典：渡辺慶一『アニメ職人 熊川正雄略伝』チャンプ〔私家本〕、出版年不明、カバー）

弟子ともいうべき存在であり、かつ東映動画にも直接参加した熊川は、自らの作品制作と、後進たちの養成という形で、政岡の系譜を戦後につなげていったのである。

熊川と同じ時期に政岡のもとに弟子入りしたのが桑田である。桑田もまた熊川と同じく、政岡の松竹入りに同行している。松竹では、桑田は作画作業だけではなく、演出も手がけている。演出第一作が『フクチャンの増産部隊』（製作：松竹動画研究所、一九四三年）、二作目が『闘球肉弾戦』（製作：松竹動画研究所、一九四四年）である。『桃太郎 海の神兵』では作画のメインスタッフを務めている。政岡の片腕として働くだけでなく、演出という形で自ら作品制作を監督する立場にもあった。

しかし、桑田は一九四四年頃に召集されると、中国に送られ、敗戦後はシベリアでの抑留生活を経験している。帰国後、松竹大船撮影所に入り、劇映画制作に従事している。松竹大船で確認できる桑田の最初の仕事が、五〇年七月公開の『婚約指環』（監督：木下恵介、配給：松竹）であるため、帰国したのは四九年前後と推察される。桑田が帰国したのは、ちょうど政岡が漫画映画の世界から引退する時期と重なる。当時、政岡が経営に関わっていた日動というスタジオは戦後経済の混乱から経営難にあり、社員の給料も払えない状況だった。このような苦しい状況は、日動に限らず、ほかの漫画映画制作者や会社も同様だった。桑田としては政岡のもとに合流し、漫画映画の世界に復帰したくてもできない状況だったのではないだろうか。そこで、召集前に所属していた松竹に復帰したと考えるほうが妥当である。

松竹に戻った桑田は、木下恵介監督の『二十四の瞳』（一九五四年）をはじめとする多くの映画で制作などを務めている[7]。松竹で実写映画関係の仕事に従事したため、桑田がその後の漫画映画、さらにはテレビアニメが登場するようになった時代に活躍することはなかった。

熊川が戦後も漫画映画業界にとどまったのに対して、桑田が実写映画に転じたのは、帰国時期の差も関係していた。

2　政岡憲三神話の復活

さて、熊川正雄のように、東映動画にも参加した弟子たちを通して、政岡の知識や技術は後世まで伝えられていくが、政岡自身もまた戦後も制作現場で弟子を育てている。戦後になってからの弟子でいちばん有名なのが森康二（図58）である。

図58　森康二
（出典：前掲『日本漫画映画の全貌』47ページ）

森は、政岡の『くもとちゅうりっぷ』を見て漫画映画の世界を志し、東京美術学校を卒業後は日動に入社する。一九四八年の『すて猫トラちゃん』の制作に関わりながら、政岡から漫画映画制作の基礎を教わっている。その後の森は、東映動画の初の長篇作品『白蛇伝』（監督：藪下泰司、一九五八年）で使われた一万六千枚の作画の半分を一人で描き上げたという逸話があるほどで、東映動画の黄金期とされる時代を支える人材へと成長していく。

森は政岡のことを仕事のうえでは厳しい人物だったとしている。日動時代、苦労して描いた絵を「でも、先生はチラと見ただけで、ブツブツ言いながら、私のやっと描き終えた動画をすっかり修正してしまいました。また始めからやり直しです[8]」と振り返っている。森が政岡のもとで仕事をしたのは日動時代の数年間だけで、むしろ政岡の一番弟子だった熊川から教わることのほうが多かったとしながら、それでも「私は今でも——ボクは政岡先生の流れを受けているんだと、誇りに思っているのです[9]」と語っている。さらに森は自らのプロフィールに「絵の感じは当時日動にいた政岡憲三氏の影響をうける」[10]とまで記していて、政岡に師事したことが森にとって一種のアイデンティティーになっている。

さらに、森をはじめとする弟子たちは、現代へと直接、政岡の名声を伝える役割を果たしている。一九八〇年代に入ると、アニメーションの舞台は映画からテレビへと完全に移行していて、もはや「漫画映画」という言葉は時代遅れになっていた。だが、八二年、長年行方不明になっていた『桃太郎 海の神兵』のフィルムが発見され、修復ののち八四年に上映会がおこなわれたのをきっかけに、戦時中の漫画映画に対する関心が一時的に復活する。

さらに一九八四年には、宮崎駿監督の『風の谷のナウシカ』（製作：トップクラフト）が公開される。すでに宮崎は、七九年の『ルパン三世 カリオストロの城』（配給：東宝）で映画初監督を経験し、それ以前にも東映動画時代の先輩である大塚康生を手伝い、テレビアニメ『ルパン三世』（日本テレビ系、一九七一―七二年）、『アルプスの少女ハイジ』（フジテレビ系、一九七四年）をはじめとする作品で才能を示していた。だが、宮崎に注目していたのは一部の熱心なファンに限られていて、広く一般的にその名が知られるようになるのは『風の谷のナウシカ』がきっかけである。

そして、宮崎駿の東映動画時代の先輩にあたるのが高畑勲であり、二人は一九八五年にスタジオジブリを設立することになる。また、東映動画の後輩にあたる小田部羊一[11]は、『アルプスの少女ハイジ』などでキャラクターデザインなどを担当していて、スタジオジブリの作品にも協力している。そして、宮崎や東映動画出身のクリエーターにとって、大先輩にあたるのが森である。その森が影響を受けたと語っているのが政岡であることは先にも述べたとおりだ。

さて、本書が注目したいのは、一九八〇年代、とりわけ『桃太郎 海の神兵』の復活上映がおこなわれた八四年に、アニメ情報雑誌「アニメージュ」（徳間書店）で、古今東西の名作アニメーションを取り上げた特集が組まれているが、そのなかでも政岡の作品が盛んに紹介されている点である。

まず、一九八三年七月号から八四年六月号にかけて、森の自伝エッセー「もぐらの歌」[12]が連載され、そのなかで森が漫画映画を志すきっかけとなった『くもとちゅうりっぷ』を見たときの感想、さらには日動時代の政岡との思い出が語られている。

一九八四年六月号の「アニメージュ」に掲載された「『海の神兵』の技術と内容をいまどう〝見る〟べきなのか？」という討論会の記事は、まさに同作の上映会に合わせた企画だが、参加者の発言のなかではしきりに政岡の名前が出されている。この討論会の参加者だった高畑らは『くもとちゅうりっぷ』の演出力・技術力の高さを挙げ、政岡の活躍に注目が集まっている。本来は『桃太郎 海の神兵』について語る討論会だったが、途中から同時代の漫画映画に話題が移り、後半は政岡と『くもとちゅうりっぷ』についてと、内容が変わっている。

また同じく「アニメージュ」一九八四年十二月号の「政岡憲三が日本のアニメーション界に残したもの」という座談会では、政岡を日本アニメーションの父とみなす傾向が、より一層鮮明になっていく。座談会の出席者である高畑、森康二（森やすじ）、小田部の三人が、それぞれ政岡との思い出、あるいはその作品に対する印象を語っている。そのなかで「政岡さんに始まるキャラクターの系譜」という話題が出ていて、政岡のキャラクター描写が、森へと、そしてさらに後輩の小田部へと「一本の流れ」として受け継がれていったものがあると語っている。

森はほかにも、政岡の『くもとちゅうりっぷ』や『すて猫トラちゃん』を紹介する記事を「アニメージュ」に掲載していて、各作品のシーンが画像入りで紹介され、森が解説をしている[13]。森は自らの自伝だけでなく、これらの作品紹介でも、政岡の継承者という自身の立場を前面に押し出している。政岡の足跡を再評価することは、すなわち東映動画出身のアニメーターたちが、戦前からの由緒ある流れを受け継いでいるというイメージを生み出すことにつながる。スタジオジブリが設立されたのは一九八五年で、政岡がクローズアップされた翌年である。こうして、政岡から東映動画へ、そしてスタジオジブリへといたる、日本のアニメーション史の一つの流れがイメージとして打ち立てられたのである。もちろん、政岡は東映動画に直接関わっておらず、実際にスタジオを率いたのは山本早苗である。本来であれば、山本が東映動画で果たした役割も強調すべきである。
このように、現代にまで直接関わるアニメーターたちの証言によって、政岡の「日本アニメーションの父」というイメージは確固たるものになっていった。

3 即戦力としての人材養成

政岡の継承者たちには、戦後の日動、さらに東映動画に連なる一派があった。だが、本書では別の継承者たちも取り上げたい。それはテレビアニメの時代に政岡に師事し、場合によっては政岡本人とは面識がないが、彼によって記されたアニメーションの指導書を頼りに、その知識や技術を継承していった人々である。

話は戦時中、『桃太郎 海の神兵』を制作していた時代にまでさかのぼる。戦時下では、漫画映画も有効なプロパガンダの手段と認識され、軍による豊富な資金が提供された。しかし、男性スタッフの多くが途中で徴兵されていき、人手不足から作業が滞っていた[14]。そこで政岡は、それまで漫画映画を作ったことがない素人を一カ月ほどの講習で鍛え上げ、新たなスタッフを追加していったことは、政岡を語る際のエピソードとして必ずといっていいほど挙げられている。

戦前から弟子は養成していたが、戦時中からその方法が少し変わっていったようである。一九四三年五月号の「映画評論」に掲載された「座談会 日本漫画映画の興隆」で、政岡は、人員の養成と教育するための機関の必要性を訴えている。この時期は『桃太郎 海の神兵』の制作が始まる時期と重なる。そして、かねてから門下にいた熊川らが出征し始めて、徐々にスタジオが人手不足になっていく。

漫画の技術は私は一ヶ年もあれば十分仕込めると思います。ほかの映画の場合ですと、例へば、文化映画なら、専門に或ることを研究してゐる学者で、映画のことに趣味のある人を呼んでくれば、すぐに演出ができる。また劇映画の場合には、舞台の役者を呼んできてもすぐできるといつたやうなことがありますけれど、漫画に限つて、十分な絵描きさんを呼んですぐできるかといふと、これが駄目なんです。動画といつてをりますが、画を動かすといふことは、特別に養成しない限り、既成品がないわけです。いま資本を入れるからといつても、ほかのもののやうに簡単に行かないのです。どうしても教育する機関が絶対必要なのです。それがまあ一ヶ年です。それは五十人でも百人でも一緒に教育することはできます。(15)

ほかの分野の映画とは違って、漫画映画の場合はほかの職業の人間を連れてきてすぐに制作にあたらせるということが難しい。漫画映画の作り方に関する「特別の養成」が必要であると主張している。単に絵が描けるだけではだめで、漫画映画とは「動く絵」なのであり、どのように動くかが重要となる。この「特別な養成」とは、動かしていくために必要な「瞬間の動きを見分ける」能力を養うためのものである。また、具体的な訓練の方法について、この座談会で提案をしている。

野球なんかで、アウト・カーヴとかドロップといふものを瞬間に見わけて、それを外野に打つとか、どこか狙つて打つといふバッター、これは瞬間に見わける眼を持つてをりますね。それと同じやうに動画家は瞬間の動きを完全に眼で捉へなければならんという信念を持つてゐるのです。それを動画家に練習させるやうにそれで或る動きを書かし、そうして実写と比較さして研究したらいいと思ひます。(16)

漫画映画は、まず観察から始まる。一連の動きを記憶し、それを何枚もの絵に分割して描いていかなければならない。現代でも、アニメーションで作業の大部分を占める作画（原画・動画）と呼ばれる作業は、特別な訓練を必要とする。

実写で撮影し、それをトレースするような形のライブアクションという手法もあり、政岡もかつて導入していたこともあったが、あくまでも自分の目で実物を見て、それを描いていくことを第一としていた。そのため、動きを捉える目を鍛えるため、描いた動きと実写で撮影した映像の動きとを比較し、その差を分析することを提唱している。この座談会から六年後の一九四九年に美術雑誌に寄せた「動く絵」という記事のなかでも同様の内容を主張している。

変化し、運動する物の形を見る事、それは青年時代のスケッチが大いに役立ちました。然し、これは一瞬間の形で単独の一枚の絵にすぎません。漫画映画に必要なのは連続的運動を描く数十枚、数百枚の絵なのでありります。どんな簡単なスケッチをするにしても、その対象（モデル）を見た時から筆を動かすまでの間は記憶してなければなりません。[17]

漫画映画を作るには、まず参考にする対象を観察したうえで、一連の動きの一つ一つがどうなっているのかを把握し、それを何枚もの絵に分割して描いていかなければならない。一瞬の動きを記憶し、絵に描くこと、それこそが漫画映画にとっても大切なことなのである。政岡本人は、その能力を美工・絵専で身につけている。

政岡は『桃太郎 海の神兵』の制作時に人材養成を担当した際、動きの分割を、いい例と悪い例の両方を見せながら説明している。登場人物だけでなく、飛行機や艦船、そして自然現象など、あらゆるものの動きを分解して描き、漫画映画で作画をする際の実例を図示していたようである。

政岡はその当時に用いた教材用の絵に、新たに書き加えた理論面での解説なども加えて、一九四七年頃に日動での新人養成用の教科書として『漫画映画入門』を刊行することを計画していたと伝えられる。しかし、この『漫画映画入門』は何らかの事情から出版されることなく終わり、原稿は政岡の手元に残されることになった。[18]

4　『漫画映画入門』から『政岡憲三動画講義録』へ

手塚治虫は日本のアニメーション史を紹介した文章のなかで政岡についても取り上げ、戦後の活動については「彼の体験の集大成ともいうべきアニメーションの撮影技術論を書きおろしている」[19]と記している。手塚がいうこの「撮影技術論」とは『政岡憲三動画講義録』のことである。

政岡は『桃太郎 海の神兵』で新人を養成する際、作例を示して解説をした。その際のスケッチに、漫画映画の歴史をはじめとする理論面、さらに演出や音楽、撮影といった各作業に関する各論を戦後になって書き足してまとめたのが『漫画映画入門』である。晩年の政岡に師事し、『漫画映画入門』を用いて指導を受けた君野直樹氏の証言を参考に、その内容について紹介したい。

全体は『漫画映画入門』とし、そのなかでも動画・原画と呼ばれる作業の実例を解説した部分は「動画講義一般」と呼ばれていた。「動画講義一般」の作画例は、多くが『政岡憲三動画講義録』でも採録されている（図59）。『漫画映画入門』は一九四七年から四八年頃にかけて、日動の社内教育向けに執筆され、最終的には一冊の本として出版することを予定していた。しかし、何らかの事情で出版されることなく終わり、原稿は政岡の手元に残された。この原稿が、十年以上たって再び日の目を見ることになる。

一九六三年、手塚がテレビで漫画映画を毎週三十分、放送するという前代未聞の取り組みを始める。この六三年を境に、急激に漫画映画の舞台は、映画館からテレビへと移行する。やがてその呼称も、漫画映画ではなくアニメーション、さらにアニメへと変わっていく。だが、登場当初、予算と制作期間が極端に制約されていたテレビアニメは、絵の質や動きという点では、漫画映画と比べると粗悪なものだと批判もされた。戦前から戦中にかけて、漫画映画制作に携わった人物のなかには、そのようなテレビアニメを快く思わない人々も少なくなかった。

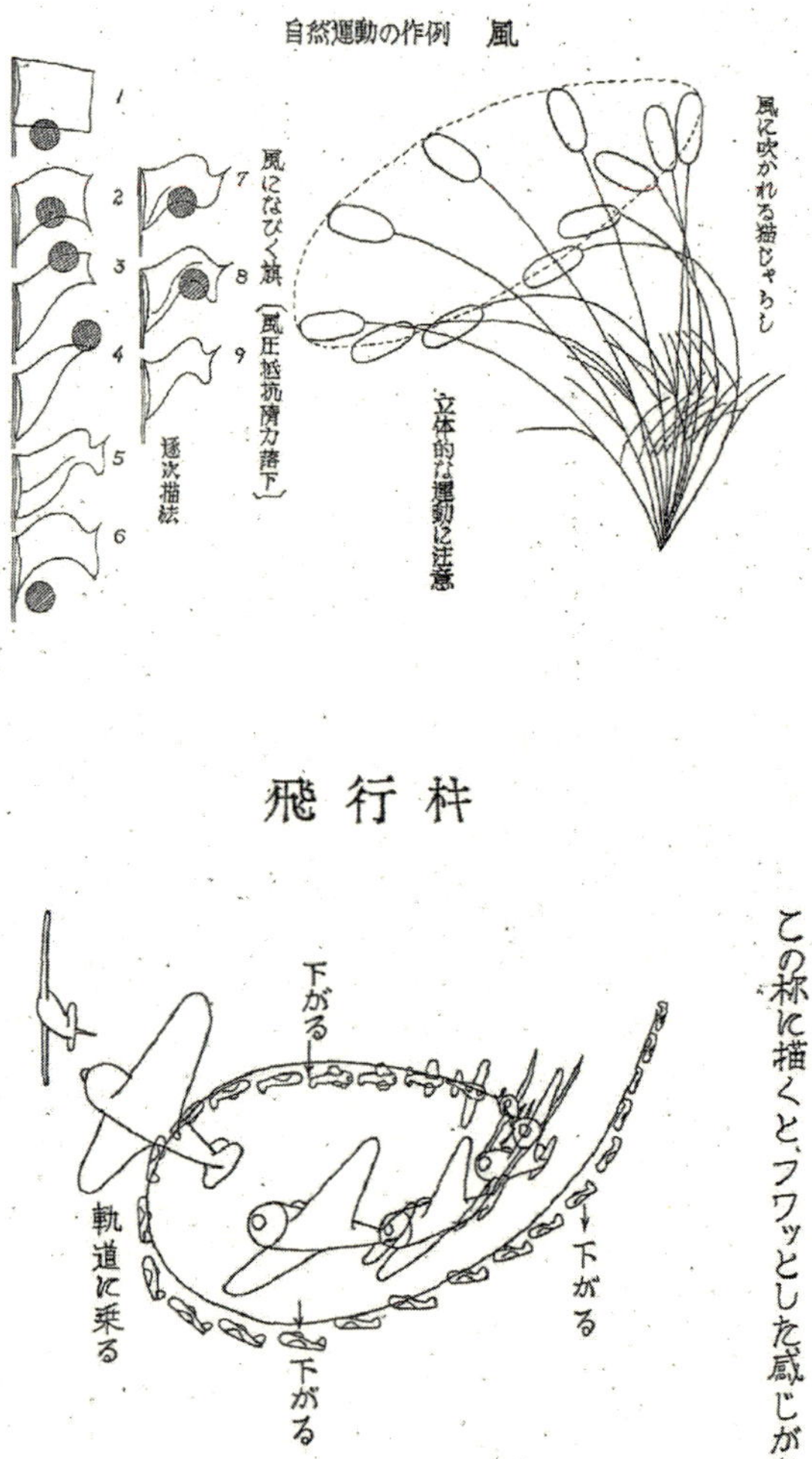

図59　『政岡憲三動画講義録』（山崎茂氏所蔵・提供）

瀬尾は、一九八六年におこなわれた対談のなかで「現在のアニメーションについてどう思われますか」という問いに対して、次のように答えている。

今のアニメーションに対しては、作る意欲もないし、観る気もなくなりました。政岡さんも同意見だと思いますよ。現在は、僕たちが理想としたアニメーションの形とあまりにも変わりすぎて、別のものになったようです。

『桃太郎 海の神兵』を作った時代は、応召、徴用とスタッフはどんどん抜けていき、空襲警報で仕事はたびたび中断するといったある意味では不幸な時代だったのかもしれません。

でも、今のテレビのアニメーションのほうがもっと不幸だと思うんです。一週間のうちにリミテッドアニメーションで、テレビの枠内に放り込まれてるんですからね。もっとアニメーションに良心を持って意欲的な仕事をしようとしてもできないでしょう。

僕らのようにトランプ散らすだけに一カ月かかるとか、毎日毎日銅貨を落して研究するなんてことは、今から考えれば夢のような話じゃないかと思います。僕らにとってはすべてが開拓だったんですよ。だから、かえって現在のほうが不幸な時代のような気がしますね。(20)

テレビアニメに対して、否定的な意見が投げかけられている。瀬尾は「政岡さんも同意見だと思いますよ」としているが、政岡がテレビアニメに否定的だったとは考えられない。なぜなら、むしろ積極的にテレビアニメを支えていったからである。

『鉄腕アトム』の放送開始に触発され、一九六三年から各スタジオが一斉にテレビアニメの制作を始める。さらにテレビアニメの人気を目当てに、新しいスタジオが次々と設立されて、アニメーターの奪い合いになっていった。(21)大人数を一度にまとめて指導することで、漫画映画業界全体の人員を増やしていくことが急務になっていたのである。

政岡は、先にも紹介した「座談会 日本漫画映画の興隆」で「それは五十人でも百人でも一緒に教育することはできます」と発言している。実際の講座では、五十人、百人とまではいかなかったが、複数の人数を政岡一人で指導している。

それは漫画映画制作の画一化と量産化を想定して、数多くの新人をまとめて、一定の質の絵を描けるようにする指導を目指していたことを意味する。戦時中、政岡が想定していた新人の養成は、テレビアニメの時代にこそ、最も必要とされるものだったのではないだろうか。

政岡による動画講義は、虫プロダクション関係以外にも、うしおそうじ（鷺巣富雄）のPプロダクションでおこなわれている。

その講義で用いる教科書として、かつて執筆した『漫画映画入門』を再編集し、『政岡憲三動画講義録』[22]と題した私家本を制作したのである。虫プロダクションに渡され、スタジオ内でスタッフがあとあとまで受け継いでいくことになる。原本は行方不明だが、複写が残されている。

『政岡憲三動画講義録』の内容を初めて公にしたのが、かつて虫プロダクションに所属していた平田昭吾である。平田は一九五〇年代に虫プロダクションで漫画映画の制作をしていたが、技術の向上を図るため、手塚の紹介で政岡のもとを訪れ、指導を受けている[23]。

平田の著書では、講義録の一部が公開されている[24]（図60）。平田が所持する講義録を見ると、いちばん上に「第十七図」と記してあり、その下に「雨・露・雪」とあり、この図のテーマが記されている。第十七図のなかには、A―Hと割り振られた八つの図が描かれている。A・C・Dは雨について、Bは映写機の原理、E・Fは露、G・Hは雪について示している。また、遠景と近景ではどの程度数や速度を変えればいいのか、具体的な数値を指示している。漫画映画で、近景、すなわち手前にあるものは早く動かし、遠景にあたる遠くのものはゆっくりと動かすと、画面に奥行きを生み出すことができるのである。『政岡憲三動画講義録』にも、雨や花びらが降る様子を説明した図がある。

このような数値や描き方のコツなど、重要な部分は赤字で強調して書き込みがなされている。経験に基づいて勘に頼って描いていくのではなく、それぞれの動きを数値化し、誰でも共通した質の映像を作れるようにしている。『政岡憲三動画講義録』には、そこまでの具体的な数値までは記されていないため、口頭で解説されたものと考えられる。平田の講義録からは、政岡が仮に初心者であっても統一された動きが描けるように、絵を描くと

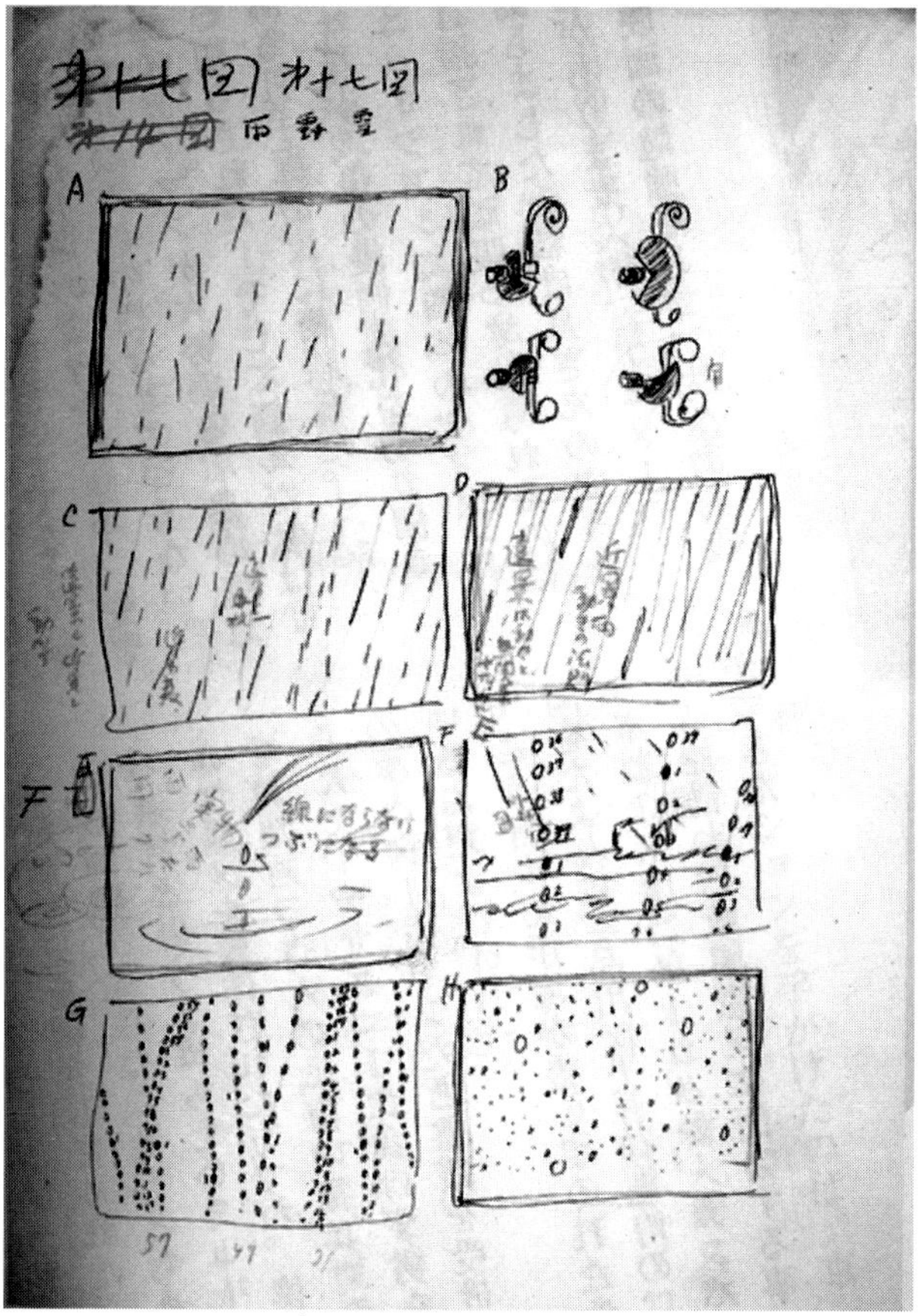

図60　平田昭吾『政岡憲三動画講義録』
（出典：平田昭吾／根本圭介／会津漫画研究会『手塚治虫と6人――日本のレオナルド・ダ・ヴィンチ』所収、ブティック社、2005年、208ページ）

いう作業を合理化していたことが見て取れる。

さて、この図のテーマである雨・露・雪の三つに共通するのは、いずれも水に関する自然現象を表現していることである。一九四〇年代以降の政岡の漫画映画作品の特徴といってもいいのは、嵐のシーンである。これは、政岡が戦時中に海軍から極秘に見せられたディズニーの『ファンタジア』の強烈な印象が残っていたためと思われる。[25] ファンタジアと同様に、政岡作品のなかでも、強風に翻弄される草木、激しく吹き付ける雨、鳴り響く雷がしばしば描かれる。

この図は、雨や雪といった自然現象以外の表現にも応用することができる。政岡が一九四六年に完成させた『桜』は、春の京都・嵐山を舞台にした作品である。この作品で描かれているシーンと第十七図の内容を比較してみよう。

例えばGの、雪の降り方を記したと推定される部分について注目してみたい。『桜』はタイトルにもあるように桜の花が舞い散る様子が盛んに描かれている。線上に連なって静かに散っていく桜の花びらの動きは、Gで図示された雪の動きを応用している。ただし、まっすぐに直線で落下していくのではなく、わずかな風に揺られて、左右に微妙にゆれながら落下していく。

逆に、風に飛ばされて激しく散る桜の花びらを描いたシーンは、C・Dで強調している近景と遠景の法則にのっとっている。手前で散る花びらは、遠くで散る花びらよりも早い動きで描かれている。同じ画面のなかで描かれる花びらの落下も、手前と奥で動きの速さを変えることによって、本来は平面でしかない画面に奥行を感じさせることができるのである。

手塚は政岡の動画講義録のことを「撮影技術[26]」の本だとしていたが、これはむしろ「動き」を描くためのテキストと見るべきである。第1章でふれたように政岡は「動き」への関心が深く、「動き」は政岡が美工・絵専に通っていた頃からのキーワードでもある。政岡の発言や記事を見ると、必ずといっていいほど「動き」という言葉を用いている。また、Animationという言葉の日本語訳として「動画」という言葉を提唱[27]したのも政岡である。「動く画」と解釈することもできるが、むしろ「動きを描いた画」という意味を込めていたのではないだろうか。

『政岡憲三動画講義録』の内容は、ただ単に絵が描ければいいという段階から一歩進んで、動いているものをよりリアルに、しかし実写そのままではなく、漫画映画ならではのデフォルメも含めながら描いていくことを指導することを目的としていた。その内容は、どれも一瞬の動きを捉えたものである。瞬間の動きを記憶し、描くコツに重点を置いている。政岡動画講義録とは、政岡が漫画映画にとって最も重要であると考えていた動きを描くことを教えることに特化しているのである。

このようにして、政岡の技術と演出力は、戦後のテレビアニメ時代にも直接、伝えられていったのである。もちろん、政岡が指導した人材は、テレビアニメを担った人々のごく一部でしかない。また、これまで、政岡の継承者は森に代表されるように、東映動画だと論じられてきた。

しかし、実際は虫プロダクションをはじめとするテレビアニメ業界にも、政岡のノウハウが引き継がれていたのである。また、ときには実際にテレビアニメの制作に手を貸すこともあった。[28]

では、どうして虫プロダクションやPプロダクションであって、東映動画ではなかったのか。実は、東映動画に政岡が教えにくるという話も出たが、山本が拒んだために実現することはなかったとされている。[29]日動時代の流れを受け継いでいったことは前述のとおりである。そして、政岡本人の指導によって、実際には東映動画以山本との対立も影響していたと推察される。しかし、東映動画には政岡の弟子たちが所属していて、彼らが政岡外のスタジオにもそのノウハウは継承されていき、陰ながらテレビアニメを支えていくことになったのである。[30]

政岡は制作の第一線から退いていたものの、後進の指導を通して、漫画映画、そしてテレビアニメと関わりを持ち続けた。『政岡憲三動画講義録』とそれを用いた講座という形式は戦後に完成したものだが、その内容は、政岡が漫画映画制作の第一線で活躍した一九三〇年代から四〇年代に培われた技術が結集されたものである。すなわち戦前・戦中に培われた漫画映画の技術を、新人養成という形を通してテレビアニメへと伝えていく架け橋的な役割を果たしたのである。政岡はこのようにして、映画からテレビへと中心が移っていった戦後の漫画映画の変化を陰から支えていった。

政岡のもとで漫画映画制作に従事した森が、戦前・戦中の漫画映画の技術を戦後に継承していったことを、横田正夫が論文「アニメーター森康二の戦中・戦後を繋ぐ仕事」[31]で指摘している。しかし、森が作品制作を通じて伝えていったとすれば、政岡は『政岡憲三動画講義録』や、それを用いた指導を通じて、戦前・戦中の技術を直接、戦後へと伝えていったとする新たな視点を提唱したい。

注

（1）国立国会図書館デジタルデータベースの資料を用いた調査（二〇一四年までにデジタル化された資料での割合である）。

（2）一九三五年に政岡映画美術研究所が倒産し、三九年に日本動画科学研究所として再出発するまでの間、熊川正雄は一時的に政岡憲三のもとを離れている。百貨店宣伝部に勤めて、主に新聞広告のデザインを担当していた。ただし、この間も政岡との縁が切れたわけではなく、他社の下請けとして働いていた政岡に漫画映画の注文がくると、熊川が呼ばれて作業を手伝っていた（前掲「熊川正雄氏聞き書き」ページ数表記なし）。

（3）政岡憲三は絵画科の出身だが、熊川正雄は漆工科の出身と伝えられてきた。だが、熊川の公式ウェブサイトでは「お父さんの仕事の影響でしょうか、京都市立美術工芸学校で絵の道に進みました」とあり、経歴をまとめた年表には一九三二年に「旧京都市立美術工芸学校卒業、京都政岡美術研究所入所」とある。だが、美工の卒業生名簿には熊川の名はない。何らかの事情で中退したものと考えられる（「熊川正雄経歴」〔http://www.kumakawa-masao.com/keireki/kei10.htm〕［アクセス二〇一四年九月十五日］参照）。

（4）一九三〇年としているのは「政岡憲三氏の歩み——年譜と作品リスト」（「シネマテック」Vol.1、シネマテック編集部、二〇〇四年、七ページ）、三二年とするのは「戦後の作家たち」（前掲『日本漫画映画の全貌』四一ページ）である。

（5）「熊川正雄ホームページ 正雄の経歴三」（http://www.kumakawa-masao.com/keireki/kei2.htm）［アクセス二〇一四年九月十五日］参照。また、木村角山と熊川正雄の父が同業者で知り合いだった縁とも伝えられている。

（6）前掲「熊川正雄経歴」

（7）確認できるだけでも六十作以上の松竹大船制作の劇映画で、制作、制作補、企画担当として名を連ねている。一九六五年の『母の歳月』（監督：水川淳三、配給：松竹）で制作を務めたのが、松竹大船で確認できる最後の仕事である。

（8）もりやすじ「日本のアニメ草創期の先輩たち」「Newtype」第七巻第九号、角川書店、一九九一年、四四ページ

(9)森やすじ「くもとちゅうりっぷと政岡先生と私」、前掲「Film1/24」第二十三・二十四合併号、二八ページ
(10)森やすじ『アニメーターの自伝――もぐらの歌』(アニメージュ文庫)、徳間書店、一九八四年
(11)かつて東映動画に所属し、森康二や高畑勲の後輩にあたる。『アルプスの少女ハイジ』や『風の谷のナウシカ』をはじめとする作品にも主要スタッフとして加わっている。
(12)この連載は、前掲『アニメーターの自伝』として単行本化されている。
(13)「アニメージュ」一九八四年十一月号(徳間書店)の「森やすじとくもとちゅうりっぷ――昭和十七年、政岡憲三演出作品」(六一―六七ページ)では、森やすじ(康二)が『くもとちゅうりっぷ』の各シーンを図版入りで解説している。また、「テントウムシの作画を担当した熊川正雄さんが語る制作状況」(六八ページ)と題した熊川へのインタビューも掲載している。さらに「アニメージュ」一九八四年十二月号の「中特集 政岡憲三――『すて猫トラちゃん』を題材に」(七五―七八ページ)で『すて猫トラちゃん』を図版を付けて解説している。加えて、高畑勲・森やすじ・小田部羊一の鼎談「座談会 政岡憲三が日本のアニメーション界に残したもの」(七九―八二ページ)も掲載されている。
(14)政岡憲三の弟子でもある熊川正雄、桑田良太郎も召集されていて、『桃太郎 海の神兵』の制作には関わっていない。
(15)前掲「座談会 日本漫画映画の興隆」一二一―一九ページ
(16)同記事一二一―一九ページ
(17)前掲「動く絵」五九―六二ページ
(18)政岡憲三に師事した君野直樹氏は、『漫画映画入門』を用いて指導を受けたと証言している(二〇一三年八月のインタビューから)。
(19)手塚治虫「トーキー以後の漫画映画」、登川直樹編『世界の作家たち』(「講座アニメーション」第二巻)所収、美術出版社、一九八七年、一一三ページ
(20)前掲「四十年目の再会　瀬尾光世」
(21)テレビアニメの草創期の制作スタジオについては、辻真先『ぼくたちのアニメ史』(〔岩波ジュニア新書〕、岩波書店、二〇〇八年)、鈴木伸一『アニメが世界をつなぐ』(〔岩波ジュニア新書〕、岩波書店、二〇〇八年)を参照。

(22) 本書で用いた『政岡憲三動画講義録』については、一九七〇年代末に虫プロダクションに所属していた山崎茂氏にご協力いただいた。『政岡憲三動画講義録』の内容については、山崎茂氏が「Twitter」上で一部を公開している。
(23) 平田昭吾「アニメのアトムと政岡先生」、平田昭吾／根本圭介／会津漫画研究会『手塚治虫と六人――日本のレオナルド・ダ・ヴィンチ』所収、ブティック社、二〇〇五年
(24) 同書二〇八ページ。受講生は政岡の指示でノートを用意し、講義の内容をメモしていたと説明されている。なお、この図について、平田昭吾の著書のなかでは「政岡憲三動画講義録の一部」と解説されているが、虫プロダクションに残されていた動画講義録の内容と比較すると、平田が講義内容をメモしたノートである可能性が高い。
(25) 政岡憲三が監督を務めた漫画映画作品で嵐のシーンが確認されているのは以下の三作品。『くもとちゅうりっぷ』『桜』『すて猫トラちゃん』。また、政岡の弟子である森康二が中心になって制作した東映動画の作品でも、一九五〇年代から六〇年代にかけて、嵐のシーンがたびたび描かれている。
(26) 図の隅には、映写機の原理も図を用いながら解説されていて、撮影技術に関する内容がなかったわけではない。
(27) 政岡憲三が「動画」という言葉を考案した時期は不明だが、現時点で資料的に確認できるのは、一九三七年に設立した日本動画協会が最も古いものである。
(28) 一九六六年、Pプロダクション制作の特撮テレビ番組『マグマ大使』(フジテレビ系)の第一話で、政岡が一部のシーンを担当している。また、手塚治虫の『鉄腕アトム』の制作に政岡が関わったことがあったとする情報もあるが、こちらは確認ができていない。
(29) 秋野嘉朗「政岡憲三考Ⅱ」、前掲「ANIMAIL 歴史部会版」第二号、一三七―一六三ページ
(30)『政岡憲三動画講義録』を所持していた山崎茂氏によれば、虫プロの内部には複写したものが残されていて、スタッフたちが個人的にコピーしたものを所有して参考にしていた。
(31)「研究紀要」第七十号、日本大学文理学部人文科学研究所、二〇〇五年

おわりに

政岡憲三は日本アニメーションの歴史を語る際に欠かせない人物でありながら、経歴を含めて、その足跡はあいまいな点が多い。特に、映画制作を始める前の学生時代、さらに漫画映画業界を離れた一九五〇年代以降の活動は、ほとんど顧みられることがなかった。そもそも政岡の特徴は、同時代の漫画映画だけではなく、日本画や洋画、映画、舞台など、さまざまな分野から影響を受けていて、それを自らの作品のなかに取り込んでいることにある。本書では、従来から知られてきたインタビューや映画雑誌の記事に加えて、学生時代の記録をはじめとする歴史資料も併用することで、政岡がどのような時代に生き、そして漫画映画に関わっていったのかを追った。

第1章「美術とアニメーション」では、政岡が在学していた当時の、美工と絵専の教育内容に注目した。美工と絵専は、日本画に関する授業が中心だったが、政岡の在学当時、教員や学生の間では、西欧の美術作品を研究し、その表現を応用することで、日本画を描くための参考にしようとする活動がおこなわれていた。政岡と同時期に在学していた学生たちのなかには、国画創作協会との関係で画家として業績を残した人物が数多くいる。新しい表現を求めるという学内の動きを、若き日の政岡は敏感に感じ取っていたはずである。漫画映画に通じる重要な理論と、絵画に関する基礎的な技法を学んだこと、そして演劇を通して映画制作に目覚めるきっかけを得るなど、のちの漫画映画制作につながるさまざまな要素をこの十年間ほどの学生生活に見いだすことができる。

第2章「映画のなかの漫画映画」では、絵画から実写映画、そして漫画映画に行き着くまでの変遷を追った。従来、政岡は京都の人というイメージが強いが、実際は大阪出身であり、京都だけでなく、阪神間にも関わりをもっていた。政岡の生家である政岡家は大阪の商家で、その支援が作品作りを経済的に支えていた。また、政岡の父・嘉三郎が芸術好きだったという影響も考慮すべきだろう。

そして、政岡をはじめとして、一九三〇年代の京都が漫画映画制作の拠点となったのは、もとから実写映画の制作が盛んだったことに起因する。三〇年代はじめに訪れた日本映画の大きな変化、すなわちトーキー化の波によって、トーキー漫画映画は一躍世間の注目を浴び、J・O・スタジオをはじめ、京都での漫画映画制作が盛んになった。京都での漫画映画制作はトーキー化と密接な関係をもっていたのである。

第3章「トーキーは漫画映画を変える」では、トーキー化にスポットを当てた。政岡の功績は単に初めてトーキー漫画映画を作ったことではなく、むしろトーキー漫画映画の特性を把握し、発展させていったことではないだろうか。多くのアニメーション史では、日本初の本格的トーキー漫画映画として、『力と女の世の中』を挙げている。だが、それ以前から政岡以外の人物によっても、トーキー漫画映画は作られていた。トーキーの技術を漫画映画に用いたのは、政岡が日本初だったわけではない。大藤信郎らによるレコード式トーキーの作品という前段階があって、その次に政岡によるフィルム式トーキーへと移行していった。そして、トーキー漫画映画の特性に注目し、トーキー漫画映画ならではの表現を試みた政岡が、結果としてその名を残すことになったのである。登場人物の動きに合わせた効果音、シーンの雰囲気に合わせた音楽の選曲など、トーキー漫画映画ならではの表現や動きだけではなく音の面白さでも観客を楽しませることに心を砕いたのである。単に初めて技術を導入したことではなく、その発展に尽力したことこそ、政岡の功績として挙げられるべきだろう。

第4章「二つの『くもとちゅうりっぷ』」では、政岡の代表作『くもとちゅうりっぷ』に絞って分析をおこなった。原作となった横山美智子の童話との比較を通じて、戦時下に作られたこの作品が、なぜ時局と関係がなさそうなテーマだったのかを考察した。そもそも、文部省推薦だった横山の『よい子強い子』を原作にすることは、「シリー・シンフォニー」的な世界を描くにあたって、格好のモチーフだった。そして、神風とも解釈されている嵐の表現は、むしろ当時のアニメーション表現としては、日本に限らず、海外でも普遍的なテーマであった。

第5章「『ファンタジア』という呪縛」は、戦時下の漫画映画制作者たちが置かれた立場を理解するため瀬尾光世にスポットを当てた。瀬尾は『桃太郎の海鷲』と『桃太郎 海の神兵』というプロパガンダの漫画映画を手がけたことで知られている。戦時中、海軍によっておこなわれた『ファンタジア』の上映会を軸に、漫画映画の制作者だけでなく、報道や軍事企業の関係者たちが、敵国であるアメリカの映画を見せられることで、特権意識をもち、軍への協力体制に組み込まれていった過程を追った。そして、プロパガンダとは無縁だったと語られてきた政岡が、瀬尾の『桃太郎 海の神兵』の裏方として活躍していたこと、さらに敗戦直前には瀬尾と共同でプロパガンダ作品を企画していて、政岡がプロパガンダに関わっていなかったわけではないことを指摘した。

第6章「漫画映画制作者たちの戦後」から時代は戦後に移る。敗戦間もない時期、制作者たちはプロパガンダからの転換を迫られた。政岡が演出を務めた『桜』と「すて猫トラちゃん」シリーズを中心に、民主主義や戦後の復興といった、戦後日本にふさわしいテーマがどのように描かれていたのかを検討した。

また後半では、漫画映画以外での政岡の活躍を取り上げた。政岡は戦後になると、絵本も手がけるようになる。そのなかには、単なる漫画映画の絵本化にとどまらず、自らが過去に関わった漫画映画を複数組み合わせたものも存在する。また、挿絵画家に転身した瀬尾太郎（瀬尾光世）による「すて猫トラちゃん」シリーズの漫画版を取り上げ、一つの漫画映画が複数の人物によって絵本化あるいは漫画化され、独自の物語として独立していく事例も紹介した。政岡と瀬尾による絵本や漫画のなかに、彼らが漫画映画というものをどのように考えていたのかを理解する手がかりが含まれている。

第7章「漫画映画からテレビアニメへ」は、政岡が後進の養成で果たした功績を、さまざまな視点から取り上げた。政岡はさまざまな形で後継者たちを養成し、その後継者たちが師匠である政岡の功績をアピールすることで、その名声はますます高まっていった。さらに、政岡は自ら執筆した『漫画映画入門』と『政岡憲三動画講義録』を手がかりに、テレビアニメの時代にも新人の養成に貢献していて、戦前以来の漫画映画の流れをテレビアニメへとつなぐ橋渡しをしたのである。

本書では政岡憲三の活躍をさまざまな点から考察した。その功績は「日本アニメーションの父」と呼ばれるにふさわしいものである。

ただし、政岡の流れだけが、現在の日本アニメーション繁栄の基礎を築いたわけではない。日本アニメーションの創始者である北山清太郎の弟子で、政岡とともに日動を築き、さらに東映動画の設立にも関わった山本早苗。同じく日本アニメーションの創始者とされる幸内純一の弟子で、いち早くレコード式トーキーの作品を制作し、戦後も影絵アニメーション作家として海外でも高く評価された大藤信郎。『鳥獣戯画』を思わせるような動物のキャラクターを描き、教育現場でも好評だった村田安治。うしおそうじ（鷺巣富雄）の師匠であり、アメリカ風のギャグアニメーションを得意としたP・C・Lや東宝で活躍した大石郁雄。ほかにも、戦前から戦後にかけて活躍した漫画映画の制作者は数多くいる。

日本アニメーションは政岡憲三だけでなく、制作者たちが互いに競い合い、次々と作品を生み出していったからこそ現在の繁栄につながった。決して一人の人物の偉業だけで歴史が作られていったわけではないことは、強調しておきたい。

あとがき

何かを始めて一人前になるには十年かかるといわれている。政岡憲三を博士予備論文（修士論文に相当）のテーマとして選んだのは大学院に入学した二〇〇四年の冬だったので、ちょうど十年目になる。

著者が政岡に興味をもったのは、大学院に入学して間もなくである。日本史から美学・芸術学の研究室に移籍し、アニメーションについて研究すると決意したものの、指導教官から出された課題は「京都とゆかりのあるアニメーション作家について」だった。当時、ゼミでは京都と美学をテーマとした研究をしていて、その一環としてアニメーションも盛り込めないかという発想だったらしい。

当時のゼミ内には、政岡の母校でもある美工・絵専の教員や同校の卒業生である画家たちを研究している院生が多数おり、みんなの力を借りて政岡の十代の足跡を追うことができた。

政岡が一九三〇年に漫画映画業界に入って最初のスタジオを構えた北野と、次にスタジオが移転した平野大祓町の近所に著者が下宿していたという偶然もあり、それまで『くもとちゅうりっぷ』の作者という程度しか知らなかった政岡憲三に親しみを感じたものである。

それ以来、十年もの間、政岡憲三という人物の足跡を追い続けた。本書で取り上げきれなかった内容もあるので、何か別の機会があれば書き進めてみたい。

さて、本書は一九六〇年代の政岡の足跡まで紹介したが、晩年の政岡についてふれておきたい。その後は大病を患ったが、一命を取り留めており、不自由な身体ながらも、アニメーションの世界と関わりを持ち続けたようである。東京の板橋にあった自宅では数多くの猫を飼っていて、政岡の甥の則安氏によれば、政岡を親族が大阪

図61　日本動画発祥の碑・政岡憲三の墓（筆者撮影）

に引き取った際、それらの猫も連れていったという。則安氏から聞いた「猫に刺身を食べさせていた」というエピソードには強烈な印象が残っている。政岡の作品に時折猫が登場するのも、猫好きが関係していたのかもしれない。

最晩年の政岡だが、先祖代々の財産をアニメーション作りで使い果たしたというのは間違いで、その頃の生活は実家の政岡家からの支援で悠々自適だったらしい。あれだけの道楽ぶりを支え、政岡とその夫人の最期をみとった政岡家には敬意を表したい。

政岡は一九八八年に没したが、その死の直前まで『人魚姫の冠』というアニメーションを構想していた。残念ながらアニメーション作品を作るまでにはいたらなかったが、色鉛筆で描いた絵コンテだけが残されている。

そして、政岡の墓である「日本動画発祥の碑」（埼玉県越生市）は、人魚姫の姿を模している（図61）。政岡がデザインし、最後の弟子となった君野直樹氏が立体を担当した。北欧からピンクの大理石を取り寄せるという贅沢ぶりで、このあたりのエピソードは裕福な家に生まれ育った御曹司というイメージを裏付けるものである。

ちなみに、政岡が初めて監督を務めた実写映画『海の宮殿』は、人魚姫を題材の一部に含んでいる。これもまた、政岡憲三という人物が単に漫画映画という限られた分野にとどまらず、実写映画の人でもあったことを象徴している。

なお、本書の出版にあたっては、アニメーションについて数々の示唆をいただいた渡辺泰氏に感謝したい。また、政岡の足跡を追うにあたって、貴重な資料の提供や証言と資料を本書に所収することを認めてくださった政岡家のご遺族の方々、政岡家ゆかりの増福寺、政岡の弟子である君野直樹氏、『政岡憲三動画講義録』を公開してくださった山崎茂氏、多くの方々のご協力があってこその本書である。

そして、本書は二〇〇八年度に立命館大学に提出した博士論文を大幅に加筆・修正したものだが、博士論文の審査を担当した大阪大学名誉教授の神林恒道先生、大阪大学の上倉庸敬先生、立命館大学の松原洋子先生と吉田寛先生にお礼を申し上げる。

また、美術や映画の歴史は素人同様だった著者にさまざまな先行研究を教えてくれた表象領域の仲間たち、公私ともにサポートしてくれた森亮資氏にもこの場を借りてお礼を言いたい。

さらに、青弓社を紹介してくれた教員の方にもお礼を申し上げる。あの機会を逃せば、博士論文の刊行を永遠に先延ばしにしてしまったところである。

最後に、優柔不断な著者の作業に根気強く付き合ってくれた青弓社の矢野未知生氏には、お礼というよりもお詫びを申し上げる。

本書は、二〇一四年度立命館大学大学院先端総合学術研究科出版助成制度を受けて出版する。

二〇一五年二月

萩原由加里

［著者略歴］
萩原由加里（はぎはら・ゆかり）
1979年生まれ
立命館大学文学部史学科日本史専攻卒業
立命館大学大学院先端総合学術研究科表象領域修了
立命館大学、甲南女子大学ほか非常勤講師
共著に『京の美学者たち』（晃洋書房）、論文に「京都におけるアニメーション制作――J・O・スタジオ・トーキー漫画部の活動より」（「Core Ethics」vol.5）、「童話から漫画映画へ――『くもとちゅうりっぷ』についての試論」（「甲南国文」第60号）

政岡憲三《まさおかけんぞう》とその時代《じだい》　「日本アニメーションの父」の戦前と戦後

発行――――2015年3月27日　第1刷
定価――――3000円＋税
著者――――萩原由加里
発行者―――矢野恵二
発行所―――株式会社青弓社
〒101-0061 東京都千代田区三崎町3-3-4
電話 03-3265-8548（代）
http://www.seikyusha.co.jp
印刷所―――三松堂
製本所―――三松堂
©Yukari Hagihara, 2015
ISBN978-4-7872-7374-1 C0074

長谷正人

映画というテクノロジー経験

映画はスペクタクルな娯楽としてだらしなく消費されて閉塞状況にある。現状を打破するために、リュミエールや小津安二郎などの映画に身体感覚や時間的想像力を見いだし、映画がもつ革命的な可能性を解放する。　定価3600円＋税

ミツヨ・ワダ・マルシアーノ／中村秀之／藤木秀朗 ほか

「戦後」日本映画論

一九五〇年代を読む

社会状況が激変した敗戦・占領期から高度成長期に至る直前の1950年代——当時の日本映画に潜在する政治性を、映画作品、それを支えた技術、産業、観客を読み解くことで明らかにして、戦後イメージを問い直す。　定価4600円＋税

長谷正人／中村秀之／斉藤綾子／藤井仁子 ほか

映画の政治学

私的趣味の問題として消費され、政治的な磁場を失ってしまった映画的言説。その空虚さにあらがって、映像をめぐる思考をふたたび公共世界へと救い出そうとする、来るべき言葉のための映画批評集。　定価3000円＋税

大久保 遼

映像のアルケオロジー

視覚理論・光学メディア・映像文化

写し絵や幻燈、連鎖劇やキネオラマといった19世紀転換期の映像文化に光を当てて、それらを同時代の社会制度や科学技術、大衆文化の連関のなかに位置づけることで、日本近代の豊かな視覚文化を照らし出す。　定価4000円＋税

佐藤守弘

トポグラフィの日本近代

江戸泥絵・横浜写真・芸術写真

近代日本で都市や自然を写し取った江戸泥絵、横浜写真、芸術写真などを素材にして、場所を描く視覚表象＝トポグラフィが流通したことで人々は環境をどう意味づけ、消費したのかをあぶり出し解明する。　定価3600円＋税